三合과 刑沖破害

삼합과 형충파해

머리말

　물리학서적을 탐독하던 과정에 접했던 표현 중 하나는 時空間이 휘어지고 비틀린다는 것이었다. 時間과 空間이 휘어진다는 의미는 무엇일까? 어떻게 시간이 휘어질 수 있지? 지금 생각해보면 당연한 이치가 그렇게도 신비롭게 느껴졌다. 비유하면 지구 회전속도가 1년이 365일인 경우와 1년이 3,650일인 경우, 각각의 비교 대상의 時間은 비틀린 것이다. 너무 느린 시간으로 비틀리고, 너무 빠른 시간으로 휘어지기 때문이다.

　이런 이치를 命理學에 활용할 방법은 없을까? 우리는 극히 당연한 물리학 이치를 명리이론에 전혀 활용하지 못하고 있다는 생각에 미쳤다. 예로 차량 두 대가 모종의 각도로 충돌하면 차체 일부가 찌그러지거나 전체가 찌그러지거나 약간 긁힐 수도 있다. 즉, 충돌의 강도가 틀려서 발생하는 현상이다. 이런 논리는 명리에 그대로 활용할 수 있다. 예로 年과 時에서 충돌하는 경우는 사주팔자 구조에서 가장 원거리에 있기 때문에 충격강도가 가장 약할 것이고 년과 월의 경우는 가장 근거리에서 충돌하기에 충격강도가 가장 셀 것이다.

　이런 가정을 해보자. 년과 월에서 卯酉 沖 하는 경우와 년과 일에서 卯酉 沖 하는 경우는 충격강도가 동일할까? 전혀 다를 것이다. 또 년과 일 사이에 어떤 글자가 있느냐에 따라서 충격강도는 달라질 것이다. 예로 子水가 卯酉 沖 사이에 있다면 충격을 완화해줄 것이라고 믿는다. 하지만 이런 믿음도 사실 믿을 것은 못 된다. 왜냐면 월주가 壬子요 癸酉, 癸卯라면 卯酉 沖을 해소해주는 子水가 좋은지 아니면 응결시켜서 더욱 흉한지 가늠하기 힘들기 때문이다.

　아마도 명리 이론 중에서 가장 우리의 두통을 유발하는 것이 刑沖破害에 대한 부분일 것이다. 가만 생각해보자. 刑沖破害의 본질은 도

대체 무엇일까? 이것이 바로 물리학에서 주장하는 시공간의 비틀림, 휘어짐이다. 사주팔자에 있는 4개의 空間이 時間에 비틀리는 현상을 刑沖破害 라는 명칭을 부여했는데 고대에서 지금까지 生剋작용으로만 풀어보려고 몸부림쳤던 것임을 깨달았다. 불행하게도 生剋에는 시공간이 없다. 이런 의문이 들 것이다. 12개의 地支는 空間인데 어떻게 시간에 의해 비틀리고 휘어진다고 주장하지? 12지지는 두 가지 특징을 모두 가지고 있다.

첫째는 고유한 공간작용으로 예로 子月, 未月처럼 계절을 상징하며 그에 상응하는 깊은 의미들이 있고 둘째로는 地藏干이 12개의 地支에 담겨 있으며 그 정체가 바로 時間이자 에너지이며 담겨진 地藏干(時間)의 특징대로 그 공간의 물형을 변화시킨다. 따라서 刑沖破害란 사주팔자 4개의 시공간이 상호작용하는 과정에 그 공간이 비틀리고 휘어지는 것을 표현한 것이다. 다시 강조하지만 刑沖破害는 生剋으로 이루어지는 것이 아니라 시간과 공간의 에너지파동이 상이하여 비틀리는 것이다. 이런 원리를 이해하면 生剋에서 자유로워진다.

달리 표현하면 우리가 평시에 생각하는 것처럼 刑沖破害는 뒤죽박죽 마구 섞여서 충돌하기에 인간의 능력으로는 그 상황을 분석할 수 없고 그냥 대충 寅巳申 삼형으로 건강이 나빠지거나 돈을 잃거나 관재에 시달린다고 둘러대는 정도의 현상이 아니라 시공간이 어떻게 반응하는가를 살펴서 그 물형을 읽어내는 것이다. 따라서 刑沖破害를 깊게 이해하기 위해서는 時間과 空間의 개념을 숙지하고 반응방식을 이해한 후 사주팔자에서 발생하는 시공간의 비틀림을 읽어내야 한다.

이 책 三合과 刑沖破害는 그 과정의 첫걸음이다. 刑沖破害 작용을 굳이 三合운동과 연결한 이유는 물질의 생장쇠멸, 순환과 윤회과정을 설명하는 이론은 삼합운동 밖에 없기 때문이다. 달리 표현하면 4개의 상이한 三合運動 때문에 시공간이 얽히고설키면서 물형에 변화가 발생하기 때문이다.

이어서 三合과 墓庫論, 夾字論, 辰戌丑未論 책을 출판하면 刑沖破害의 개념과 논리, 그리고 실제 삶에서 발현되는 현상들을 학습하는 기회가 더욱 폭넓어질 것으로 믿는다. 사실 우리는 어쩌면 불가능한 일에 도전하고 있는지도 모른다. 인간이 어떻게 시간과 공간이 휘어지고 비틀리는 것을 읽어낸단 말인가?

비록 時空間의 휘어짐을 刑沖破害 라는 명칭으로 표현을 했지만, 神이 아닌 인간이 보이지도 않는 에너지 파동을 읽어낼 수는 없는 것이다. 다만 현재의 우리가 열심히 노력하여 刑沖破害 이론을 조금이라도 발전시킬 수만 있다면 가치는 충분할 것이다. 자연의 모든 것을 한 사람 혹은 한 세대가 다 설명할 수는 없으며 후대에 더욱 발전 시켜 줄 것이라는 믿음이 있기 때문이다.

2021년 04월 09일

紫雲

제 1부 三合원리와 구조이해

제 1 장 三合原理의 이해 9

1. 물질의 순환과정 - 원과 삼각형 ··· 10
2. 丁壬癸 沖氣로 이루어지는 물질계 ·· 12
3. 天干 순환과정 ·· 13
4. 12地支의 순환 ·· 14
   (1) 寅巳申亥 순환과정 ··· 14
   (2) 子卯午酉 순환과정 ··· 17
   (3) 辰戌丑未 순환과정 ··· 19
5. 삼각형 물질계 ·· 21
   (1) 陽陰의 특징 ··· 21
   (2) 三合운동의 형태-삼각형 ·· 22
   (3) 天干의 氣와 地支의 形 ·· 23
   (4) 三合의 陽氣와 陰氣 ·· 24
   (5) 三合의 時空間과 물질의 부피 ··· 25
   (6) 申子辰 三合 ··· 26
   (7) 寅午戌 三合 ··· 28
   (8) 亥卯未 三合 ··· 29
   (9) 巳酉丑 三合 ··· 31

제 2 장 三合의 구조이해 35

제1절 三合의 구성요소 36

1. 寅巳申亥 長生地 ·· 36
2. 子午卯酉 旺地 ·· 39

    3. 辰戌丑未 墓地··· 41

제 2절 三合의 구성 원리 43

　　1. 三合의 기본구조··· 43
　　2. 三合운동의 生剋··· 43
　　3. 三合운동의 목적··· 44
　　4. 三合운동의 의미··· 44
　　　(1) 申子辰 三合 ··· 45
　　　(2) 亥卯未 三合 ··· 49
　　　(3) 寅午戌 三合 ··· 54
　　　(4) 巳酉丑 三合 ··· 59
　　5. 三合의 중력··· 63

제 2부 三合 實戰

제 1 장 三合이 구성된 사주팔자 66

제1절 寅午戌 三合이 구성된 사주　67

제2절 巳酉丑 三合이 구성된 사주　72

제3절 申子辰 三合이 구성된 사주　90

제4절 亥卯未 三合이 구성된 사주　98

제 2 장 生地와 墓地로 구성된 사주 104

제1절 亥未 조합　105

제2절 寅戌 조합　115

제3절 巳丑 조합　127

제4절 申辰 조합 138

　　　　　제 3 장 生地와 旺地로 구성된 사주 147

　　　　　제 4 장 旺地와 墓地로 구성된 사주 180

　　　　　제 5 장 三合이 구성된 팔자의 대세운 182

　　　　　제 6 장 三合을 구성 못한 사주의 대세운 218

　　　　　제 7장 원진귀문과 六合이 조합한 구조 226

제1절 酉亥辰 삼자조합 227

제2절 卯巳戌 삼자조합 240

제3절 申丑子, 酉丑子 삼자조합 258

제 3부 三合과 刑沖破害

　　　　　제 1 장 三合과 沖 273

　　　　　제 2 장 三合과 刑 293

　　　　　제 3 장 三合, 破, 害, 원진과 귀문 298

　　　　　제 4 장 辰戌丑未 沖刑조합의 이해 304

1. 沖刑의 강약 ·· 306
2. 沖刑의 방향 ·· 311
3. 宮位와 墓庫의 방향 ······································ 315
4. 十神의 개념 ·· 320

5. 沖刑과 合의 공존···321
6. 天干 合과 沖··323
7. 地支 合과 沖··323
8. 水氣와 火氣···324
9. 沖刑의 속도···325
10. 沖刑과 生死문제···327

제 5 장 辰戌丑未 沖刑 예문 330-398

제1부
三合원리와 구조이해

제1장 三合原理의 이해

명리이론 중에서 복잡하고 광범위한 내용이 진술축미 墓庫 논리다. 복잡할 수밖에 없는 이유는 물질의 생장쇠멸을 표현하는 十干과 三合운동과 물질을 담는 辰戌丑未 土와의 얽히고설킨 관계는 물론이고 十干과 12地支를 墓地와 庫地로 구분해야만 하기 때문이다. 현재까지도 墓庫의 개념조차도 명확하게 정립하지 못했으니 이론은 있으나 서로 다른 주장들만 난무한다. 가장 큰 문제는 三合과 刑沖破害, 墓庫를 사주팔자를 풀어내는 도구로만 접근할 뿐 자연의 순환원리에서 그 이치를 찾으려는 노력은 하지 않는다.

三合운동, 刑沖破害, 墓庫는 상호 깊은 연관이 있다. 墓庫의 속성은 물질이나 정신을 마감하거나 저장하는 공간이기에 辰戌丑未가 그 작용을 하려면 반드시 三合운동으로 생장쇠멸 과정을 거쳐야만 한다. 따라서 묘고 이론을 정립하려면 반드시 삼합운동을 살피고 墓庫와의 관계를 종합적으로 분석해야만 한다. 결론적으로, 삼합운동과 진술축미 토의 특징을 파악한 후 마지막 단계에서 墓庫를 함께 정리해야만 하는 지난한 과정을 거쳐야 한다. 三合운동은 물질의 생장쇠멸은 물론이요, 윤회과정도 함께 살필 수 있기에 간단하게 정리하고 넘어가자.

1. 물질의 순환과정 - 원과 삼각형

지구의 순환과정은 원과 삼각형으로 이루어진다. 원은 원만, 순환, 윤회, 영원함을 상징하며 원이 될 수밖에 없는 이유는 지구가 끝없이 회전하기 때문이며 안정적인 시간 흐름은 색계와 공계의 생장쇠멸을 반복하게 만든다. 생명체는 살아 움직여야 생명체로서의 가치를 가지며 멈추면 죽음이다.

따라서 이 조건을 맞추는 형태는 오로지 원형뿐이다. 울퉁불퉁한 시공간에서는 생명체는 존재하지 못한다. 시공간이 불특정하게 흘러서라고 하던 움직임이 불안정하기 때문이라고 하던 원이 아니면 생명을 부지하지 못한다. 지구가 일정하게 회전해야만 하는 이유는 생명체들이 살아 있음을 증명해야 하기 때문이다.

회전해야만 하는 이유에 대해서 그 이치를 명확하게 설명하는 책을 만나지는 못했지만, 지구가 회전하지 않으면 죽은 것이다. 일정한 방향으로 흐르는 시간이 없으니 생명체는 존재하지 않는다. 지구는 왜 둥그런 원이 되었을까? 壬水의 무한응축 상황이 癸水의 빅뱅작용으로 우주에 응축에너지를 흩어놓으면 중력으로 수렴하여 물질을 형성한다. 이것이 丁火의 수렴작용이요 물질계를 만들 수 있는 이유다. 따라서 물질의 특징을 이해하려면 丁火의 작용을 집중해서 살펴야 한다. 중력 작용의 산물이 지구 戊土다.

46억 년 전에는 지구 戊土에 생명체도 없었고 원의 형상도 아니었다. 단지 내부에 丁火 중력을 품고 엄청난 속도로 회오리치는 상태였다. 이렇게 불안정한 상태에서 戊土는 癸水를 끌어와 대기를 형성한다. 癸水 발산지기, 폭발력을 끌어와 지구에 발산에너지가 생겨났다. 이것이 생명체를 창조할 수 있는 기본요건이자 필수요건이다. 戊癸 合으로 생명체가 등장하고 현재까지 그 생명을 유지하며 살아간다. 戊土의 울퉁불퉁한 모양을 깎고 다듬어 아름다운 원의 형상을 만들어낸 것이 甲이다. 물론 현재의 지구 모양이 완성된 것은 인간이 상상하지 못할 정도로 긴 시간이다. 戊土는 甲의 작용으로 원래의 형태를 계속 다듬었기에 己土로 변하였다.

甲은 生氣를 공급하는 유일한 존재로 甲이 터전을 갖춘 상태를 甲己 合이라 부른다. 둥근 원이 상징하는 것은 원만, 순환, 반복하면서 계속 물형이 변하며 한순간도 멈추지 않는 것이다. 인간이 생명을 유지하기 위해서 호흡을 멈출 수 없듯 지구도 멈추면 안 되는 것이다.

삼각형은 물질계를 상징한다. 圓처럼 원만한 시공간은 아니고 물질의 생장쇠멸 과정에 거친 굴곡이 생겨난다. 無에서 새로운 기운이 동하고 삼각형 꼭지에 이르면 陽氣가 극점에 도달하여 꺾이고 반대급부로 물질이 생겨나고 활용하다가 낡아서 변질되면 새로운 에너지로 변한다.

이 과정은 四季를 흐르는 동안 끝없이 반복하며 삼각형의 밑변은 色界와 영혼의 세계를 이어주는 시공간으로 인간은 알 수 없는 세상이다. 삼각형은 영원한 원의 시공간에 따라 물질의 생장쇠멸 과정을 책임진다.

원의 순환과정에 상이한 물형변화 과정을 상징하는 4개의 三合 운동이 에너지를 교환하면서 물형을 변화시키는 행위를 반복한다. 이런 이치를 天干 合으로 설명하고, 지구에서는 三合운동으로 설명한다. 이 모든 과정에 가장 핵심에너지는 丁火와 癸水 두 글자로 밀고 당기는 冲氣로 시공간을 비틀리고 변하게 만들고 결과적으로 순환을 반복한다.

2. 丁壬癸 冲氣로 이루어지는 물질계

사주명리에서 丁火와 癸水는 엄청나게 중요한 작용력을 갖는다. 氣와 質을 형성하고 정신과 육체를 유지하는 원동력이기 때문이다. 왜 그렇게 중요한 것인가? 빅뱅과 같은 폭발력이 癸水로 우주를 창조하고 통제한다. 물질이라 부르는 色界를 만들어 내는 것은 丁火로 癸水에 숨겨진 중력 일부를 활용하여 물질을 만들기 때문이다. 따라서 丁火는 물질을 생성하는 힘을 가졌으니 색계의 대부라 불러도 문제가 없다.

그렇게 만들어진 물질이 戊土요 지구 터전이다. 흙으로 빚어서 사람을 만든다는 설명도 모두 丁火가 만들어낸 戊土의 세상을 뜻한다. 팽창작용으로 생명체에 生氣를 불어넣는 작용은 癸水가 한다. 인간이 호흡하는 이유도 癸水를 내부로 받아들이기 위해서다. 계수는 우주를 지배함과 동시에 생명체를 조종하는 자다. 하지만 癸水는 氣작용만 있고 물질적으로는 실체가 없으니 丁火가 癸水를 대신하여 戊土를 만들어낸다. 육체도 壬水와 癸水의 팽창, 丁火의 수렴작용이 충돌하면서 생기를 유지한다.

결론적으로, 인간의 심장은 표면적으로는 丁火가 만들었지만 癸水가 만든 작품이 분명하다. 甲乙庚辛은 癸와 丁 冲氣로 이루어지는 물질에 불과하다. 癸水가 강하면 정신을 추구하고, 丁火가 강하면 물질을 추구한다. 癸水의 발산작용과 丁火의 수렴작용은 매우 중요하다. 癸水는 발산하여 甲乙 생명체를 성장, 발전하게 만들고 남성을 상징하며 양기의 작용이다. 丁火는 수렴하여 열매 庚辛을 단단하게 만들어 완성한다. 물질이기에 음기요 여성적인 특징이다. 확장하면, 子丑辰은 발산에너지를 품었기에 폭발적이고 펼치는 속성이 강하다. 만약 여성이 사용하면 남성처럼 변한다. 세 글자는 정신을 추구하며 물질로 활용하면 폭발적으로 재물을 축적하지만, 그 방식이 어둡고 음(陰)하여 불법을 저지를 수도 있다.

午未戌은 여성을 상징하며 남자가 사용하면 여성스러워진다. 내쪽으로 당겨오고 감추며 발산작용이 억제되어 양기가 약해진다. 물질을 축적하려는 집념이 강하지만 집착하면 정신에 문제가 생길 수 있다.

3. 天干 순환과정

바그너가 時間이 空間으로 변한다는 것을 알게 될 것이라고 하였는데 색즉시공, 공즉시색을 달리 표현한 것이다. 시간이 공간을 만들고 공간이 사라지면 다시 시간으로 변하기를 반복한다는 뜻으로 일차원을 흐르는 시간에 따라 지구 공간의 물질 형태가 계속 바뀌는 것이다. 물질은 生氣를 지녔기에 수명은 제한적이며 물형이 낡으면 사라졌다가 새로운 물질로 나타난다. 인간의 탄생과 죽음, 윤회과정을 생각하면 이해가 어렵지는 않다.

천간이 氣를 펼치면 子丑寅, 卯辰巳, 午未申, 酉戌亥 월을 지나면서 물형이 계속 바뀐다. 우리가 느끼지 못하는 사이에 봄이 가을이 되고, 겨울이 여름이 되어 끝임없이 변한다. 천간의 순환과정은 지장간이 명확하게 증명한다. 子月에 壬癸가 전환하여 癸水는 丑月로 이어지고 丑月 중기에 巳酉丑 삼합운동을 완성한 辛이 己土에 저장되어 寅月에 戊土로 바뀌고 丙火와 甲으로 기운을 바꾼다. 卯月에 甲이 乙化되어 辰月에 기운을 이어가는 동안, 癸水는 辰土의 지장간 중기에서 삼합을 완성하고 巳月 戊土로 넘어가 乙은 庚으로 변하고, 癸는 丙火로 바뀐다.

午月에 丙火가 丁火로 수렴하여 열매 맺고 未月에 丁火가 열매를 완성하기에 未土 중기에 甲이 亥卯未 삼합운동을 마감하고 己土는 丁火와 乙木을 申月 戊土로 넘긴다. 丁火는 壬水로 변하고 乙은 庚으로 바뀌어 酉月에 辛열매로 완성되어 戌月에 色界의 활동을 마감한다. 戌土 속의 辛과 丁火를 亥月로 넘기면 辛은 甲으로 물형을 바꾸고 丁火는 壬水로 응축되어 열기를 壬水에 저장한다. 子月에 癸水가 폭발하여 다시 성장을 시작하기를 반복한다. 이 방식이 천간이 지지를 순환하는 방식이다.

4. 12地支의 순환

(1) 寅巳申亥 순환과정

寅巳申亥의 순환방식을 12운성, 삼합운동, 12신살로 다양하게 살필 수 있다. 12운성으로 살펴보자. 丙火는 寅에서 장생하고 壬水는 申에서 장생한다. 보통 長生은 강하다는 편견을 갖지만 그렇지 않다. 寅은 亥子丑寅 月을 지나 水氣에 의해 木氣가 성장하였기에 木生火로 전환하는데 그것이 寅중 丙火다. 다만, 장생지에 불과하여 壬水의 水生木 작용은 여전히 강하다.

壬水로 寅木을 땅에 뿌리내리지만 땅속을 벗어나지 못해 陽氣가 들어올 수 없고 丙火의 분산작용은 불가능하다. 또 壬水와 丙火는 상반된 기운이기에 寅을 통해 소통할 수밖에 없다. 亥子

丑寅을 지나는 동안 壬水가 木氣를 생하는 과정에 丙火가 생겨나는 것이다. 壬寅과 丙寅의 경우, 丙寅이 장생을 만나 좋은 것처럼 인식하고 壬申과 丙申의 경우도 壬申이 장생을 만나 丙申보다 좋은 것처럼 인식하지만 오히려 壬寅과 丙申이 적절한 시공간을 만난 것이다. 왜 丙寅과 壬申이 좋은 간지라는 인식을 갖게 되었을까? 長生을 잘못 이해하기 때문이다.

신기한 점은, 水氣가 대부분인 寅에서 분산에너지 丙火가 생겨나고 火氣가 대부분인 申에서 壬水가 생겨난다. 이런 이유로, 火氣 속에 水氣가 숨어있고 水氣 속에 火氣가 숨어 있으니 자연의 이치는 참으로 오묘하다. 申月은 巳午未의 영향으로 생겨났기에 壬水가 申에 장생하지만 壬水의 응축작용은 존재하지 않는다. 申月을 壬水의 장생지라 부르지만, 화기 가득한 곳이다.

여름과 가을의 간지는 癸未와 壬申으로 癸未에서 계수의 발산작용을 未중 丁火가 끌어내리면 대기에 있던 水氣가 하강하여 壬水로 변한다. 가을 하늘이 높아지고 건조해지는 이유다. 癸水는 만물을 키우는데 未土가 습도를 한 곳으로 뭉치기에 결과적으로 癸水는 무거워져 하강하여 만물에 생기를 공급하지 못하고 가을에 숙살의 기운이 생겨난다.

습도가 줄어든 대기에 빛은 따가운 햇볕을 쏘아 庚열매를 단단하게 완성한다. 따라서 申月에 癸水의 작용은 壬水로 바뀌기 시작한다. 寅月은 丁丑과 丙寅으로, 丁丑은 丑土에 있는 癸水의 폭발력 때문에 丁火의 중력 작용이 상한다. 丁火는 수렴하고 丑土는 팽창하면서 丑土에서 중력과 척력이 상충하기에 비틀린다. 癸未처럼 분산과 수렴작용이 균형을 상실하고 화합하지 못한다. 이런 이유로 丁丑과 癸未는 불안정하기에 안정을 필요로 한다.

甲으로 丁丑을 보호하고, 庚으로 癸未를 안정시켜야 한다. 巳火와 亥水가 沖하는 과정에 어떤 방식으로 조화를 이루는지 살펴보자. 巳火는 寅卯辰월을 지나는 과정에 생겨난 공간으로 庚이 巳火에서 장생하지만 寅卯辰의 성장하고 펼치는 속성의 끝자락에서 극도로 분산하기에 午月에 수렴작용이 가능해진다. 꽃을 활짝 피워야 열매를 맺는 이치다.

따라서 巳火 속의 庚은 활짝 핀 꽃과 같은 물형이며 만물을 딱딱하게 만드는 巳酉丑 삼합운동과는 정반대 에너지다. 이런 이유로 庚이 巳火에서 장생지를 만났다고 해도 가을의 숙살지기와는 정반대 물성이다. 巳火는 寅卯辰의 도움으로 활짝 펼쳐진 것으로 水氣를 최대로 분산하기 때문에 가능한 것이다. 이런 방식으로 정반대 에너지 특징을 가진 木과 金이 소통한다.

亥月의 상황을 살펴보자. 亥卯未 삼합을 출발하는 공간으로 육음(六陰)만 존재하여 양기가 전혀 없고 극도로 응축하여 생명체가 살기 어렵다. 亥月을 甲의 장생지라 부르지만, 생기가 전혀 없으니 장생지라 부르는 것은 적절하지 않아 보인다. 죽음만 존재하는 곳에서 생명체가 탄생을 준비한다. 亥月에는 申酉戌 월을 지나온 金을 풀어서 木을 창조하려는 공간이다. 따라서 亥水 속의 甲은 金氣가 만들어주었으니 木氣의 어미는 金氣라고 해도 틀린 표현이 아니다.

寅巳申亥 순환과정을 정리하면,

甲	庚
~~	
巳	亥

甲이 巳月까지 기운을 전달하니 庚이 巳月에 장생하고, 庚이 亥月까지 기운을 전달하니 甲이 亥月에 장생한다. 甲은 午月에 丁火의 수렴작용 때문에 존재가치를 상실하고, 庚은 子月에 癸水의 발산작용 때문에 존재가치를 상실한다.

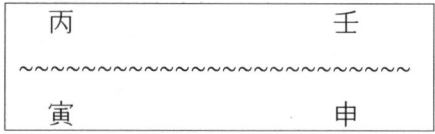

丙火가 申月까지 기운을 전달하니 壬水가 생겨나고 壬水가 寅月까지 기운을 전달하니 丙火가 생겨난다. 또 丙火는 酉月에 분산작용을 전혀 못하니 존재가치를 상실한다. 열매가 떨어졌으니 분산작용으로 빛을 비춰서 열매를 키워야 할 필요가 없다. 壬水는 卯月에 이르러 발산에너지 癸水에게 존재가치를 빼앗긴다. 卯月에 새싹이 땅 밖으로 올라와 땅속에서 뿌리내리는 작용을 더 이상 할 필요가 없기 때문이다.

(2)子卯午酉 순환과정

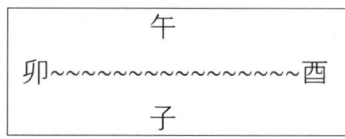

子月은 癸水의 폭발력을 가진 공간으로 생기를 만들어내는 움직임의 시작이다. 子의 지장간 癸水는 물질을 만들어내는 원동력이다. 폭발하는 특징을 가졌기에 陽氣의 속성이다. 午月은 丁火의 수렴작용이 시작되는 공간으로 물질을 완성하는 시작점이다. 다만 癸水 생기가 줄어들기에 木氣는 억제되고 金氣, 殺氣를 증가시킨다. 이런 이유로 陰氣요 여성적이다. 卯月은 癸水가 물질로 발현되고 폭발적으로 성장하는 공간이다. 癸水에 의해 사방팔방 펼쳐지며 활발한 활동성을 상징한다. 성장하기에 확장의 기세가 분명하며 강한 生氣를 가졌다. 酉月은 丁火의 수렴작용이 물질로 완성된 공간이다. 열매로 완성되는 과정에 水氣와 木氣를 없애서 숙살을 완성한다. 따라서 물질은 풍부하지만, 生氣를 유지하지 못하기에 생명을 유지하기 어려운 공간이다. 子午와 卯酉의 상이한 속성이 12운성으로 태지(胎地)라 부르는 공간에서 에너지를 교환한다.

```
┌─────────────────────┐
│      午(丙~丁)       │
│ ~~~~~~~~~~~~~~~~~~ │
│      子(壬~癸)       │
└─────────────────────┘
```

子水와 午火는 子午 沖으로 불리니 정반대 속성이다. 따라서 상호 소통하는 것은 불가능해 보이지만 시공간 순환과정에 에너지가 연결되어 있지 않으면 순환은 불가능하다. 이 의미는 매우 심각한데 순환이 불가능하다는 의미는 자연의 근원적인 작동방식에 문제가 생겼다는 뜻이고 심하게 표현하면 지구가 멸망한다는 의미다.

子午 沖이 소통하는 방식을 살펴보자. 子月에 壬水가 癸水로 발산을 시작하는 최종 목적은 丙火의 분산에너지를 얻기 위한 것이기에 癸水가 없다면 丙火의 분산에너지는 만들어지지 않는다. 子月에 壬水와 癸水 뿐이라면 丙火가 子月에 태지(胎地)가 되는 이유를 이해하지 못한다. 자연의 순환과정을 살피면 그 이치가 명확하다. 癸水의 발산작용으로 丑寅卯辰月을 지나 巳月에 이르면 丙火가 건록으로 드러난다.

또 午月의 地藏干에 丙火가 丁火로 전환하는 최종목적은 壬水의 무한응축 에너지를 얻기 위한 것이다. 따라서 未申酉戌 月을 지나 亥月에 壬水가 강하게 건록의 기운을 드러낸다. 즉, 丙丁만 있기에 水氣가 전혀 없을 것 같지만 수렴에너지가 동하기에 壬水가 생겨나는 것이다. 이렇게 子水와 午火는 정반대 기운을 동하는 방식으로 순환하며 이런 이치에 태지(胎地)라는 명칭을 부여했다. 따라서 태지(胎地)가 중요한 것이 아니라 자연의 순환원리가 중요하다.

```
卯(甲~>乙)~~~~~~~~~~酉(庚~>辛)
```

卯酉 沖으로 정반대 기운인 卯木과 酉金이 기운을 교환하는 방식을 살펴보자. 卯月에 甲이 乙로 바뀌면서 땅 밖으로 드러난 乙이 乙庚 合할 여건이 마련된다. 만약에 乙의 좌우확산 에너지가 없다면 열매 庚이 생겨나지 않는다.

酉月에 庚이 辛 열매로 완성되어 떨어진다. 金氣만 존재하는 곳에서 辛이 땅에 떨어지기에 甲의 생기를 얻을 수 있다. 辛은 亥子丑月을 지나면서 딱딱함을 풀어 甲으로 물형을 바꾸기 때문이다. 이런 이유로 卯木과 酉金도 동일한 방식으로 기를 교환하면서 순환한다.

(3)辰戌丑未 순환과정

辰戌 沖, 丑未 沖도 정반대편 기운을 교환하는데 그 방식을 살펴보자.

```
봄 巳
辰(癸) ~~~~~~~~~~~~~~~~~~~ 戌(丁)
                          亥   가을
```

辰土는 申子辰 삼합운동이 마감되는 공간이고 戌土는 寅午戌 삼합운동이 마감되는 공간이다. 따라서 그 속성은 정반대지만 에너지가 연결되어 순환하는데 그 방식은 이렇다. 辰土 지장간에 있는 癸水는 水氣로 巳月의 火氣와 戊癸 합으로 연결되어 기운을 교환하기에 수화가 조화를 이루는 공간이다.

이런 작용이 없다면 지구는 태양 빛에 타 죽겠지만 癸水의 습윤작용으로 생명을 유지한다. 戌土의 지장간에 있는 丁火는 火氣로 亥月의 壬水와 丁壬 合으로 기운을 소통한다. 정화가 임수와 합하지 않으면 시공간의 순환은 불가능하다. 이런 방식으로 水가 火로, 火가 水로 순환한다.

```
         未申
~~~~~~~~~~~~~~~~~~~~~~~
         寅丑
```

丑未 沖도 巳酉丑 삼합과 亥卯未 삼합운동을 완성하는 공간으로 그 속성이 정반대지만 서로 기운을 교환한다. 未土의 경우 亥卯未 삼합을 마감하였으나 지장간에 있는 乙이 申月 지장간 庚과 합하여 에너지를 교환하고, 丑土의 지장간 辛은 寅月의 丙火와 丙辛 合으로 에너지를 연결하여 辛의 물형을 甲으로 바꾼다. 木이 金으로, 金이 木으로 에너지를 교환하는 것이다.

5. 삼각형 물질계

삼각형은 물질계의 생장쇠멸 과정으로 삼합운동의 틀이다. 삼합운동의 이해는 辰戌丑未의 墓庫와 연결되어 난해한 묘고 이론을 명확하게 분별하게 해준다. 따라서 삼각형 물질계의 순환방식을 이해하는 것이 墓庫의 핵심이다. 삼합운동의 특징을 살펴보자.

(1)陽陰의 특징

삼합운동을 풀어가기 전에 五行을 먼저 살펴보자. 오행의 특징이 삼합의 특징을 결정하기 때문이다. 木은 曲直으로 위로 오르고 좌우로 펼치는 生氣의 생장쇠멸이다. 甲은 수직상하운동, 乙은 좌우확산 운동을 하므로 甲乙은 동일 오행이지만 에너지의 움직임은 전혀 다르다. 火는 炎上으로 水氣의 무한분산 과정이요 열기를 집중하니 만물을 최대한 팽창시키고 물질을 단단하게 만드는 작용이다.

土는 稼穡으로 水木의 기운으로 심고 기르고 火金의 기운으로 수확하고 저장한다. 따라서 土는 만물을 기르고 저장하는 터전이다. 金은 從革으로 丙火에 의지하여 꽃피고 열매 맺고 壬水에 의지하여 열매를 부드럽게 바꿔서 새싹으로 혁신한다. 水는 潤下로 만물을 수축하여 씨종자를 생명으로 잉태하여 생명체를 내놓고 성장을 촉진한다.

상기는 오행의 陽陰을 묶어서 표현한 것이지만 에너지 특징은 정반대임을 기억하자. 潤下의 경우, 壬水는 응축하지만 癸水는 발산하여 만물을 윤택하게 만든다. 오행의 양기와 음기는 서로 다른 작용을 가졌기에 사계가 면면히 순환한다. 만약 음양이 동일한 에너지였다면 四季는 절대로 순환하지 못한다.

(2)삼합운동의 형태 - 삼각형

삼합운동은 물질의 생장쇠멸 과정을 삼각형의 틀로 설명한다. 명리용어로 生旺墓 과정을 거치며 삼합운동이 生에서 출발하여 물질을 만드는 에너지가 동하고 旺에서 에너지기 물질로 드러나고 墓에서 그 물질이 낡아 새로운 물질로 바꾸려고 준비한다. 따라서 生은 삼각형의 출발점이요 旺은 삼각형 꼭지에 올라간 상태로 가장 뾰쪽하고 불안정하다. 墓는 삼각형의 다른 한 면의 바닥이요 생과 왕의 과정을 거쳐 삼각형을 완성한다.

삼각형의 두 바닥을 연결하는 과정은 12운성으로 절태양(絶胎養)이라 부르는데 기존의 물질을 버리고 새로운 에너지를 준비하는 윤회과정이다. 지구에 존재하는 모든 물질은 氣가 동하여 形을 이루고 활용하다 결과적으로 形을 버리고 새로운 에너지로 변하는 과정을 반복한다. 우리는 모친의 도움으로 육체를 얻고 성장하여 화려한 시절을 지나 늙으면 육체를 버리고 윤회를 통하여 새로운 生氣를 얻고 재탄생하는 과정과 같다.

氣로만 존재하다 物質로 변하고 낡으면 가치를 잃고 사라진다. 사업으로 비유하면, 사업을 시작하고 규모를 확장하고 가장 화려한 시절을 지나면 사업규모가 줄고 폐업의 과정을 거친다. 이렇게 三合운동은 삼각형의 크기에 따라 **물질의 부피와 중량**이 달라진다. 삼합운동에는 4개의 삼각형이 바람개비처럼 얽히고설켜 기운을 교환하며 순환한다.

(3)天干의 氣와 地支의 形

삼합운동을 이해하려면 자연에서 이루어지는 물질의 생장쇠멸 과정을 살펴야만 한다. 三合으로 物形을 만들 수 있는 이유는 천간에서 氣를 방사하고 지구 空間은 감응하여 물질로 반응하기 때문이다. 12개월 동안의 변화과정은 공간의 능력으로 이루어지는 것이 아니라 하늘의 기운, 바로 十干 때문이며 十干의 모든 작용을 합한 것이 바로 時間이다.

결론적으로 지구에서 이루어지는 모든 물형변화는 時間과 空間의 상호작용 때문이다. 시간에 따라 변하는 공간물형이 다르기에 우리는 움직임과 변화를 감지하고 길흉을 판단한다. 이런 이치를 명확하게 설명하는 것이 지장간이다. 매월 시간에 따라 공간이 반응하는 방식을 이해하려면 지장간에 어떤 시간이 흐르는지 이해해야 한다.

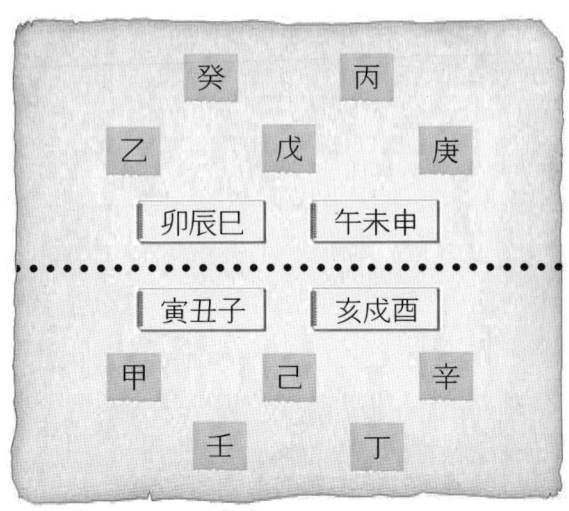

四季圖는 봄 乙癸와 卯辰巳가 조합하고, 여름 丙庚이 午未申과

조합하고, 가을 丁辛이 酉戌亥와 조합하고, 겨울 壬甲이 子丑寅과 조합한다.

(4)三合의 陽氣와 陰氣

삼합운동 과정에 陽氣와 陰氣의 차이가 무엇인지 살펴보자. 陽氣는 기운이 출발하는 것이요, 그 특징은 움직이고 변한다. 따라서 陽氣는 "저장" 개념이 없다. 저장하려고 해도 저장할 성질의 것이 아니다. 끊임없이 움직이다가 氣運이 소멸하면 새로운 기운으로 바뀌는데 바로 墓地와 長生의 개념이다.

예로 寅午戌 삼합은 戌土에서 기운이 소멸하고 亥水에서 새로운 기운이 동한다. 이런 이유로 **陽氣에는 墓地만 있고 庫地는 없다.** 墓庫 이론의 기본이자 핵심논리다. 陰氣는 스스로 동하지 못하며 반드시 陽氣의 도움으로 陰氣를 얻는다. 기가 동하여 결과적으로 물질을 얻는 것이다. 陰氣는 물질을 사용하다가 상하거나 낡아서 가치가 변질될 뿐 양기처럼 에너지가 소멸하지 않는다. 따라서 **물질에는 墓地가 없다.**

이런 이유로 陰氣는 오로지 저장하는 기능만 있다. 저장하고 꺼내서 활용하며 낡거나 변형될 뿐, 陽氣처럼 소멸하지 않는다. 예로 내가 소유하던 돈이 타인의 주머니로 이동하는 것이며 돈 자체가 소멸하는 것이 아니다. 이런 이유로 陰氣의 묘지라 불러도 陽氣의 墓地와는 다르다.

정리하면, **陽氣는 墓地만 있고 庫地는 없다. 陰氣는 庫地만 있고 墓地는 없다.** 이것이 삼합운동의 양기와 음기의 근본 차이다. 이 논리는 墓庫의 핵심이며 삼합운동과 墓庫를 묶어서 살펴야만 하는 이유다. 삼합과정에 양기와 음기의 차이를 확연하게 가르는 기준은 子午卯酉며 양기가 음기로 전환하는 변곡점이다.

(5)三合의 시공간과 물질의 부피

삼합과정은 물질을 만드는 흐름이다. 즉, 물질을 만들기 위해서는 時間이 필요하기에 물질의 크기를 결정하는 주체는 時間이다. 시공간 변화로 물질 크기가 변하는 이치를 庚의 巳酉丑 삼합운동으로 살펴보기로 하자.

| 巳午未 - 申酉戌 - 亥子丑 - 寅卯辰 ~~~~~~~~~月의 변화 |
| 生   長   衰   滅   ~~~~~~~~물형 변화 |

生의 과정에 陽氣가 동하고
長의 과정에 陽氣가 陰氣로 전환하여 물질이 완성되며
衰의 과정에 물질이 낡고 쇠하고
滅의 과정에 전혀 다른 물형으로 바뀐다.

따라서 巳午未申酉는 陽氣 확장과정이요 酉戌亥子丑은 陰氣로 물질을 완성하고 활용하는 과정이다. 애매한 부분이 酉月로 지장간에 庚이 辛으로 전환하기에 酉月 庚까지는 양기 확장 과정이고 酉月 辛부터는 물질로 완성되는 과정이다. 庚을 地支로 바꾸면 申이고 辛을 地支로 바꾸면 酉이니 양기가 극대화되는 단계는 申이다. 마감과 저장개념을 응용하면 **申은 마감하는 개념**만 있고, 저장하지 못하며 **酉는 저장개념**만 있고, 마감하지 못한다. 문제는 물질 크기를 어떻게 따져야 하는가의 문제가 있는데 그 기준은 아래와 같다.

申 - 陽氣로 물질 부피로는 가장 크다. 사과로 비유하면, 나무에 달린 가장 잘 익고 가장 큰 사과로 겉이 완벽하게 딱딱해진 상태는 아니다.

酉 - 陰氣로 물질 부피로는 申보다 작지만, 가치는 훨씬 높다. 부피는 작아졌지만, 그 가치는 훨씬 높은 것이다. 사과를 수확하고 판매하여 돈을 벌어들이는 이치다.

여기에서 마감과 저장 사이에 의미가 달라지는데 陽氣는 마감되기에 氣가 완벽하게 소멸하여 사라지고 새로운 기운으로 변한다. 陰氣는 저장되기에 酉金은 물질을 저장한 상태에서 꺼내서 활용하고 그 과정에 물형에 변화가 온다. 이런 이유로 저장과 마감의 물질 크기는 상이하다. 저장은 일시적으로 저장하기에 지키지 못하고 출입이 빈번하다. 마감은 다시는 활용하지 못하지만 확실하게 취할 수 있다. 삼합운동의 양기와 음기의 구조를 살펴보자.

(6)申子辰 三合

申子辰은 水氣를 만들어가는 과정으로 申에서 壬水가 응축에너지를 출발하여 申酉戌亥에 이르면 壬水 에너지가 가장 큰 상태에 이른다. 정확하게 표현하면 子水의 지장간 壬水의 양기가 가장 크지만 癸水가 폭발해버리면서 壬水의 작용을 덜어버리기에 子水를 가장 크다고 할 수 없는 이유다.

정리하면, 申子辰 삼합과정에 申의 壬水가 가장 작고 亥의 壬水가 가장 크다. 그렇다면, 亥水를 마감시키는 것은 무엇일까? 辰土다. 申子辰 삼합운동의 묘지 辰土에 두 종류의 水氣가 갈무리

되는데 첫째는 亥水요, 둘째는 子水다. 亥水는 辰亥 원진이라는 이론을 만들고 子水는 子辰 반합이라 부른다. 辰亥를 원진으로만 부르고 삼합운동, 물질 크기의 관점으로는 살피지 않기에 의미를 깊게 연구하지 못한다. 辰亥는 삼합운동의 물질 크기로는 水氣를 가장 많이 담은 墓地다. 이와 달리 辰亥원진의 물질특징은 亥水를 辰土에 담아서 癸水와 乙로 속에 감추었던 속성을 밖으로 드러낸다. 辰土의 乙癸戊는 봄날이요 사방팔방으로 펼치며 성장하니 亥水의 응축에너지가 자연스럽게 펼쳐진다. 물상에 비유하면 정수기, 수학 통계, 화학제품, 데이터분석, 물에 젖은 해산물과 같다.

辰亥를 정신으로 활용하면, 水氣가 마르는 辰土에 생명수를 공급하는 것과 같아서 약국, 한의사, 심리상담 등으로 보살피는 직업에 적합하다. 만약 亥속의 甲을 원하면 물질을 얻고자 사업을 원한다. 따라서 辰亥 원진귀문 하나의 물상으로는 다양한 의미들을 추론하지 못한다. 극히 제한적인 의미를 규정하는 원진귀문과 같은 용어에 갇히면 더 이상의 학문발전은 불가능하다.

子水가 辰土를 만나면 申子辰 삼합의 중심이며 가장 강력한 기운이지만 陽氣가 陰氣로 변하였기에 墓地가 아니라 庫地에 해당한다. 따라서 반드시 재활용해야만 하는 물질이며 부피 측면에서 亥水보다 훨씬 작다. 따라서 子辰이 만나면 辰土의 마른 땅에 癸水가 水氣를 공급하지만 이제 막 발산작용을 시작한 것에 불과하다. 부연하면, 양기 壬水는 충만한 상태지만 癸水의 발산작용은 비로소 시작되었다.

물상으로 설명하면, 癸水는 아지랑이와 같고 봄에 내리는 비와 같으니 가벼운 특징을 가졌다. 따라서 바다와 같은 작용을 활용할 수는 없다. 반대로 亥水는 하늘에 존재하는 가벼운 속성의 水氣가 아니요 그 질량이 무겁기에 子辰은 亥水의 일부를 활용한 것에 불과하다. 예로 가습기의 원리처럼 물통에 물(壬水)을 채워 돌리면 수증기(癸水)가 계속 나오는 이치다. 재활용한다는 뜻은 辰土의 지장간 癸水는 巳月에 戊土와 짝을 이루어 戊癸합으로 화기를 끌어 올리고 분산작용으로 꽃을 피우기에 辰 속에 있는 癸水를 巳月에 꺼내서 활용해야 한다는 뜻이다. 따라서 癸水는 묘지 개념이 없고 고지의 쓰임만 있다.

(7) 寅午戌 三合

寅午戌 삼합은 火氣를 만들어가는 일련의 과정으로 寅에서 丙火가 동하고 卯辰월을 지나 巳月에 이르면 火氣가 계속 증가하여 병화가 건록에서 가장 큰 陽氣가 된다. 정확하게는 午火의 지장간에 있는 丙火가 가장 크지만 午火의 속성이 陰氣이기에 가장 크다고 할 수 없고 巳火 속 丙火가 가장 크다. 寅午戌 삼합운동을 시공간으로 분석하면, 寅의 丙火가 가장 약하고 巳火의 丙火가 가장 강하다. 巳火를 마감하는 공간은 戌土로 寅午戌 삼합의 묘지라 부르며 두 종류의 화기가 갈무리된다. 첫째는 巳火요 둘째는 午火다. 巳火는 巳戌 원진귀문과 연결되고 午戌은 반합이라 부른다.

巳戌도 원진귀문으로 부르기에 물질 부피 측면은 살피지 못한다. 물질관점에서 그 의미를 살펴보자. 墓地에 가장 큰 화기를 담았고 꺼내서 활용할 수 없으니 만약 취할 수만 있다면 가장 큰 물질을 얻는다. 또 巳戌원진의 글자 속성으로 그 특징을 살펴보면, 巳火를 戌土에 담아 지장간에 丁火와 辛으로 그 속성을 드러낸다. 戌土 속에는 辛丁戊가 있는데 계절로는 가을이며 巳

火의 분산에너지가 辛의 가장 작은 부피로 바뀌었다. 巳火의 六陽을 戌土에 집약하여 작고 어둡게 만들어 버리니 물상으로 비유하면 사업부도, 회사양도, 타락, 룸살롱, 비정상적인 외도, 화려한 문명을 담은 명승고적과 같다. 亥辰과 巳戌은 정반대 속성으로 亥辰은 숨겨진 것을 밖으로 펼치고 巳戌은 드러났던 것들을 내부에 감춘다. 巳戌을 정신으로 활용하면, 화기가 사라진 戌土에 빛과 같은 丙火를 비추어 보살피는 행위에 적합하다. 상담사, 한의학, 교육, 종교와 같은 물상으로 巳中 庚 물상을 원하면 사업을 원한다. 巳戌도 원진이나, 귀문으로만 살피면 극히 제한적이다.

午火가 戌土를 만나면, 丙火가 午火에서 丁火 陰氣로 바뀌어 庫地이며 반드시 꺼내서 재활용하는 물질이며 부피로 비교하면 巳火보다 훨씬 작다. 따라서 午戌이 만나면 戌土속에 丁火 열기를 공급하지만 午火의 丁火는 수렴작용으로 막 바뀐 상황이기에 에너지 강도가 약하다. 물상으로는 丙火 빛을 丁火 열로 수렴하니 활동반경이 좁으며 특정한 부위에만 집중한다.

따라서 丙火처럼 무한분산하거나 모든 곳을 비추는 빛이 아니라 특정 부위에만 사용되는 열과 같아서 丙火의 극히 일부만 활용한 것이다. 丁火를 재사용한다는 뜻은 戌土 속의 丁火를 꺼내서 亥月에 丁壬 합으로 亥水의 응축작용을 도우면서 木氣를 만들어낼 열기를 공급한다. 따라서 丁火는 戌土에서 고지를 만난 것이다.

(8) 亥卯未 三合

亥卯未 三合운동은 목을 만들어가는 과정으로 亥水에서 甲이

출발하고 子丑월을 지나 寅月에 목기가 증가하여 甲은 건록을 만나 가장 큰 양기가 된다. 정확한 표현은 卯의 지장간 甲의 양기가 가장 크지만 글자속성으로 卯木은 음기이기에 甲이 가장 크다고 할 수 없다. 따라서 亥卯未 삼합은 亥중 甲의 기운이 가장 작고 寅 중 甲이 가장 큰 양기다. 따라서 寅은 묘지작용만 가능하며 陽氣를 마감하는 공간은 未土다. 즉, 亥卯未 삼합운동의 墓地 未土에 두 종류의 木氣가 갈무리 되는데 寅과 卯다. 寅은 寅未 원진귀문이라 부르고 卯未는 반합이라 부른다. 寅未도 물질 측면에서 살피면 의미가 전혀 다르다. 寅未는 木氣를 未土에 가장 크게 담은 조합이요 묘지로 마감하며 취할 수만 있다면 가장 큰 물질을 담는다.

寅未를 글자속성으로 살피면, 寅을 未土에 담아서 지장간에 있는 乙과 丁火로 己土에 그 속성을 드러낸다. 미토의 지장간 丁乙己는 여름에 寅木의 기운을 丁火로 수렴하여 성장하지 못하게 만든다. 인목의 성장 기세를 未土에 담아 제약하니 신체의 간(肝)에 문제가 생기거나, 질병이 오거나, 신체 일부가 상하거나, 자금회전이 어려워지거나, 외도한다. 寅未를 정신으로 활용하면 寅의 기획 능력을 未에 담아 남들보다 뛰어난 아이디어나 지적 능력을 활용한다. 만약 寅의 지장간 丙火를 원하면 丙火로 확장하다가 미토의 丁火에 의해 확장의 기세가 갑자기 줄어들면서 사업 규모가 줄거나 자금회전에 문제가 생긴다.

卯木이 未土를 만나면 고지를 만난 것이다. 甲에너지는 가장 강하지만 寅에서 양기가 극에 달하여 음기로 바뀌니 陰氣의 庫地에 해당하여 반드시 재활용 한다. 이런 이유로 부피로는 寅木 속의 甲 보다 훨씬 작다. 따라서 卯未가 만나면 미토 지장간의 丁火에 의해 답답한 상황에 처한 乙에게 卯木의 좌우확산에너지를 공급하지만 乙木은 寅木의 도움이 없다면 움직임이 약해진다. 물상으로 乙은 甲의 뿌리에 의지하여 자라난 새싹과 같아서 寅이 없다면 활력을 유지하기 힘들다.

甲처럼 토에 근거를 두고 水氣를 빨아 성장하는 것과는 달리 乙은 좌우확산 작용만 있고 水氣와 火氣가 부족하다면 활력을 상실한다. 즉, 卯未합하면 未土에 묘목의 활력을 공급하지만 丁火에 의해 제약된다. 卯木을 재사용 한다는 뜻은, 未土 속의 乙은 申月에 乙庚 합으로 申金을 도와서 열매를 맺고 내부에서 활력으로 존재하여 새로운 봄에 땅 밖으로 새싹을 드러낼 종자를 공급하는 것과 같다. 이런 이유로 未土에서 乙木을 묘지라 부를 수 없고 고지를 만난 것이다.

(9)巳酉丑 三合

巳酉丑 삼합은 金을 만들어가는 과정으로 巳火에서 庚이 장생하여 동하고 午未 月을 지나 申月에 건록을 만나 가장 큰 陽氣가 된다. 동일한 원리로, 정확한 표현은 酉金 속에 있는 庚 양기가 가장 크지만 글자 속성상 酉金은 陰氣이기에 陽氣가 가장 크다고 할 수 없어서 申의 지장간 庚이 양기가 가장 큰 것으로 판단한다.

巳酉丑 삼합은 巳의 庚이 가장 작고 申의 庚金이 가장 큰 양기다. 따라서 申은 양기요 마감작용만 가능하니 丑土에 陽氣를 담는다. 巳酉丑 삼합과정에 丑土에는 두 종류의 金氣가 갈무리 되는데 申과 酉다. 申은 申丑으로 특별한 명칭은 없는 이유는 寅未처럼 生氣를 담거나 亥辰처럼 생명수를 담거나 巳戌처럼 병화 빛을 담는 조합이 아니기 때문이다. 그렇다고 전혀 문제가

없는 것이 아니며 申 열매가 丑土에 담겨서 그 체성을 상실하니 申이 상할 수밖에 없다. 酉丑이 만나면 반합이라 부른다. 申丑은 金氣를 가장 크게 담아서 묘지로 마감하며 취할 수만 있다면 큰 재물을 얻는다.

또 申丑을 글자 속성으로 살피면 申을 丑土에 담아 지장간에 있는 癸水와 辛을 己土에 드러낸다. 癸辛己의 공간은 겨울이고 申의 딱딱한 속성이 丑土 내부에서 癸水에 의해 폭발하면서 변질된다. 申은 丙火에 딱딱해지는데 癸水가 폭발하면서 금의 속성을 변화시키고 화기가 약해서 庚의 딱딱한 속성을 유지하지 못한다. 물상에 비유하면 사과가 썩고, 철이 녹스는 이치다.

時	日	月	年	男
癸	己	乙	戊	
酉	丑	丑	申	

76	66	56	46	36	26	16	6
癸	壬	辛	庚	己	壬	丁	丙
酉	申	未	午	巳	辰	卯	寅

丑丑酉로 쌍 복음이니 결혼이 불미하여 세 번 결혼하였다. 문제는 년지 申을 키워줄 화기가 전혀 없고 丑丑 두 개의 墓地에 들어가 그 체성을 유지하지 못하고 변질된다. 따라서 庚의 위엄이 丑土의 음습한 특성으로 변질되어 술주정뱅이가 되었다. 구조로 살피면, 申金이 월지 丑土에 들어가고 그 위에 있는 乙이 己土와 함께 하는 것이 아니라 戊土와 乙癸戊 삼자조합을 이루어 己土를 돌보지 않는다. 대운을 감안하면 항상 경쟁에서 밀리는 삶이다.

時	日	月	年	男
丙辰	戊寅	丙申	丙戌	

72	62	52	42	32	22	12	2
甲辰	癸卯	壬寅	辛丑	庚子	己亥	戊戌	丁酉

申月의 庚이 丙火에 딱딱해졌는데 己丑년에 丑土에 담겨 그 속성을 유지하지 못한다. 申의 숙살을 丑土에 담아 무력하게 만들어 버린다. 예로 金氣가 변질되어 폐에 문제가 생기거나 뼈에 이상이 오거나 申에 변형이 오면서 물질을 노리다가 부도내고 감방 가거나, 차량이 丑土에서 변질되는 교통사고가 발생한다.

申丑辰, 酉丑辰은 모두 유사한 물상이다. 또 申 물질을 丑土에 담기에 강한 추진력을 보이거나, 물질 욕망이 강하거나, 남들보다 뛰어난 물질성취를 이룬다. 다만 나쁜 쪽으로 활용하면 물질을 노리는 투기, 도박, 경마, 카지노와 같은 물상으로 발현된다. 재물이 폭발적으로 증가할 수도 있지만 丑土로 도둑, 사망, 강도, 사기, 감옥, 사업부도와 같은 흉한 물상으로도 드러난다.

酉金이 丑土를 만나면 辛이 庫地를 만났기에 반드시 꺼내서 활용해야 한다. 酉丑이 만나면 丑土 속의 癸水에 의해 辛의 속성이 변형된다. 酉金의 체성은 극히 딱딱하여 금융, 권력, 군대와 같은 속성이지만 축토 속의 癸水에 변질되면 사기, 부도, 강도, 도둑과 같은 물상으로 바뀐다. 酉金은 庚의 경화작용으로 만들어진 완벽한 결정체로 申이 없다면 그 작용을 유지하기 힘들다.

즉, 酉丑이 합하면 丑土에 酉金을 공급하지만 癸水에 破당하여 속성이 변질되는 것이다. 酉丑이 조합하면 한순간 폭발적으로 재물을 모으지만, 사기, 강도, 도박, 투기 등으로 감방에 가거나 교통사고가 발생한다. 酉金을 재활용 한다는 뜻은 丑土 속의 辛金은 寅月에 생명체를 내놔야 하기에 辛이 甲으로 물형을 바꾸게 해준다. 辛이 없다면 갑이 나올 수 없으니 씨종자로 亥子丑月을 지나 寅으로 물형만 바뀐 것이다. 따라서 丑土에서 酉金을 墓地라 부를 수 없고 庫地라 부른다. 원과 삼각형의 개념을 이해했으니 지금부터는 三合 구조를 살펴보자.

제2장　　三合구조의 이해

삼합을 깨닫기 위해서는 실행하는 주체가 무엇인지 따져야 한다. 삼합운동이 스스로 작용하는 것처럼 생각하지만 원인이 있기에 상응하는 결과가 있다. 명리학을 하지 않고 사주팔자만 공부하면 삼합운동 원리에 대한 근원적인 물음은 궁구하지 않는다. 근본원리를 이해해야 흔들리지 않는 이론이 정립된다. 지금부터 삼합의 근원적인 궁금증을 풀어가 보자.

우리는 四季의 변화 속에서 살아간다. 누가 그 행위를 하는지 궁금증이 생긴다. 四季의 변화 원인이 무엇이고 행위 주체는 누구이며 순환방식을 깨닫고 그 이치를 명리학에 그대로 응용해야 한다. 시간은 일정한 방향으로 흐르고 삼차원의 공간이 반응한다. 지구의 四季는 순환하면서 물형을 변화시킨다. 물형이 달라지는 이유는 공간을 지배하는 時間의 종류가 상이하기 때문이다.

따라서 물형 변화의 주체를 時間으로 정의하자. 시간은 지구공간에서 물질의 부피나 중량 혹은 양을 결정하는 주체로 辰戌丑未를 이해하는 중요한 요소다. 寅午戌 三合의 경우, 寅戌 午戌 寅午戌 巳戌 午丑 조합은 물질의 양이 전혀 다르다. 그 이유는 시간의 길이 혹은 범위 때문이며 상이한 물형으로 발현되기에 서로 다른 의미를 갖는다. 시공간을 간략하게 정리했으니 삼합원리를 풀어 가보자.

三合은 **물질계의 생장쇠멸 운동**이다. 生旺墓로 표현하지만 적절하지 않다. 왜냐하면 生旺墓는 장생(長生), 제왕(帝旺), 묘지(墓地)를 지칭하는 12운성 용어이기 때문이다. 12운성은 천간이 12개월을 지날 때마다 달라지는 기세변화를 표현한 것으로 천간 에너지가 12개의 공간에서 어떤 방식으로 파동이 달라지는가를 12운성이라는 명칭으로 설명한 것에 불과하다.

三合은 현실적인 물질을 표현한 것이다. 육체, 물질, 공간, 환경 등 감각적으로 물형을 가진 것들이다. 매일 육체를 유지하기 위해서 사용하는 음식, 생활을 유지하기 위한 금전 등이다. 삼합도 지장간의 원리를 벗어날 수 없다. 천간과 지지, 지장간의 근본 구조는 시공간 변화, 사계 변화, 물질 변화를 표현하였기에 지장간을 벗어날 수 있는 이론은 존재하지 않는다.

제 1절 三合의 구성요소

지금부터 삼합의 구성요소가 무엇이며 작용이 무엇인가를 이해하는 것은 삼합을 이해하는 지름길이다.

1. 寅巳申亥 長生地

1)墓庫의 에너지를 이어받아 새로운 陽氣를 내놓는다.

寅巳申亥 前달 辰戌丑未에 저장된 기운을 이어 받아 새로운 陽氣를 발동시킨다. 순환이 이루어지며 지구가 영속성을 유지하는 원동력이다. 진술축미에서 어떤 방식으로 전환하는지 살펴보자.

丑土의 지장간에 癸辛己가 있다. 丑月에 巳酉丑 삼합을 끝내고

癸水는 발산작용으로 봄을 향한다. 己土는 辛을 저장하고 癸를 품어 寅月의 여기 戊土로 전달한다. 戊土로 이어지면서 癸와 辛의 물형이 바뀐다. 癸水는 발산작용을 더욱 강화하고 辛은 木으로 물형을 바꾼다. 寅月 중기에 丙火가 장생하고 갑이 강하게 드러난다. 문제는 어떻게 丙火와 甲이 寅月에 있는가는 지장간의 원리에서 밝혔기에 생략한다.

辰土의 지장간에 乙癸戊가 있다. 辰土에서 申子辰 삼합은 마감되고 乙은 좌우확산을 유지하여 생명력을 번식시키고 水氣를 감소시켜 여름을 향한다. 癸水는 申子辰 삼합을 마감하여 음기로 저장된다. 진월 정기 戊土는 癸水와 乙木을 품어 巳月 戊土에 넘긴다. 중기에 이르면 庚이 동하고 정기에 丙火가 강하게 드러난다.

未土의 지장간에 丁乙己가 있다. 未月에 亥卯未 삼합은 마감되고 丁火는 수렴작용을 유지하면서 열매를 단단하게 만들기에 木氣를 감소시키고 가을을 향한다. 亥卯未 삼합을 마감하면 甲은 墓地에 들고 乙은 陰氣로 저장된다. 未月의 정기 己土는 乙과 丁火를 품어 申月 戊土로 전달한다. 申月 중기에 壬水가 동하고 정기에 庚金이 강하게 드러난다.

戌土의 지장간에 辛丁戊가 있다. 戌月에 寅午戌 삼합은 마감되고 辛은 딱딱함을 유지하면서 亥月에 甲으로 물형변화를 준비한다. 丁火는 辛이 완성되었기에 寅午戌 삼합을 마감하여 음기로 저장된다. 戌月의 정기 戊土는 丁火와 辛金을 亥月의 戊土로 전달한다. 해월 중기에 이르면 甲이 드러나고 정기에 壬水가 강하게 기운을 드러낸다.

2)三合의 출발점

寅巳申亥는 三合운동의 출발점이다. 위에서 인사신해 지장간 구조를 살폈는데 흐름이 이어지는 이유는 진술축미에 저장된 기운을 받아 탄생한 장생지에서 새로운 삼합운동이 출발하기 때문이다.

寅은 丙火가 장생지로 寅午戌 삼합이 시작된다.
巳는 庚金이 장생지로 巳酉丑 삼합이 시작된다.
申은 壬水가 장생지로 申子辰 삼합이 시작된다.
亥는 甲木이 장생지로 亥卯未 삼합이 시작된다.

3)方合의 출발점 - 강한 기운으로 삼합운동을 돕는다.

세 번째 중요한 점은 삼합운동을 가속화 시켜주는 方合의 출발점이다.

寅의 甲은 丙火를 木生火로 돕는다.
巳의 丙은 庚金을 火生金으로 돕는다.
申의 庚은 壬水를 金生水로 돕는다.
亥의 壬은 甲木을 水生木으로 돕는다.

4)生地는 三合운동과 정반대 기운이다.

生地는 삼합운동의 정반대편 기운이다. 생지에 根을 둔다거나 좋은 기운이라 판단하는데 생지는 비록 삼합운동의 출발점이라고 해도 여전히 삼합운동과 반대로 움직이는 에너지다. 예로 亥卯未 삼합의 경우는 甲의 성장운동인데 亥水 생지에는 六陰만 존재하여 성장하려는 에너지가 없을 뿐만 아니라 申酉戌을 막 벗어나 庚의 기운이 강하기에 성장할 수 있는 여건이 전혀 갖추어지지 않은 공간이다. 이렇게 정반대편 기운이 존재하기에 子月부터 발산작용을 시작하여 성장하기 시작하는데 이런 움직임을 12운성으로 욕지(浴地)라고 부른다.

寅午戌 삼합의 경우는 丙火의 분산운동 과정이지만 생지 寅에는 여전히 임수의 응축에너지가 강하여 분산하기 어려운 공간이다. 丙火의 분산작용은 卯月에 가서야 비로소 가능해진다. 巳酉丑과 申子辰도 동일한 이치다.

2. 子卯午酉 旺地

1)기운의 전환

子卯午酉의 가장 큰 역할과 의미는 기운의 변곡점으로 陽氣가 陰氣로 변한다. 변화할 수 있는 이유는 인사신해 과정을 거치기 때문으로 양기가 동하여 극에 이르면 반발작용으로 음기로 전환된다. 巳酉丑 삼합의 경우 巳午未, 申酉戌, 亥子丑으로 흐르면서 물질을 만든다. 巳月에 庚을 동하게 만들고 午未申 월을 지나는 동안 기운을 상승시키다가 酉月에 열매로 떨어진다.

따라서 酉月의 중요한 의의는 庚이 辛열매로 물형이 확연하게 바뀌는 것이다. 여기에서 기억할 것은 子卯午酉는 양기에서 음기로 변하는 첫 단계이기에 음기가 강하지 않다는 것이다. 예로 酉月에 열매가 막 완성된 것이며 亥子丑 月을 지나는 동안 木으로 바뀌는 과정은 전혀 준비되지 않은 상태다. 정리하면, 子午卯酉는 양기가 가장 강한 상태에 이르러 기운이 꺾이기 시작하여 음기가 동한 것이니 **陽氣가 무력하지도 않고 그렇다고 陰氣가 강하지도 않은 상황이다.**

2)기운의 불안정

子午卯酉의 또 다른 특징은 불안정이다. 삼각형 꼭지에서 음기로 전환하는 과정에 상황이 불안정해지고 변화하기에 혼선, 변화, 변동의 상황으로 전개된다.

3)급격한 변화

기운의 불안정은 급격한 변화를 의미하는데 寅午戌의 경우 午火에 이르면 확장에서 수렴으로 바뀌면서 물질적 경제적으로 타격을 받을 수 있다. 午중 丙火는 확장하지만 丁火에 이르면 갑자기 수렴하면서 규모를 축소하는 상황에 직면한다. 巳酉丑 삼합의 경우 酉에서 庚에서 辛으로 전환하는데 둘의 부피는 전혀 다르고 庚은 단체, 辛金은 개인으로 비유할 정도로 규모도 전혀 다르다. 이렇게 子午卯酉는 급격한 변화를 암시하기에 적절한 절제가 필요한 공간이다.

4)陰氣로의 전환

陰氣로 전환할 경우 타격을 받는 것은 陽氣다. 양기는 寅巳申亥에서 출발하여 子午卯酉에 이르러 陰氣로 전환하여 움직임이 둔화된다. 亥卯未 삼합운동의 경우, 卯月에 甲이 乙로 전환되면 乙에게 기운을 공급하며 乙은 甲의 터전 己土를 공격한다. 따라서 점점 무기력해지는 상황에 자신의 터전도 상한다. 申子辰 삼합의 경우, 子月에 壬水가 癸水로 전환되면 癸水에게 자신의 에너지를 공급하는데 癸水는 壬水의 근거지 丁火를 상하게 만든다. 이것이 子午卯酉에서 양기가 음기로 전환되는 과정에 생기는 문제다.

3. 辰戌丑未 墓地

辰戌丑未의 활용범위가 너무 넓어서 辰戌丑未 이론을 정립하는 것은 매우 어렵다. 그중에서 가장 혼란스러운 부분은 墓庫 논리지만 아직까지 墓地와 庫地에 대한 개념조차도 정립하지 못했다. 여기에 十神입묘, 旺者입묘 등 파생이론까지 난무한다. 辰戌丑未 의미를 정리하면 아래와 같다.

1) 三合의 마감

辰戌丑未는 三合운동을 마감하는 공간이다. 천간이 지지에서 물질을 완성한 공간이기에 물질을 소유한 공간으로 사주팔자의 재물 크기를 분석하는 매우 중요한 요소다.

2) 계절의 전환 - 方合의 마감

辰戌丑未는 계절을 마감하고 새로운 계절로 전환하는 역할이다. 예로 辰土는 겨울을 마감하고 봄의 기운을 억제하여 여름으로 유도한다. 따라서 봄기운은 축소되고 여름에 필요한 기운은 증가한다. 중요한 점은, 이 과정에 오행의 쓰임이 변하는 것이다. 즉, 辰月에 水氣의 쓰임은 마감되고 木氣의 쓰임은 조절되며 火氣의 쓰임이 많아지도록 하는 것이다.

3) 물질을 담고 저장하는 곳

辰戌丑未는 三合운동만 완성하는 것이 아니고 각각의 土에서 천간이 모두 다르게 작용하기에 기운이 마감될 수도 전환될 수도 조절될 수도 있다. 따라서 창고역할을 하는지 墓地역할을 하는지 그 작용을 구별해야만 한다. 辰戌丑未가 庫地역할을 한다면 반드시 담겨진 물건을 꺼내 써야 하므로 그 작용을 완성한 것이 아니다. 墓地 역할의 경우는 저장된 물건을 다시는 꺼내 쓰지 못한다.

4)辰戌丑未月 시공간 이해하기

辰戌丑未를 좀 더 깊게 이해하려면 辰戌丑未 각 月의 시공간 특징을 살피는 것이다. 시공간이란 辰月의 시간과 그 시간에 어울리는 공간을 뜻한다. 각 계절은 맡은 바 역할이 있으며 예로 辰月의 시공간을 이해하려면 반드시 진토 속에 있는 地藏干을 살펴야 한다.

辰土 속에는 乙癸戊가 있는데 상징하는 의미를 살펴보자. 戊土 위에서 癸水의 발산에너지로 乙이 좌우로 에너지를 펼치는 시공간이다. 따라서 이런 에너지들이 충만한 곳에서 인간은 모내기하기에 매우 적합한 시공간을 만난 것이다. 未月의 지장간에 丁乙己가 있다. 丁火가 乙의 성장을 완성하고자 을의 움직임을 수렴하여 己土에 저장한다. 이런 움직임으로 열매가 성장완료한 시공간이다. 戌土와 丑土도 동일하게 이해한다.

제 2절 三合의 구성 원리

1. 三合의 기본구조.

삼합의 구성 원리를 이해하는 가장 확실한 방법은 지장간을 살펴보는 것이다. 寅午戌 삼합의 경우, 寅의 중기에 丙火가 生地로 드러나고 午火에서 병화가 정화로 바뀌고 戌土에서 丁火가 地藏干에 저장되어 三合운동을 마감한다. 즉, 양기가 동하여 결과물인 음기를 완성하는 것이 三合운동이다. 巳酉丑 삼합의 경우, 巳火 중기에 庚金이 生地로 드러나고 酉金에서 庚이 辛으로 전환되며 丑土의 지장간에 辛이 저장되고 삼합운동을 마감한다.

申子辰 삼합은, 申의 중기에 壬水가 생지로 드러나고 子水에서 壬水가 癸水로 전환되며 辰土에서 癸水가 저장되고 삼합운동이 마감된다. 亥卯未 삼합은 亥水 중기에 甲이 생지로 드러나고 卯木에서 갑이 을로 전환되며 未土에서 乙이 저장되어 삼합운동을 마감한다.

2. 三合운동의 生剋

4개의 삼합운동은 生旺墓로 구성되어 있지만 독립적으로 하지 못하고 반드시 4개의 삼합이 서로 영향을 주면서 맞물려 돌아간다. 삼각형 4개가 겹치면서 회전하는 과정에 변화가 발생하는데 이런 움직임을 刑沖破害라 부르고 사주팔자에서 변화를 읽어내는 중요한 자산이다. 4개의 삼합은 순차적인 시간흐름으로 生의 관계를 형성하는데 申子辰은 亥卯未를 생하고 寅午戌을 생하며 巳酉丑을 생하고 다시 申子辰을 생한다.

시간이 순행하는 과정에 삼합운동 사이에 상반된 에너지들이 돌출되어 상호 충돌하는데 예로 申子辰은 寅午戌과 정면충돌하고 亥卯未는 巳酉丑도 정면충돌한다. 또 정면충돌은 아니더라도 마찰이 발생하는데 예로 寅午戌 삼합과 巳酉丑 삼합 사이에 寅巳 刑, 午酉 破, 戌丑 刑의 관계를 형성한다. 이런 작용으로 기운을 증폭하거나 음기의 작용을 가속화시키거나 음기의 물형을 조절한다.

3. 三合운동의 목적

삼합운동을 해야만 하는 이유를 살펴보자. 삼합은 물질의 생장쇠멸 과정인데 각 글자로는 물질을 만들 방법이 없다. 乙의 경우, 乙이 좌우확산 운동만 할 수 있다. 따라서 乙의 에너지를 변화시키려면 제3자가 개입되어야 한다. 예로 乙이 庚으로 바뀌려면 반드시 丙火의 분산에너지를 증가시켜야 한다. 지지에서는 卯木과 巳火의 흐름인데 물형을 바꾸는 과정은 삼합운동으로 이루어지니 卯月에서 巳月로 바뀌는 과정에 亥卯未, 寅午戌, 巳酉丑 삼합이 얽히고설킨다. 이런 복잡한 얽힘을 우리는 三合, 12운성, 刑沖破害 등의 명칭으로 세분하여 부르는 것이다.

4개의 삼합운동이 그렇게 움직이는 이유를 살펴보자. 삼합운동은 물질을 만들어가는 과정이기에 어떤 방식으로 물질을 결정하는지를 살펴야 한다. 申子辰은 생명수를 공급하고 寅午戌은 세상을 밝게 비추고 확장하며, 亥卯未는 성장하고 巳酉丑은 수렴하여 결실을 맺는다.

4. 三合운동의 의미

삼합을 구성하는 글자 속성을 살펴보자.

(1)申子辰 三合

申金은 만물을 딱딱하게 하려는 속성이다. 단단해지는 이유는 火氣가 水氣를 없애기 때문이다. 생명체들에게는 매우 중요한 생명수 水氣를 고갈시켜 생기를 없애는 과정이다. 따라서 만물이 딱딱해지는 이유는 丙丁 때문이 분명하다. 확장, 수렴과정에 水氣가 증발하면서 申은 生氣가 점점 사라진다. 다만, 일방적으로 철저하게 生氣를 소멸시켜버리면 자연이 순환할 수 없으니 丙火는 申에서 壬水가 동하게 만들어 새로운 생명수를 준비하도록 유도한다.

즉, 巳午未를 지나면서 火氣를 증폭하여 金氣를 단단하게 만들고 申月에 딱딱해지면 화기는 줄어들고 水氣가 동하는 것이다. 申月과는 정반대로 寅月에 이르면 水氣의 응축작용을 발산하면서 활력을 주고 火氣를 동하게 만든다. 水氣가 寅木을 생하면 화기가 멸하지만 寅月의 지장간에 丙火를 장생하게 만들어 순환하는 것이다.

子月에 발산작용을 시작한다. 壬水를 癸水로 전환하여 봄을 향하지만 壬癸만 있으니 火氣의 분산작용이 없기에 춥고 어둡다. 金氣를 木氣로 바꾸려면 발산작용이 필요하기에 癸水가 金을 풀어 木을 내놓는다. 이 모든 과정이 어둠에서 이루어지기에 흉하게 작용하면 불법으로 물질을 탐하여 문제가 발생한다. 亥子丑에서 도둑이 난무하는 이유다.

辰土는 水氣를 갈무리하여 木氣의 성장을 억제함과 동시에 火

氣를 증폭시키는 역할로 근본 성향은 온기를 증폭하는 것이다. 정리하면, 申子辰은 세 글자가 만나서 水氣를 만들어내는 과정이 아니라 金이 水를 통하여 木으로 변화하는 과정을 시공간 흐름으로 살피는 것이다. 申子辰 삼합이라 부르는 이유는 壬이 동하고 壬에서 癸로 바뀌고 癸水가 辰土에 저장되는 과정이요 水氣의 특징을 지녔기 때문이다. 申子辰은 壬水의 응축운동 과정이지만 辰土는 응축은커녕 발산작용이 매우 강한 공간이니 무조건 壬水의 삼합운동이라고 생각하지 않아야 한다.

申子辰의 속성을 정리 해보자. 만물을 응축시킨다. 어둠 속으로 빨려 들어가니 사망하고 다시 새로운 육체를 얻는다. 물질적으로 줄어든다. 水氣의 사상을 창조한다. 물처럼 유동의 속성을 가져 방탕하며 흘러 다닌다. 종교, 명리, 철학에 심취하다. 비밀스럽고 불법적이며 감춘다. 눈에 보이지 않는다. 물처럼 추락한다. 물상을 정리하면, 사망, 살인. 이혼, 추락, 조폭, 홍수와도 같은 힘, 휩쓸림, 정신이상. 마약중독, 독극물, 공금횡령, 불륜, 불법적인 재물, 유람이나 관광, 익사 물상이다.

時	日	月	年	男
甲子	戊申	丙辰	癸卯	

80	70	60	50	40	30	20	10
戊申	己酉	庚戌	辛亥	壬子	癸丑	甲寅	乙卯

능력이 뛰어나 대기업 사장이다. 辰月에 水氣가 필요한데 癸水와 申子辰이 있고 年에서 時로 흐르는 시공간이 바르다. 戊土가 癸卯와 乙癸戊 삼자조합을 이루어 木氣의 성장을 촉진하고 丙火가 卯申과 辰申에서 이루어지는 엄청난 규모의 乙庚합 열매의 부피를 확장하여 자신의 일지로 끌어와 담는다. 乙庚 合은

사방팔방 다양하게 정보를 교환하는 움직임이기에 인맥이 넓고 申으로 수렴하니 대기업 사장에 오를만한 구조다. 이 구조처럼 申子辰 삼합에 丙火를 배합하면 무역, 정보통신에 어울린다.

時	日	月	年 男
戊申	丁亥	甲辰	壬子

73	63	53	43	33	23	13	3
壬子	辛亥	庚戌	己酉	戊申	丁未	丙午	乙巳

2008년 戊子년 상황이다. 대기업 협력업체에 다닌 엔지니어다. 丁亥년과 戊子년 직장업무로 힘든 상황이다. 나쁜 상사를 만나 인간관계에 문제가 생긴다. 丁火는 중력 작용을 축적한 熱氣를 유지하고 확장하는 것을 본성으로 하는데 원국에 있는 壬子, 亥, 申子辰 삼합으로 丁火의 체성을 유지하기 어렵다. 하지만 정화가 제일 좋아하는 甲이 월간에 있고 辰月이니 水氣가 필요하므로 壬子는 월지 시공을 맞추는 좋은 역할이다.

또 亥水는 자신의 능력을 월지 辰土에서 발휘하니 직장생활에 어울린다. 따라서 이런 구조는 月支 시공과 일간 사이에 모순이 발생하는 구조다. 즉, 월지 진토에는 수기가 필요하고 일간 정화에게 수기는 부담스런 존재다. 戊申대운 丁亥, 戊子년에 水氣가 강해지고 申子辰 삼합을 이루니 丁火가 감당하기 어렵다. 또 월간 甲이 申子辰 삼합에 휩쓸리니 불안정해지면 사회활동 환경이 불안정해졌고 이 의미를 상사와의 관계가 나빠진다고 읽어도 문제가 없다. 戊子년에 감당하기 어려운 申子辰을 만난 丁火는 戊土를 활용하여 水氣로부터 벗어나려고 하는 과정에 마찰이 발생하였다.

時	日	月	年	男
己卯	乙卯	丙子	甲辰	

72	62	52	42	32	22	12	2
甲申	癸未	壬午	辛巳	庚寅	己卯	戊寅	丁丑

년지와 월지에 申子辰 삼합 두 글자를 가졌다. 乙일간이 子月에 시절을 잃었고 년주 甲辰의 땅이 부럽고, 그 땅을 취하려는 욕망이 강하다. 乙卯, 卯甲으로 己土를 치지하고자 경쟁하며, 甲이 가진 辰土의 땅에서 안정을 취하려고 하므로 한탕을 노리는 성정이 강하다. 전문 사기꾼으로 사기전과 12범이요 丙子년에 사기 치고 구속되었다. 성정을 좀 더 살펴보자.

乙은 甲이 가진 辰土의 땅을 원한다. 그 곳에 가면 乙癸戊 삼자 조합을 이루고 丙火로 성장을 촉진할 수 있다. 이와는 반대로 甲은 오히려 辰土의 땅을 원하는 것이 아니라 시간에 있는 己土와 합하고 水氣의 도움으로 성장을 원하지만 己土와 합하는 과정에 반드시 乙을 만난다. 이런 이유로 甲은 己를 취하고자 乙과 경쟁하고, 乙은 甲이 가진 辰土를 취하고자 경쟁한다. 이런 구조로 태어난 사람들의 심리상태는 이해하기 어렵다. 내 것에 흥미가 없고 남들이 소유한 것들을 탐하며 살아갈 수밖에 없는 것이다.

時	日	月	年	男
己酉	丁丑	甲辰	壬子	

76	66	56	46	36	26	16	6
壬子	辛亥	庚戌	己酉	戊申	丁未	丙午	乙巳

甲辰월에 壬子년주를 얻으니 년과 월의 시공간 구조가 좋지만 정화에게 수기는 부담스러운 존재다. 특히 년월일시 地支에 있는 酉丑辰 三字조합과 子水는 어둡고 한탕주의 속성이 강하여 나쁘게 활용하면 불법을 저지르면서 빠른 시간에 재물을 축적하려고 한다. 또 酉子丑 퍽치기 조합과 子辰으로 어둠 속에서 한탕을 노리다 갑작스런 사건, 사고에 휘말린다.

丁未대운 2006년 丙戌년에 사기죄로 구속되었다. 12신살을 가미해보면, 년지 子水를 기준으로 申子辰 삼합을 벗어난 巳午未는 겁살, 재살, 천살에 해당하고 기존의 체계를 전복하려는 움직임이기에 丁未대운 丙戌년에 사기죄의 특징이 더욱 뚜렷하게 발현되었다.

(2) 亥卯未 三合

亥水의 움직임은 만물을 극도로 응축시키는 것으로 육음(六陰)이라 부르며 확장기세가 전혀 없다. 자연에서 그렇게 하는 이유는 辛을 품어 생명체를 내놓고자 준비하기 위함이다. 극히 안정적인 환경이 필요하며 최대한 응축작용을 해주어야 봄에 스프링처럼 튀어 오르는 에너지를 축적한다. 戌土에 있는 丁火의 도움으로 火氣를 품은 辛은 亥水를 만나 어머니 양수와 같은 곳에서 甲으로 물형을 바꾸려고 준비하지만 양기가 전혀 없기에 陰적이고 차가운 속성이다. 子月에 발산작용이 시작되면 비로소 辛이 甲으로 그 형태를 조금씩 바꾸기 시작한다.

卯木은 좌우로 펼치는 움직임으로 땅 위로 올라온 새싹과 같고 봄에 좌우로 펼쳐지는 생명력과 같다. 강인한 생명력으로 끝없이 성장하는 욕망이다. 卯月은 寅의 뿌리내림 후에 水氣를 타고 땅을 뚫고 위로 오르는 에너지요 甲의 속성이 乙의 펼치는 속성으로 전환되는 공간이다. 땅을 뚫고 오르는 것은 극히 중요한 의미를 갖는데 마치 인생을 살면서 땅속 어둠 속에서 살다 태양이 비추는 곳으로 나왔을 때의 상황과 같다.

未土의 뜻은 亥에서 시작하여 卯月을 지나 午月에 이르는 甲의 성장과정을 완성한 공간이다. 乙이 좌우로 펼치고 꽃피고, 열매 맺어 성장이 완성되며 未土에서 金열매로의 변화를 준비하는 공간이다. 亥卯未를 木삼합이라 부르는 이유는 木氣의 생장쇠멸 과정을 시공간 흐름으로 살피기 때문이다. 즉, 亥속의 甲이 卯月의 甲乙로 변하고, 결과적으로 未속의 乙 음기를 저장하기 때문이다. 다만, 亥卯未 삼합으로 木氣만 존재하는 것이 아니라 亥水에 발산작용이 전혀 없다가 卯月에 성장하는 속성이 가장 강해졌다가 未月에 木의 성장을 마감한다.

亥卯未 삼합속성을 정리해보자. 木氣의 성장과정으로 생명체가 태어나 성장하는 일련의 움직임이기에 생명체의 가치를 결정한다. 의미를 확장하면 亥卯未 삼합은 육체, 물질의 성장 발전을 상징하기에 亥卯未 삼합운동의 움직임에 문제가 생기면 성장에 장애가 생기고 육체가 상하거나 질병으로 고통 받는다. 사업에 비유하면 회사가 갑자기 부도나거나 성장과정에 정신질환, 우울증, 교육문제, 인간관계 문제 등 좌우로 펼치는 움직임을 방해하는 모든 물상을 포함한다.

時	日	月	年	女
癸	丁	癸	戊	
卯	未	亥	子	

73	63	53	43	33	23	13	3
乙	丙	丁	戊	己	庚	辛	壬
卯	辰	巳	午	未	申	酉	戌

삼합순서가 바르지 않지만 亥卯未 삼합의 성장 기세를 가졌고 일간 丁火가 성장 기세를 조절한다. 년과 월에 戊癸 합으로 火氣를 만들어 亥속의 甲을 키우고 일지 未土가 강한 수세를 조절하여 卯木을 키운다.

초년에 대운이 金으로 흘러 씨종자를 水氣에 풀어 가치를 높이니 총명하다._乙庚合 물상으로 방송국 아나운서가 되었다가 金氣가 마무리되고 木火의 흐름으로 대운이 바뀔 때 그 에너지를 따라서 목의 성장을 촉진하는 학원원장이 되었다. 남편은 乙酉년생 의사다.

기억할 점은, 초년에 金氣를 보충하지 않으면 癸亥의 가치가 높지 않아서 총명할 수 없다. 이런 에너지의 움직임을 무시하고 단순하게 생극 작용만 강조하면서 水氣가 강하여 관살혼잡에 시달리는데 대운에서 강한 金氣를 만나 財星이 偏官을 생하기에 흉하다고 판단하는 것은 오류다.

물의 가치는 金을 품고 木을 기르는 것으로 결정되기에 水氣의 가치를 높이려면 金氣를 품어야 미네랄을 함유한 물로 바뀐다. 이 구조는 초년에 金氣를 활용하다가 운이 바뀌면서 亥卯未 성장을 추구하는 직업으로 바꾼 경우다.

時	日	月	年 男
丁酉	辛卯	癸卯	丁未

77	67	57	47	37	27	17	7
乙未	丙申	丁酉	戊戌	己亥	庚子	辛丑	壬寅

년과 월에 亥卯未 삼합 중에서 卯未 두 글자가 있다. 癸水로 卯

木의 성장을 촉진하고 未土에 저장하며 卯未 건설, 토목, 부동산 물상에 어울린다. 부동산건축업을 하는 도급업자다. 건축, 건설물상은 빈 땅을 다지고 그 위에 건물을 올리는 것이다. 12地支 중에서 빈 땅은 丑土로 겨울에 눈이 내린 황량한 땅을 상상하면 쉽다. 따라서 丑土를 토지에 비유하면 건물이 전혀 없는 불모지와 같은 땅을 뜻한다.

봄에 새싹이 축토를 뚫고 오르면 황량한 땅을 건설하는 환경으로 바뀌고 이것이 부동산, 건축, 건설 물상이다. 未土는 丑土와 전혀 다른 땅이다. 축토는 불모지와 같지만 未土는 나무들이 성장하여 열매를 매달고 있는 땅이기 때문이다. 여기에 卯木을 배합하면 未土의 땅에 계속 卯木 새싹이 오르는 것과 같아서 쓸만한 땅에 새로운 건물들이 오르는 이치와 같다. 다만 그 싹들을 丁火, 辛으로 조절하고 자르니 건설을 확장하는 구조보다는 내부 인테리어에 어울린다.

時	日	月	年	男
壬子	癸亥	辛卯	辛未	

71	61	51	41	31	21	11	1
癸未	甲申	乙酉	丙戌	丁亥	戊子	己丑	庚寅

亥卯未 삼합이 모두 있으니 성장을 추구하는 속성이다. 년과 월에 있는 辛이 씨종자 역할을 하며 목의 성장을 조절한다. 金水木으로 金氣를 水氣에 풀어 두뇌가 비상하여 5개의 외국어를 구사한다. 30~40대에 비서로 통역을 담당하면서 직장생활 하였으나 乙酉대운에 이루는 일이 없어 고생하다 아들 셋을 죽이려고 독약을 먹여 병신을 만들다시피 하였다.

셋째 아들은 목매어 죽고 부인은 파출부 생활하는데 어렵게 번 돈을 빼앗아 쓰는 신세며 한때 마약사범으로 징역살이도 하였다. 이 사주의 문제를 살펴보자. 亥卯未 삼합은 목의 성장을 촉진하기에 목에서 화로 확장해야 발전하지만 아쉽게도 사주원국에 火氣가 없다. 또 년과 월의 辛 두 개가 水氣에 풀어져 총명하지만 癸水는 卯木을 키워야 하는 사명감을 가진 에너지다. 乙酉대운에 두 개의 辛이 乙 生氣를 잘라버리고 酉가 월지 卯木의 성장을 막으니 三合운동의 근본이 흐트러진다.

자식 궁위 壬子는 응축에너지가 강하여 癸일간의 성장을 방해하고 월지 卯木의 성장을 방해하니 자신의 쓰임을 잃은 癸水는 삶의 방향과 목적을 상실하는 것과 같다. 壬子 자식의 역할이 나쁘기에 시주에 이르는 시기에 대운의 작용이 연결되면서 아들을 모두 죽이려고 했으며 삶의 방향을 상실하고 마약까지 하였다. 癸水가 卯木을 키우는 사명감을 이루지 못하고 금기와 배합되면 오히려 무서운 殺氣를 갖는다. 癸卯가 辛酉를 보거나 癸酉가 乙卯를 보는 경우로 주위에 생기들이 상하거나 사라지기 쉽다.

時	日	月	年 男
辛卯	辛未	乙亥	甲午

79	69	59	49	39	29	19	9
癸未	壬午	辛巳	庚辰	己卯	戊寅	丁丑	丙子

亥卯未 삼합을 이루고 년과 월에 甲乙이 혼잡하였으며 시간 辛이 일간과 힘을 합하여 甲乙을 추구하기에 재물을 강하게 탐하는 성향이다. 己卯대운에 亥卯未 삼합을 이루어 큰 재물을 득하기도 했지만 세운에서 투기, 도박의 성향이 강해지는 庚辰년과

辛巳년에 20억 손실을 보았다고 한다. 이 사주의 문제점을 궁위로 분석하면, 일지 未土와 시간 辛의 시기에 乙을 노리고 庚辰, 辛巳년에 투기성향이 강해지면서 한탕을 노린다. 또 다른 문제는 일지 未土는 亥月에 성장하는 甲을 墓地에 담으니 좋은 점이라면 국가, 조상의 음덕을 내려 받는 것이고 나쁜 점은 未土가 亥水를 탁하게 만들면서 수기의 흐름을 방해한다. 년지에 있는 午火와 합으로 亥水를 더욱 말리면 火氣에 날카로워진 辛은 乙卯를 찌른다. 이것이 庚辰, 辛巳년에 20억을 손해 본 진짜 이유다.

(3) 寅午戌 三合

寅木의 뜻은 겨울에 땅속에 뿌리내리는 과정이다. 이 움직임은 어머니 배속에서 성장하다가 독립하여 세상 밖으로 탄생한 아이와 같다. 寅은 반드시 세상에 生氣를 전파해야만 하는 막중한 책임을 가진 길 안내자와 같지만 실제로 처한 상황은 땅 속 뿌리와 같고 전생의 정보를 가지고 막 육체를 얻었기에 정신적으로는 충만하지만 육체적으로는 전혀 활발하지 못하다. 따라서 육체를 활용하기는 제한적이고 두뇌를 활용해야만 한다.

午火의 가장 중요한 뜻은 분산에서 수렴을 시작하는 것이다. 丙火 빛을 丁火 열기로 수렴하기에 확장세를 줄이기 시작할 수밖에 없다. 丙火는 확장만 하여 실속이 없을 수도 있지만 丁火는 실속을 차리고 실질적인 재물을 추구한다. 그 이유는 丁火 열기가 있어야 명실상부 열매를 완성하기 때문이다.

戌土의 뜻은 火氣를 마감하고 金氣를 조절하여 水氣를 내놓는 공간이다. 빛을 어둠 속에 가두고 申酉戌을 지나며 수확된 금기를 저장하고, 보호하며, 화기를 갈무리하여 수기로 넘긴다. 따라서 화려했던 확장의 시대를 마감한다. 금기를 마감하기에 수렴을 끝내고 살기를 거두어 생명체의 탄생을 준비한다.

寅午戌을 火삼합이라 부르는 이유는 寅 속의 丙火가 午속의 丙丁으로 바뀌고 戌 속에 丁火 음기를 저장하기 때문이다. 즉, 火氣를 확장하다 午火에서 점차적으로 줄어들기 시작하고 열기를 축적하기 시작한다. 寅午戌 삼합을 火氣라 부르지만 戌土에 이르면 火氣는 전혀 성장하지 못하는 공간을 만난다. 정리하면, 寅午戌 三合의 근본 목적은 만물의 부피를 확장하는 시공간 흐름이다.

다만 寅午戌 삼합운동 과정에 생명수 水氣를 없애기에 봄에서 여름을 지나 가을로 흐를수록 殺氣가 강해지는 흐름이다. 寅木은 생명체요 午火는 열매와 같지만 申酉戌 月을 지날 때 殺氣가 강해진다. 寅午戌 삼합은 丙火의 움직임이기에 가장 화려하며 三合운동 중에서 가장 화려한 문명을 상징하고 水氣를 분산시켜 무지개를 만들어내는 과정이며 전파력이 가장 강하다. 이런 물상은 예로 교육, 공직, 문화, 예술, 연예인 등이다.

時	日	月	年	男
壬	戊	壬	壬	
子	戌	寅	午	

77	67	57	47	37	27	17	7
庚	己	戊	丁	丙	乙	甲	癸
戌	酉	申	未	午	巳	辰	卯

년월일 순서는 바르지 않지만 寅午戌 삼합이고 나머지 글자 속성이 모두 水氣로 어둡다. 하지만 대운을 감안하면 어둡고 무겁게 응축된 水氣 화려하게 분산하여 무지개처럼 바꾼다. 이런 물

상을 활용하여 영화배우가 되었다. 이 사주에서 배울 점은 寅午戌 삼합은 빛을 화려하게 분산하는 작용이요 그런 에너지의 움직임을 활용하는 직업 중 하나가 영화배우라는 것이다.

時	日	月	年	男
庚	戊	壬	壬	
申	戌	寅	午	

77	67	57	47	37	27	17	7
庚	己	戊	丁	丙	乙	甲	癸
戌	酉	申	未	午	巳	辰	卯

이 구조도 寅午戌 삼합을 모두 가졌지만 시공간 흐름은 바르지 않다. 壬寅 月이니 木을 키우고 화기로 성장을 촉진한 후 庚申 금기를 자극하여 수확하는 흐름이다. 庚申이 화기에 날카롭지만 년과 월의 壬水가 殺氣를 적절하게 풀어낸다. 丙庚壬 삼자조합은 검경에 어울리는데 이 남자는 정치인이면서도 1999년 1월에 검찰총장에 올랐으니 丙庚壬 3字조합 물상을 적절하게 활용하였다.

時	日	月	年	女
丁	戊	戊	庚	
巳	戌	寅	午	

74	64	54	44	34	24	14	4
庚	辛	壬	癸	甲	乙	丙	丁
午	未	申	酉	戌	亥	子	丑

寅月에 목기가 성장하기 위해서 필요한 水氣는 없고 寅午戌 삼합으로 火氣가 탱천하였고 時柱까지도 丁巳로 火氣가 가득하여 년간 庚이 화기에 상할 수 있다. 다행하게도 대운이 초년부터 水氣로 흐르면서 火勢를 조절하며 火氣를 축적한 庚을 水氣에 실타래처럼 풀어낸다. 이 여인은 평생 학문을 좋아하며 미스터리 소설작가다. 소위 壬甲丙 삼자조합으로 의료, 검경에 어울리

는 조합이지만 원국에 水氣가 전혀 없으니 그런 직업과 인연이 없고 화기에 자극받은 庚을 수기에 즉흥적으로 풀어내기에 소설가가 되었다.

時	日	月	年	男
丁巳	戊戌	丙寅	甲午	

78	68	58	48	38	28	18	8
甲戌	癸酉	壬申	辛未	庚午	己巳	戊辰	丁卯

水氣가 없는데 寅月에 태어나 년에 甲이 드러나 마르니 生氣가 없다. 대운도 火氣로 흘러 甲寅 生氣를 유지하기 어렵다. 寅午戌 火氣가 水氣 생명수를 증발시켜서 만물을 태워 죽이는 구조다. 庚午대운에 화기에 자극받은 庚의 殺氣가 강해지고 壬申년에 약하게 드러난 壬水에 자극받은 庚이 심하게 동요하여 甲寅을 沖한다. 부인과 자식 둘을 살해하고 그 다음 날 부모도 살해했다.

이때 이해하기 어려운 에너지파동에 대해서 보충 설명해보자. 보통은 壬申년이 오면 가뭄에 비가 내린다고 생각할 것이다. 하지만 그것은 에너지의 움직임을 오해한 것이다. 예로 庚午대운에 지지에서는 寅午戌 삼합이 만나고 庚을 자극해도 火氣를 따라야만 하는 상황이며 반발력이 전혀 없다.

하지만 壬水를 만나면 뜨거웠던 庚은 갑자기 엄청난 폭발력으로 튀어 나간다. 그리고 甲을 沖 한다. 엄청난 殺氣가 이 남자를 덮친다. 이런 에너지 파동을 이해하지 못하고 壬水가 와서 火氣를 식혀주었다고 생각하면 生剋 논리를 벗어나지 못한다. 식혀준 것이 아니라 강력한 殺氣를 실행하게 만드는 것이다.

時	日	月	年	男
丁未	壬戌	庚寅	丙午	

71	61	51	41	31	21	11	1
戊戌	丁酉	丙申	乙未	甲午	癸巳	壬辰	辛卯

寅午戌과 丙火가 월간 庚을 자극하는 조합이다. 다행하게 일간이 壬水로 庚金이 임수를 향하는 흐름이다. 하지만 일주와 시주가 丁壬 合, 戌未 刑으로 合刑 조합은 정신이나 행동에 문제가 있는 경우가 있다. 또 壬水의 정신이 너무 강력한 火氣들에 증발되고 대운도 화기로 흐르면서 壬水가 癸水처럼 휘발성으로 증발한다.

이 남자는 전문 도둑으로 1981년 절도죄로 감방에 가고 1990년 살인미수 죄로 10년 형을 받고 감방에 들어갔다. 이 구조에서 寅午戌 삼합은 壬水를 증발시켜 정신이 불안정해지고 특히 년지를 기준으로 壬水는 겁살에 해당하여 저승사자처럼 남의 것을 탐하기에 도둑으로 남의 재물을 탐하여 먹고 살지만 구조가 나쁘니 수시로 감방에 들어간다.

時	日	月	年	女
甲午	丙戌	戊寅	庚子	

78	68	58	48	38	28	18	8
庚午	辛未	壬申	癸酉	甲戌	乙亥	丙子	丁丑

寅午戌 三合에 일간도 丙火이기에 화세가 강한데 庚을 키우는 丙火의 쓰임이 적절하지 못하다. 년주 庚子로 무력하지만 子水가 강한 火氣를 조절하고 대운에서 金水를 보충하니 戊土 위에

자극받은 庚金 자동차를 子水로 적신다. 세차장을 운영한다.

(4)巳酉丑 三合

巳火의 글자 뜻은 만물을 최대로 펼치는 것이다. 예로 꽃이 활짝 핀 상태다. 그렇게 하는 이유는 벌과 나비가 짝짓기를 통하여 열매를 맺기 위함이다. 물상에 비유하면 실체가 부풀리고 과장되는 행위로 홍보, 광고, 홈쇼핑과 같은 물상이다.

酉金의 뜻은 딱딱함(硬化작용)을 완성하는 것이다. 씨종자를 완성하는 것으로 수렴작용이 극에 이른 공간이다. 庚이 완벽하게 딱딱해지면 辛으로 바뀐다. 활짝 펼쳐졌던 행위가 최대로 줄어들어 움직임이 답답해지고 生命이 활기를 잃는다. 酉金은 분산에너지 丙火를 丙辛 슴으로 어둠 속으로 끌고 들어가기에 사회 발전 측면에서는 좋지 않지만 가장 가치 높은 씨종자와 같은 존재다.

丑土의 뜻은 金氣를 마감하여 水氣를 조절하고 木氣를 내놓는 움직임이다. 더 이상 경화작용을 하지 못하고 水氣에 풀어져 부드러운 상태로 변한다. 즉 亥子丑을 지나면서 金을 木으로 바꾸기 위한 자연의 의지다. 죽음에서 삶으로 활기를 불어넣고 활동이 가능하도록 돕는다.

巳酉丑을 金삼합이라 부르는 이유는, 巳중 庚이 酉 속의 庚辛, 丑 속의 辛으로 변하고 결과적으로 丑土에 저장되기 때문이다. 비록 巳 속의 庚이 생지라고 해도 木의 속성이 훨씬 강하기에 극도로 부드럽다가 酉月에 이르러서야 경화작용이 완성되며 亥子丑의 끝자락 丑土에서는 오히려 경화작용은 상실되고 발산작용이 계속 증가하는 공간이다. 따라서 巳酉丑 삼합운동을 金氣라고 부르지만 딱딱한 속성만 있는 것이 아니고 오히려 변질되어 부드러워진 상태다.

정리하면, 巳酉丑 삼합운동의 뜻은 만물의 生氣를 없애고 열매를 완성하는 시공간 흐름이다. 生氣를 없애고 물질을 얻으니 육체가 상할 것이다. 적절한 직업으로는 목기를 통제하니 군, 검경, 물질을 추구하면 금융, 사채와 같으며 권력을 지향하면 정치가에 어울린다. 丑土의 속성을 잘못 쓰면 사기, 강도, 절도, 금융사기, 도박과 같은 물상으로 발현된다.

時	日	月	年	男
甲申	乙巳	己酉	丁丑	

72	62	52	42	32	22	12	2
辛丑	壬寅	癸卯	甲辰	乙巳	丙午	丁未	戊申

이 구조를 生剋 작용으로만 살피면 巳酉丑 삼합을 구성하고 시주가 甲申으로 금기가 매우 강하여 丁火와 巳火로 편관과 칠살을 제살하는 팔자라 볼 것이다. 따라서 대운도 巳午未로 흘러가니 좋은 사주라고 감명할 가능성이 높다. 하지만 丙대운에 군대에서 지뢰를 밟아 다리 하나를 절단하고 상이군인이 되었다. 실제 발생한 상황을 파악하고 丁火를 제살하는 용신으로 보다가 火氣가 너무 강하니 金이 용신이요 火氣에 金이 상해서 문제가 발생했다는 논리는 모두 生剋으로만 본 것이다. 火氣에 자극받은 金氣는 수기가 마르면서 점점 날카로워지는데 일간이 乙인데 水氣도 없으니 날카로운 金氣를 감당하지 못하고 문제가 발생하였다.

時	日	月	年	女
丙	乙	己	己	
子	酉	巳	酉	

79	69	59	49	39	29	19	9
丁	丙	乙	甲	癸	壬	辛	庚
丑	子	亥	戌	酉	申	未	午

巳酉 두 글자만 있으며 巳月에 태어난 乙이 丙火의 재주로 酉金을 통제하기에 총명하고 재주가 많다. 다만 日支가 酉金으로 쌍 복음이니 결혼이 불미하다. 직업은 변호사로 사회에서 발전하지만 申酉戌 대운으로 흐르니 육체가 상하고 결혼도 불안정하다. 이 여인의 첫 남자는 손가락을 상하게 하였고 둘째 남자는 엄지손가락을 상하게 하였으며 세째 남자는 코뼈를 상하게 만들었다.

이 구조도 또한 金氣가 火氣에 자극받아 날카로워져 乙을 공격하는 흐름이다. 즉, 巳酉丑 삼합운동이 殺氣로 사용되는 구조다. 이런 특징을 변호사로 활용하였는데 巳酉丑 적군들을 丙火, 巳火의 총명함으로 활용하기 때문이다. 다만 酉金이 두 개로 巳酉로 합하여 변하고 子水로 어두워지면 丙火작용이 무력해지고 문제가 발생한다.

時	日	月	年	男
己	己	乙	庚	
巳	丑	酉	申	

78	68	58	48	38	28	18	8
癸	壬	辛	庚	己	戊	丁	丙
巳	辰	卯	寅	丑	子	亥	戌

巳酉丑 삼합이 모두 있고 년주가 庚申으로 金氣가 강하여 월간에 있는 乙木 생기가 상하는 조합이다. 다행한 점은, 시공간이

乙酉월이니 乙을 酉金으로 수확하는 흐름이다. 따라서 다른 월에 비해 乙이 상해도 큰 문제가 발생하는 것은 아니다. 다만 이 사주에는 水氣가 없으니 火氣에 자극받은 강한 金氣는 水氣로 풀어지지 못하니 목기를 공격하여 乙에 문제가 발생한다. 2005년 乙酉년에 乙이 상하여 피의 흐름에 장애가 생기니 그 문제를 종교로 해결하기 위해서 대순진리교에 빠져 가출했다. 이 사주의 巳酉丑 삼합은 乙 생기를 망치는 에너지다.

時	日	月	年	男
辛	辛	乙	癸	
卯	巳	丑	酉	

71	61	51	41	31	21	11	1
丁	戊	己	庚	辛	壬	癸	甲
巳	午	未	申	酉	戌	亥	子

31세 癸巳년에 국회의원에 당선되어 3선 의원이 되었다. 庚申 대운 48세 辛酉년에 위암으로 사망하였다. 丑月에 대운이 申酉戌로 흐르니 정치, 권력, 금융 물상인데 辛金일간이요 時干에 辛金이 있으니 세력이 강하다. 따라서 만약 수많은 金의 세력을 사업으로 활용하면 무기력한 乙을 잘라 부도, 파산에 이르지만 정치세력으로 활용하면서 乙을 탐하지 않고 년의 癸水를 활용하면 교육, 공직, 정치와 같은 직업을 택할 수 있다. 시지 卯木이 대세운의 강한 殺氣를 견디지 못하고 庚申대운 말기에 사망하였다. 이 구조에서 巳酉丑 삼합은 일간과 조화를 이루어 세력을 갖추는 정치 물상으로 발현되었지만 강한 살기를 견디지 못한 乙卯 때문에 단명하였다.

時	日	月	年 男
丙申	辛酉	癸巳	辛丑

78	68	58	48	38	28	18	8
乙酉	丙戌	丁亥	戊子	己丑	庚寅	辛卯	壬辰

辛金이 癸巳 월이니 시공간은 좋으나 후은 시절을 잃었다. 년월일 地支구조가 巳酉丑으로 금융, 정치, 권력 물상인데 申까지 있으니 金氣가 강하고 申金과 巳중 庚 그리고 년의 辛때문에 경쟁, 도박, 시기하는 심리가 강하고 庚寅대운에 경쟁적으로 寅을 추구하는 모양이다. 부동산 전문가로 1997년 이후 도박으로 재산을 탕진하고 乙酉년에도 고액 배팅을 해서 재산을 탕진하는 등 도박에 중독되었다.

이 구조의 巳酉丑 삼합은 경쟁적으로 물질을 탐하는 구조다. 따라서 재물을 만들어내는 능력은 좋지만 도박, 투기를 벗어나지 못하는 이유는 모두 火氣에 자극받은 수많은 金氣가 癸水에 풀어지는 과정에 혼란이 오기 때문이다. 즉, 金氣는 너무 많은데 癸水가 火氣에 증발하면서 풀어지기에 마약에 취하여 매우 즉흥적으로 움직이는 모습이다.

5. 三合의 중력

삼합운동은 물질의 생장쇠멸 과정이자 일련의 시간흐름이다. 따라서 三合의 인력작용은 다른 합들에 비해 매우 약하며 단지 시간흐름에 따라 삼합의 목적지를 향하여 갈 뿐이다. 陽氣가 동하여 旺地에서 양기가 극점에 이르면 물질로 변하기에 무에서 유로 변하는 과정이다. 삼합운동 세 글자는 동일한 물형을 추구하지만 시간이 흘러가는 방향이 일정할 뿐 引力이 강한 것이 아니다. 無에서 시작하여 有를 창조하는 과정이 반드시 순차적인 흐름으로 완성된다. 따라서 삼합에 문제가 발생하면 물질의 생장쇠멸 과정에 문제가 생긴다.

寅午戌 ~ 申子辰
巳酉丑 ~ 亥卯未

대칭관계에 있는 三合운동은 세 글자가 모두 沖 하지만 그 성질이 모두 다르다. 생지의 沖, 왕지의 沖, 묘지의 沖으로 그 특징이 상이하기 때문이다. 예로 寅午戌 삼합과정에 申이 寅을 沖하면 출발점에 변화가 발생한다. 午火를 沖 하면 기운이 물질로 바뀌는 공간에 변화가 발생한다. 戌土를 충 하면 물질을 저장한 공간이 불안정해진다.

제2부

三合 實戰

제1장   三合이 구성된 사주팔자

三合의 조합은 모두 네 종류로 나누어 살필 수 있다. 첫째 세 글자가 모두 있는 사주팔자 구조, 生地와 旺地만 있는 구조, 生地와 墓地만 있는 구조, 旺地와 墓地만 있는 구조 그리고 삼합의 旺地가 三合운동 과정을 벗어나 자신의 묘지와 조합하는 구조가 있다. 4종류의 의미를 살펴보기로 하자. 三合은 社會적인 合이요 方合은 가족의 합이라고 설명하지만 사실 별 쓰임이 없는 개념이다.

三合이 있다고 사회적으로 합하는 것도 아니요 方合만 있다고 가족끼리 합하는 것도 아니기 때문이다. 陰陽으로 살펴보면 三合은 陽氣에 해당하고 方合은 陰氣에 해당한다고 구분할 수는 있다. 그 차이점은 三合은 외부를 향하고, 方合은 내부를 향하며 三合은 남성적이고 方合은 여성적이라는 차이가 있다. 三合이 모두 있는 사주는 사주팔자에 삼합의 특징을 모두 갖춘 것이다. 예로 巳酉丑 삼합 세 글자가 모두 있다면 금융, 정치, 권력, 숙살의 속성이 강하며 그런 특징을 일생에 명확하게 드러내고 발현한다.

제 1절 寅午戌 三合이 구성된 사주

時	日	月	年	男
庚	壬	戊	庚	
戌	午	寅	午	

71	61	51	41	31	21	11	1
丙	乙	甲	癸	壬	辛	庚	己
戌	酉	申	未	午	巳	辰	卯

寅午戌 삼합이 모두 있고 天干에서 이루어지는 時間의 方向은 火氣에 자극받은 庚이 壬水를 향한다. 寅月에 태어났으니 년과 월에서 수기를 간절히 갈구하는데 일간 壬水가 년과 월에 필요한 水氣를 공급하는 책임을 맡았다. 일간이 寅木에 水氣를 공급하여 성장을 촉진해야만 한다.

따라서 자신의 생명수를 희생하여 국가와 사회를 위해서 봉사하는 삶이다. 다행한 점은 壬水일간이 火氣에 증발되는 과정에 두 개의 庚金이 수렴운동으로 壬水가 메마르지 않도록 보호해준다. 이렇게 火氣가 탱천하기에 생명수를 공급하는 구조는 종교, 명리, 철학에 어울린다.

왜냐면 생명수를 간절히 찾아야 하는데 壬水는 우주를 창조한 에너지요, 우주 어미와 같기 때문이다. 乙酉대운에 교황에 선출되고 94세에 사망한 교황 레오 13세다. 이 구조에서 寅午戌 삼합은 水氣가 필요한 화려한 色界를 살아가는 백성들이요 壬水는 백성들의 정신이 혼란스러워지지 않도록 자신의 사상을 寅午戌에 활짝 펼친다.

時	日	月	年	男
癸巳	丙戌	壬午	庚寅	

76	66	56	46	36	26	16	6
庚寅	己丑	戊子	丁亥	丙戌	乙酉	甲申	癸未

년월일에서 寅午戌 삼합을 이루어 壬水와 癸水를 분사한다. 화려한 火氣로 水氣를 분산시키면 아름다운 무지개가 펼쳐지는 이치와 같다. 월주가 壬午 月이니 壬水가 고갈되는 것을 년에 있는 庚이 화기에 자극을 받아서 임수를 향하니 수기가 마르지 않는 원천이다. 이런 이유로 년과 월의 시공간 조합이 매우 좋고 寅午戌 화려한 문명의 상으로 교육, 공직 물상을 택하여 60세 2009년 己丑년까지 교육공무원이었다.

時	日	月	年	男
丙戌	庚午	庚寅	辛丑	

71	61	51	41	31	21	11	1
壬午	癸未	甲申	乙酉	丙戌	丁亥	戊子	己丑

50세 乙酉대운 庚寅년에 사주를 상담하는 과정에 당사자가 하는 말이 엄청난 재산을 소유하였고 외국 항만을 사려는데 뜻대로 되는지를 문의하였다. 十神과 旺衰로 보면 官殺이 강하여 일간은 신약이고 인성 丑土가 용신이요 월지 寅은 寅午戌 火局을 이루어 재성이 관살로 바뀌어 재물이 박하다고 볼 것이다. 시공간 흐름으로 살피면 전혀 다른 의미가 된다. 삼합운동은 에너지가 점차적으로 물질로 변화하는 과정을 거친다. 年支에서 時支까지 丑寅午戌로 시공간 흐름이 매우 바르다. 따라서 삶이 굴곡이 없고 순탄하게 발전한다.

또 천간은 庚庚辛으로 세력을 규합하는 능력이 좋고 정치성향이 강하고 나쁘게 쓰면 조폭이나 허풍이 강하다. 寅午戌과 丙火로 庚의 부피를 크게 확장하니 열매가 매우 크다. 丙辛 합으로 시간에 있는 丙火가 년에 있는 辛을 비추어 그 존재가치를 환하게 드러내니 윗사람을 보필하고 두각을 나타내도록 돕는다. 또 년과 시에서 丙辛 합하니 활용하는 시공간이 매우 넓고 암암리에 水氣를 만들어 寅月에 필요한 水氣를 보충한다. 이 구조의 寅午戌 삼합은 열매, 재산을 상징하는 庚金을 확장하는 역할이다.

時	日	月	年	女
甲午	丙戌	甲戌	甲寅	

71	61	51	41	31	21	11	1
丙寅	丁卯	戊辰	己巳	庚午	辛未	壬申	癸酉

천간에 甲이 세 개로 년과 월에서 복음이니 부친이 두 명이요 바람둥이며 戌戌로 모친도 둘이다. 미성년자 어머니가 출산하여 생후 1개월도 지나지 않아서 양녀로 살다가 壬대운에 양녀라는 것을 알고 방황하고 말썽만 부렸다. 申대운에 본드 흡입하고 가출하면서 말썽부려서 양부모도 이혼하였다.

화기 탱천한 사주로 남자와 같은 성정이고 수기가 전혀 없으니 강력한 火氣를 조절할 방법이 없다. 水氣가 전혀 없을 때 운에서 水氣가 들어오면 무조건 좋다고 볼 수는 없다. 심지어 오히려 더욱 좋지 않을 가능성이 높다. 丙火가 戌月이니 시절을 잃었고 술술 복음으로 근 삼십년의 세월이 불안정하다. 성정을 절제하지 못하니 안하무인이요 고약스러운 성격이다. 또 오행이 편중할 경우에는 대부분 자신의 생각만 옳다고 고집을 부린다. 이 사주도 양부모가 아무리 설득해도 소용이 없는 이유는 화기가 탱천하여 고집스럽기 때문이다.

時	日	月	年	男
己未	戊寅	甲午	丙戌	

72	62	52	42	32	22	12	2
壬寅	辛丑	庚子	己亥	戊戌	丁酉	丙申	乙未

천간구조는 세력을 모아서 甲을 취하니 명예를 추구하고 甲으로 土를 다스리니 법대를 졸업하고 사법고시에 낙방하였으며 1992년 시의원에 출마하여 낙선하였다. 寅午戌 삼합의 시간흐름은 일지에서 년지를 향하여 역류한다. 年支에서 마감되니 寅의 기획을 국가자리에서 사용하겠다는 의미로 공직에 어울린다. 문제는 寅午戌 화국과 丙火의 쓰임이 전혀 없다. 수기를 화기로 화려하게 발산하는 것도 아니요, 화기로 금을 키울 수도 없으며 강한 화기로 갑을 말리니 寅午戌의 쓰임이 약하다.

時	日	月	年	男
丙寅	甲午	癸巳	丙戌	

75	65	55	45	35	25	15	5
辛丑	庚子	己亥	戊戌	丁酉	丙申	乙未	甲午

丙대운까지는 공부도 잘하고 취직도 쉽게 했는데, 申대운에 운수사업을 한다고 차 2대를 사서 경영하다가 교통사고로 다 날리고 고생했으나, 45세 戌대운에 집장사로 짭짭하게 돈을 벌었다. 寅午戌 삼합의 흐름이 년주로 향한다. 화기를 만드는 결과가 년지에 있으니 내가 취할 물건은 아니다. 궁위로 직업을 살피면 최소한 네 번 이상은 바뀌어야 한다. 巳火, 午火, 丙丙 모두 4번이다. 직업 궁위가 산만하면 변동이 잦다. 申대운에는 巳申

합으로 운수업을 추구하지만 강한 화기에 녹아난다. 또 자극받은 신금은 寅木을 공격하니 생기가 상한다. 이것이 교통사고 물상이다.

時	日	月	年	女
丙寅	甲戌	丁卯	甲午	

74	64	54	44	34	24	14	4
己未	庚申	辛酉	壬戌	癸亥	甲子	乙丑	丙寅

남편은 34세 전까지 인품이 순수하고 선량하며 바르게 행동하였으나 癸亥대운 36세 己巳년에 여자를 만나고 39~40세 壬申, 癸酉년에 공공연하게 妾을 두었다. 원국에 관성이 없다고 남편이 없다는 것은 아니다. 일지 戌土는 수많은 화기를 담는다. 午戌, 寅戌, 卯戌로 끌어온다. 모든 기운이 일지를 향하여 온다. 戌土 남편은 수많은 화기의 통제를 받기에 순수하고 선량하며 바르다. 선비와 같이 절제된 모습이다. 하지만 癸亥대운에 이르면 戌중 辛金이 수기를 만나 자극받은 열기를 풀어내고자 한다. 화기가 금을 자극하고 금기는 수기를 향하여 튀어나간다. 술중 辛金 남편은 수기에 자신의 뜨거운 육체를 풀어내면서 끼를 발산한다. 寅午戌 삼합을 하는가를 따지는 것은 무의미하다. 시공간의 변화에 따라 구조가 어떻게 바뀌는지 살피면 그만이다.

時	日	月	年	男
戊戌	丙午	甲寅	癸卯	

79	69	59	49	39	29	19	9
丙午	丁未	戊申	己酉	庚戌	辛亥	壬子	癸丑

년과 시에서 戊癸 합하고 寅午戌 삼합으로 화기가 탱천하니 갑

을이 수기가 부족하니 적절하게 성장하지 못한다. 년지와 일지에서 卯午 파하니 卯木이 상한다. 보통 년지 卯木이 卯午 破당할 경우 다리장애 현상이 많은데 이 당사자도 어려서 불치병에 걸려 다리를 절고 있다. 甲寅 月에 水氣가 매우 필요한데 癸水를 증발시키고 戊癸 합으로 寅卯가 마른다. 금도 없으니 키우지 못하고 수화기제도 아니고 목은 말라 성장도 어렵다. 寅午戌은 생기를 말리는 흉한 역할 뿐이다. 화성처럼 빛이 작렬하여 생기가 없다.

2. 巳酉丑 三合이 구성된 사주

時	日	月	年	男
乙	乙	甲	癸	
酉	巳	子	丑	

79	69	59	49	39	29	19	9
丙	丁	戊	己	庚	辛	壬	癸
辰	巳	午	未	申	酉	戌	亥

巳酉丑 삼합이 있고 子丑 합한다. 삼합과 육합이 구성된 사주의 물상을 살펴보자. 아버지는 자수성가하였고 구두쇠요 택지개발로 부친은 졸부가 되었다. 장남이지만 동생이 부친의 재산 절반을 유산으로 받아 관리하고 본인은 유산을 받지 못했다. 동생은 태권도 도장을 운영하고 경제주도권은 동생 부인이 쥐고 있으며 이 사주는 이혼하고 재혼하였으나 경제적으로 잘 살지 못한다.

부친 甲 입장에서 사주를 살피면, 갑목이 丑月에 태어나 그 위에 癸水가 있다. 일지 子水는 丑土와 합하지만 축월에 필요한 병화도 없기에 좋지 않은 작용이다. 따라서 부친은 부자이면서도 모친에게 돈을 주지 않는다. 월간 甲은 癸甲乙乙로 육체가 강하니 몸을 쓰기에 폭력속성과 노동의 속성을 가졌다. 또 갑은

병화를 그리워하기에 일지 巳火를 보면 자신을 드러내고 싶어진
다. 따라서 사화 며느리를 보면 다정하게 대한다. 하지만 둘째
며느리가 가지고 있는 유금을 子酉破로 부풀리기에 둘째 며느리
에게 유산을 관리하도록 한다.

당사자의 동생 乙은 乙酉로 巳酉丑 殺氣를 태권도장을 운영하
는 물상으로 사용하였다. 巳酉丑 삼합의 방향은 년지를 향한다.
부친 갑은 반드시 화기를 필요로 하기에 37세 즈음에 토지개발
로 졸부가 되었다. 巳酉丑 삼합을 하느냐 하지 않느냐를 따지는
것은 무의미하다. 갑은 금기를 자수에 풀어 뻥튀기 하여 금전유
입으로 활용했고 둘째 아들은 酉金에 좌하여 딱딱한 속성대로
태권도장으로 활용했고, 이 사주 당사자는 사화에 좌하여 전체
에 자신의 빛을 전달하는 역할이다.

時	日	月	年	女
癸	辛	乙	戊	
巳	酉	丑	子	

78	68	58	48	38	28	18	8
丁	戊	己	庚	辛	壬	癸	甲
巳	午	未	申	酉	戌	亥	子

酉대운에 남편외도로 딴 살림하는 것을 보고 이혼하고 가난하게
살고, 자식은 공부를 열심히 하고 있다. 고생이 너무 심하여 후
회하고 있다. 일지를 중심으로 巳酉丑 삼합을 이루어 乙木이 상
하기 쉽다. 시간의 癸水가 살기를 조절하고 축월의 시공간에서
필요로 하는 巳火를 시지에 두어 자식의 모양이 좋다.

일지는 辛酉로 巳酉丑 삼합을 이루어 년지 자수를 향한다. 강한
금기가 할 수 있는 일은 오로지 목을 자르거나 수기를 향하는
것이다. 강한 금기를 설하니 남편이 외도하고 목기를 자르니 경

제적으로 어려워졌다. 일지를 중심으로 동일한 글자가 중복, 혼잡하여 남편의 외도는 피하기 힘들다. 巳酉丑은 비록 삼합을 이루었지만 아무런 쓰임도 없다.

時	日	月	年	男
丁	癸	丁	丙	
巳	丑	酉	戌	

71	61	51	41	31	21	11	1
乙	甲	癸	壬	辛	庚	己	戊
巳	辰	卯	寅	丑	子	亥	戌

ROTC 장교로 장기복무를 하였으나, 40세가 넘어도 진급이 안 되어서 제대하고, 학원 강사로 있으나 이직이 잦으며, 인기가 없으니 매사가 안 풀린다. 50세 乙亥년에 부인이 교통사고로 고생을 많이 하였으나 불구는 면했다. 巳酉丑 삼합의 의미를 풀어 보자. 癸水가 유월에 태어나 시절을 잃었고 목을 기를 수 없다. 수많은 金氣를 자신이 풀어내는 역할이기에 계수의 속성이 딱딱해졌다. 이런 이유로 군대에서 장기복무 하였고 시절을 잃어 항상 壬水에게 경쟁에서 밀리니 진급이 어렵다.

壬寅대운 제대하여 새로운 출발을 하였으나 계수의 속성이 여전히 무겁기에 인기가 없고 사람들이 모이질 않는다. 癸水가 자신을 드러낼 乙이 없다. 대운에서 들어와도 금기에 잘려 상한다. 부인이 교통사고를 당한 해가 壬寅대운 乙亥년으로 壬癸丁 삼자로 丁火 중력이 상하고, 팔자에 없는 목기가 들어와 강력한 금기에 상하니 주위에 있는 생명체가 상할 것임을 암시한다. 불구자가 되거나 사망하지 않은 이유는 금기가 수기에 풀어져 날카로운 정도가 심하지 않기 때문이다.

時	日	月	年	男
己未	癸巳	乙丑	癸酉	

75	65	55	45	35	25	15	5
丁巳	戊午	己未	庚申	辛酉	壬戌	癸亥	甲子

庚申대운에 軍人으로 將軍에 올랐다. 육사 13기로 처자복도 좋다. 국영기업체 사장도 지냈고 노후를 즐겁게 보낸다. 계일간이 巳酉丑 삼합하고 년, 월에서 丑土와 酉金을 만나니 매우 무거워지면서 냉정하고 차갑다. 巳酉丑 삼합의 조직특징이 가미되면서 군인이 되었다.

이 사주를 분석할 때, 癸水가 丑月에 태어나 偏官格에 乙이 제살하는 용신이니 乙대운 오기만을 기다리지만, 금으로 가득 찬 중년을 보내도 발전하였다. 실상을 살펴서 乙을 기신이라고 판단하고 종격이기에 乙을 제거해서 좋다고 할 것인가? 자평진전의 논리처럼 식신을 버리고 살인을 택한 사주라고 할 것인가? 그렇다면 乙은 몹쓸 역할을 하는 기신인가? 가장 중요한 월간에 기신이 있는 사주가 저렇게 좋은 삶을 살 수 있는가?

사주팔자 흐름을 보자. 년월 乙癸 조합으로 공직의 가능성을 암시한다. 유금 씨종자가 계수에 풀어지고 乙木으로 전달하고 사화로 펼치고 기미로 마무리한다. 癸水가 좋아하는 乙木과 巳火를 모두 가져 乙癸戊 삼자조합을 이루었다. 다만, 巳酉丑 삼합과 癸, 己未로 딱딱한 속성이 강해 군인에 종사했다.

時	日	月	年	男
己	辛	丁	辛	
丑	巳	酉	巳	

77	67	57	47	37	27	17	7
己	庚	辛	壬	癸	甲	乙	丙
丑	寅	卯	辰	巳	午	未	申

午대운 37세 丁巳년 丙辰 月 복권 1등 당첨되어 횡재하였으나 부인이 바람피워 재물을 탕진하고 癸巳대운 庚申년 40세 甲申월 교통사고로 사망하였다. 이 구조의 巳酉丑 삼합의 의미를 살펴보자. 이 구조에서 巳酉丑 삼합을 이루는가는 중요한 문제가 아니다. 원국은 금화가 싸우는 구조로 丁火가 酉金을 자극하면 금이 갈 수 있는 곳은 유일하게 시지 丑土 뿐이다.

午대운은 巳午로 화기가 강하게 酉金을 자극하니 축토를 향하고 丁巳년 丙辰 월에 巳酉丑, 酉丑辰으로 모든 기운이 축토와 진토를 향한다. 酉丑辰 조합은 폭발적인 횡재, 감옥, 교통사고, 임플란트 물상이다. 이런 이유로 복권으로 횡재하였다. 丁巳년에 일지가 巳巳로 복음이요 巳午로 혼잡하니 부인이 외도했다.

癸巳대운 庚申년 巳丑, 酉丑, 巳申의 교통사고 물상이 일지와 연결되고 甲申월에 甲木 생기가 심하게 상하여 교통사고로 사망한다. 이 사주의 巳酉丑 삼합도 아무런 쓰임이 없다. 금기가 화기에 자극받는 구조들은 수기를 보아야 하는데 없고, 목기가 들어와 살기를 감당하지 못하면 흉한 일들이 발생한다.

時	日	月	年	男
丙	己	癸	辛	
寅	酉	巳	丑	

73	63	53	43	33	23	13	3
乙酉	丙戌	丁亥	戊子	己丑	庚寅	辛卯	壬辰

丑대운과 戊대운 사이 교포들과 서민들의 돈을 갈취하고 甲申년에 파산신청을 내버렸다는 금융 사기꾼 미국교포다. 巳酉丑 삼합의 의미를 살펴보자. 己土가 巳月에 癸巳와 辛丑으로 년월 조합이 좋다. 巳酉丑 삼합을 월간 癸水로 풀어내고 시주에서 丙寅으로 흐름이 좋다. 문제는 巳酉丑 삼합으로 금융물상, 단체물상인데 시지 寅木을 자르려는 속성이 강하다.

寅酉는 수기가 없을 경우 살기, 암살, 심장마비, 경찰 등의 물상이다. 金으로 木을 자르려는 속성을 나쁘게 활용하면 사람을 다치게 하거나 법을 무시하는 행위를 저지른다. 겉으로는 부드럽고 좋은 외모를 가졌어도 속마음은 돈을 위해서라면 법도 무시한다. 己丑대운의 丑土 속성은 감옥, 사망, 강도, 도둑과 같은 물상이다. 이런 이유로 사람들의 돈을 갈취했다.

戊 대운에 이르면 계수와 합하여 화기를 증폭시키면 금기는 더욱 자극받아서 寅에게 달려든다. 甲申년에 申金까지 가세하여 목을 수확하고자 한다. 寅巳申 삼형으로 대충 묶어서 설명하는 것은 옳지 않다. 수기가 없는 상태에서 화기에 강해진 금기가 날카로워져 수기의 조절작용이 없으니 목기를 무시하고 파산신청을 해버린다. 월간 癸水와 癸甲戊 삼자조합으로 흉하다. 이 구조의 巳酉丑은 금융과 도둑 행위 물상이다.

時	日	月	年 男
乙丑	己巳	乙酉	庚子

71	61	51	41	31	21	11	1
癸巳	壬辰	辛卯	庚寅	己丑	戊子	丁亥	丙戌

己丑대운 丁丑년 38세에 심하게 파재하였다. 巳酉丑의 의미가 무엇인지 살펴보자. 乙酉월에 을을 수확하고 유금을 자수로 풀어내니 년지의 쓰임이 좋다. 己丑대운 丁丑년 상황을 추론해보자. 巳火가 酉金에 열기를 가하고 유금은 자수를 향하여 재물을 만드는데 己丑대운에 子丑 합하고 丁丑년에 세 개의 축토가 子水의 흐름을 묶어버린다. 흐름이 막힌 酉金은 축토에 묶이고 변질된다. 이 사주에서 巳酉丑은 己土 입장에서 재물을 만들어내는 재주나 능력을 의미하고 자수의 재물로 발현되는데 丑丑丑으로 흐름이 체류 되어 심하게 파재하였다.

時	日	月	年 男
辛巳	乙酉	壬子	丁丑

75	65	55	45	35	25	15	5
甲辰	乙巳	丙午	丁未	戊申	己酉	庚戌	辛亥

대학교수로 55세 丁未대운 辛未년 乙未月에 대학을 다니던 둘째 아들이 사망하였다. 이 구조에서 巳酉丑 의미를 살펴보자. 巳酉丑 사이에 자수가 끼어있기에 삼합을 이루는지를 따지는데 무의미하다. 乙木이 壬子 월이요 축토와 유금으로 금기를 수기에 풀어 총명하다. 년과 월에 정임 합이니 전문 지식인이다. 시지 사화는 乙木의 재주를 펼치는데 그 위에 辛金이 있고 巳酉丑이니 조직에서 이루어진다.

문제는 왜 丁未대운 辛未년 乙未월에 아들이 사망했는지 분석해보자. 시주 辛은 壬子에 살기를 풀어내기를 원한다. 丁未대운에 壬子와 丁壬 합하고 子未로 壬子가 상한다. 辛未년 신금이 자식 궁위와 복음이다. 자식 궁에서 밀어내는 현상이 발생한다. 자식이 유학가거나, 결혼하거나, 직업 때문에 부친과 멀어진다. 乙未월에 未未未로 장애나 사망을 의미한다. 예로 戌戌戌도 교통사고 물상이요 未未未도 사망 물상이다. 금기를 풀어내던 壬子가 모두 상하면서 辛이 살기를 가지고 乙木을 자른다.

時	日	月	年 女
辛丑	丁巳	丙午	丁酉

77	67	57	47	37	27	17	7
甲寅	癸丑	壬子	辛亥	庚戌	己酉	戊申	丁未

미국인으로 화가였는데 1998년 42세, 경술대운 戊寅년 멕시코 해변에서 살해당했다. 강간, 폭행을 당하였고 전과자를 포함한 2명의 멕시코 남자가 6월 초에 체포되었다. 巳酉丑의 의미를 찾아보자. 천간의 구조는 정병정으로 많은 화기들이 辛을 자극한다. 辛을 바로 만나니 성질이 급하고 결론만 빨리 원한다. 지지는 巳酉丑 삼합을 이루는지를 따지는 것은 무의미하다.

월주와 년주는 강한 화기로 구성되고 신축과 유금을 키우려는 속성이다. 열기에 자극받은 수많은 金氣들이 갈 곳은 시지 丑土 뿐이다. 축토에 수기가 있기 때문이다. 강간의 문제는, 원국에 목기가 전혀 없기에 사용하기 힘들다. 庚戌대운이 오면 수많은 화기에 庚이 상할 것이다. 戊寅년에 원국에 없던 인목이 들어오면, 화기에 자극받아 날카로워진 금기는 인목을 자를 것이다. 특히 寅酉는 살인, 암살, 경찰 등의 물상으로 살기가 강하다.

時	日	月	年	男
癸	戊	辛	乙	
丑	寅	巳	酉	

71	61	51	41	31	21	11	1
癸	甲	乙	丙	丁	戊	己	庚
酉	戌	亥	子	丑	寅	卯	辰

미국인이고 정교회 신부였는데 1992년 48세, 丙子대운 壬申년 8월 에이즈로 사망하였다. 사유축의 의미를 살펴보자. 巳酉丑 중간에 寅木이 끼어서 寅巳 형으로 상한다. 천간 辛이 乙 생기를 상하게 한다. 丙子대운 子水가 寅을 생하니 원국구조에 변화가 생긴다. 巳月 寅木을 말리려던 구조가 자수에 생기를 얻는다. 壬申년이 오면 인신 충으로 인목이 상한다. 인목은 생기를 얻어서 좋다고 느꼈는데 寅巳申 三刑으로 상해버린다. 무계 합과 丑寅은 문밖의 여자 癸水와 합하는데 인축으로 합하니 불법 비리 혹은 여자를 탐한다. 巳酉丑 삼합과 인목이 대적하는 구조들은 흉함을 알 수 있다.

時	日	月	年	男
辛	丁	己	己	
丑	酉	巳	酉	

75	65	55	45	35	25	15	5
辛	壬	癸	甲	乙	丙	丁	戊
酉	戌	亥	子	丑	寅	卯	辰

이 구조에서 巳酉丑을 살펴보자. 실제 사연은 이렇다. "이 친구는 지금 아주 좋아요. 화목대운에 정말 좋지 못했습니다. 부모덕이 많아 잘사는데 자신은 젊은 시절 일이 안 풀리고 오해와 누명 그리고 모함을 많이 받았습니다. 丑대운부터 좋아지기 시작하더군요. 木대운 30대 초중반에 자살을 결심한 적이 많았다. 이유를 살펴보자. 巳酉丑이 모두 있고 火土金으로 단조롭다. 丁

火가 가장 좋아하는 甲이 없지만 년월에 물질이 많다. 己土가 금을 품었고 월주가 己巳로 학문이 높은 부친이다. 문제는 왜 어려서 화목 대운에 좋지 못했는가를 살펴보자. 원국에 목이 없는데 대운과 세운에서 들어오면 巳酉丑 금기와 충돌한다. 목기는 사람들과의 관계나 인맥을 의미하고 금기는 인맥단절, 생기 단절이기에 강력한 금기에 인목이 상하면서 오해 누명 모함을 당한다.

상대방 잘못이 아니라 사주 당사자의 에너지가 원인이다. 木대운 자살을 시도한 것도 모두 금기들이 寅 생기를 자르기 때문이다. 인유는 살상, 암살과 같은 물상이다. 丑土대운에 이르면 목금이 싸울 일이 줄어든다. 이 구조도 巳酉丑과 목기가 만나면 살기를 갖는다.

時	日	月	年	男
己	癸	乙	癸	
未	酉	丑	丑	

78	68	58	48	38	28	18	8
丁	戊	己	庚	辛	壬	癸	甲
巳	午	未	申	酉	戌	亥	子

巳酉丑 삼합을 이루지 않았지만, 삼합을 이루는 것이 중요한 것이 아니라 巳火가 없다는 것이 중요하다. 축월의 시공간을 맞추는 화기가 전무하다. 미토에 정화가 멀리 있고 丙火가 아니기에 쓰임이 좋지는 않다. 1977년 4세 丁巳년 양력 11월 7일 낮에 교통사고로 죽었다. 유축만 있는 사주에 丁巳 년이 오면 巳酉丑과 축미 沖 한다. 삼합 충은 다른 장에서 논하기로 하자. 이 사주에서 酉丑은 자동차 사고 물상이다.

時	日	月	年	男
丁卯	己丑	辛巳	乙酉	

75	65	55	45	35	25	15	5
癸酉	甲戌	乙亥	丙子	丁丑	戊寅	己卯	庚辰

아들이 뇌성마비 장애인이다. 딸은 건강하고 부부도 해로 하고 있다. 丙 대운에 사업이 잘되었으며 子 대운에는 수입 약품을 취급하다가 재미를 보지 못했다. 이 사주의 巳酉丑의 상황을 살펴보자. 己土에게 巳月의 巳酉丑 삼합은 자신의 재주, 기술을 확장하려는 속성이다.

수입 약품을 취급하는 이유는 년, 월간조합이 辛乙로 辛이 시간의 丁火의 열기를 받아서 乙 생기를 상하게 하니 그것을 치료하고 싶은 생각 때문이다. 또 巳酉丑이 시지 卯木을 자르니 상하기 쉽기에 그것을 보호하고픈 것이다. 그런 이유로 자식 하나가 뇌성마비 장애인이 된 것이다. 이 사주의 巳酉丑은 자신의 재능을 뜻하고 또 卯木을 상하게 하는 작용이다. 巳酉丑 삼합과 寅卯 목기가 조합하면 대부분 흉한 이유다.

時	日	月	年	男
丙寅	己丑	癸巳	辛酉	

76	66	56	46	36	26	16	6
乙酉	丙戌	丁亥	戊子	己丑	庚寅	辛卯	壬辰

이 사주는 위에서 살펴보았던 미국 금융 사기꾼 사주와 巳酉丑 삼합 위치만 바뀌었다. 건전지를 주 종목으로 사업하여 엄청난 부를 축적하였다. 일시의 丑寅구조는 寅酉와는 전혀 다르다. 丑

寅은 상호 당겨오는 강한 인력이 있고 시공간 흐름이 바르다. 반면에 寅酉는 살기가 강해서 살인, 경찰, 암살, 심장마비와 같은 물상이다. 이 구조는 巳酉丑을 금속 건전지로 활용하여 시주에 丙寅 생기를 내놓으니 건전지 사업으로 부를 축적했다.

時	日	月	年	男
乙	丁	癸	丁	
巳	未	丑	酉	

78	68	58	48	38	28	18	8
乙	丙	丁	戊	己	庚	辛	壬
巳	午	未	申	酉	戌	亥	子

1979년 己未년에 갑자기 위장병이 생겨 입원 치료하였다. 이 구조에서 巳酉丑은 중간에 未土가 끼어 있는 구조다. 이런 문제는 시공간 변화에 따라 반응할 것이다. 삼합을 이루려는 과정에 丑未 沖하니 그 시기에 상응하는 물상을 드러낸다. 辛亥대운 己未년에 丑未 沖하니 위장병이 생겼다. 丑未 沖은 외상으로는 허리가 아프거나 내상으로 위장이 아프다. 辰未戌丑은 모두 중앙에 위치하기에 인체의 중앙부위를 상징한다.

時	日	月	年	男
癸	癸	辛	辛	
亥	酉	丑	巳	

74	64	54	44	34	24	14	4
癸	甲	乙	丙	丁	戊	己	庚
巳	午	未	申	酉	戌	亥	子

폐가 약하고 교통사고가 발생하여 다리를 전다. 평생 아무것도 이루지 못했고 부인이 벌어서 생활하고 있다. 이 구조의 巳酉丑은 巳火가 년지에 있다. 따라서 丑月의 시공간 조건을 맞추기에 조상의 음덕은 있다.

다만 巳火를 제외한 모든 글자가 金水로만 구성되어 계수가 할 일이 없다. 癸水의 체성은 기본적으로 乙을 키우기 위해 존재하는데 목이 없고 亥水에 甲木만 암장되어 거의 모든 글자들이 쓰임이 없고 무겁게 가라앉은 느낌이다. 따라서 이 구조에서 巳酉丑은 癸水의 용도를 무력하게 만들어 자신의 재능을 드러내지 못하게 방해한다.

時	日	月	年	男
戊	辛	丁	癸	
子	酉	巳	丑	

76	66	56	46	36	26	16	6
己	庚	辛	壬	癸	甲	乙	丙
酉	戌	亥	子	丑	寅	卯	辰

甲寅대운 32세 2004년 甲申년에 사시에 합격하였다. 巳酉丑 삼합은 辛일간에게 금 무더기와 같은데 목이 없으니 살기는 없고 金을 水에 풀어 丁辛癸 三字조합으로 총명하다. 丁火가 월에서 巳酉丑 삼합의 무리와 辛을 자극하면 년의 계수와 시지 자수를 향한다. 이런 에너지 흐름으로 총명하고 두뇌를 활용한다.

년과 월의 丁癸 沖은 법조계 물상이요 시간 戊土가 戊癸 합하여 화기를 만들어내니 많은 금기의 무리들이 적절하게 통제를 받는다. 또 사월에 필요한 癸水가 시공간을 조절하기에 년, 월의 구조가 좋다. 甲寅대운이 오면 계수와 자수가 있기에 목금이 심하게 다투지는 않는다. 또 辛을 만들어낸 원류 갑을 만나니 조상의 도움을 받는 이치와 같다.

時	日	月	年 男
乙酉	乙丑	己丑	乙巳

70	60	50	40	30	20	10	0
辛巳	壬午	癸未	甲申	乙酉	丙戌	丁亥	戊子

미국인. 방화 살인범. 5개월 동안 백번 넘는 방화로 3명이 사망하고 건물 등 2천 2백만 불의 손해를 끼쳤다. 음주, 마약, 학대행위 등으로 가족을 지옥으로 몰아넣었다. 광란의 방화는 92년 28세, 병술대운 임신년 8월부터 93년 1월 13일에 체포될 때까지 계속되었다. 94년에 99년형을 선고받았다.

왜 저런 문제가 발생했는지 살펴보자. 巳酉丑이 모두 있고 중간에 丑土 하나 복음의 문제를 만든다. 복음은 동일 글자가 중복된 것으로 인생이 일정한 활동반경에서 제약당할 수 있기에 좋지 않을 가능성이 높다. 또 乙 세 개가 己土를 서로 빼앗으려고 하며 월지 丑土는 암암리에 불법적으로 행해지는 사망, 도둑, 불법, 비리, 강도, 절도와 같은 물상이다. 乙이 巳酉丑에 상하니 을목의 좌우로 확산하려는 움직임이 답답해지고 정상적이지 못하다.

피의 흐름이 막히는 것처럼 정신병 증상을 보이는 것이다. 28세는 월지 축토의 시기로 丙戌대운과 맞물려 三合과 丑戌 刑이 동한다. 답답하던 축토에 戌土 속의 丁火를 자극하면 午丑처럼 탕화작용이 발생한다. 사주팔자에 삼합이 있을 때 巳酉丑 金局으로 金氣가 강해진다는 관점은 중요하지 않다. 이 사주도 결과적으로 巳酉丑과 丑丑이 乙의 좌우확산 운동을 방해하여 비정상적인 판단을 하게 하여 결과적으로 문제를 일으켰다.

유사한 사주를 비교해 보자.

時	日	月	年	男
乙酉	乙丑	乙丑	癸巳	

71	61	51	41	31	21	11	1
丁巳	戊午	己未	庚申	辛酉	壬戌	癸亥	甲子

변호사요 미국에서 공부를 많이 했고 辛酉, 庚申대운이 좋고 癸未년에 송사가 걸려 해결되었고 2004년 말에 직장을 옮기려 한다. 이 사주와 위 사주의 巳酉丑 차이를 느껴보자. 천간은 癸乙로 계수가 乙木을 巳火 위에서 좌우확산 움직임을 펼친다. 乙癸戊 三字조합의 변형으로 巳火의 분산을 받은 癸水가 乙木을 향하여 에너지를 방사하기에 乙은 성장한다.

乙癸戊는 해외, 공직, 교육, 공익과 같은 물상이다. 천간의 乙乙乙은 바람처럼 떠도는데 년월 구조가 좋으니 공부를 위해 미국에 유학하였다. 축축 복음은 발전이 더디고 巳酉丑은 권력, 조직, 단체, 금융의 상으로 癸水에 풀어 총명하다. 癸未년 巳酉丑과 沖하고 甲申년은 乙甲이 섞이니 직장을 옮긴다.

時	日	月	年	男
丁亥	乙酉	乙丑	癸巳	

78	68	58	48	38	28	18	8
丁巳	戊午	己未	庚申	辛酉	壬戌	癸亥	甲子

이 구조와 위 사주를 비교해보자. 다른 점은 일지가 유금이고 시지가 해수다. 위와는 다르게 사해충이 동하고 월지 축토의 시공간에 해수는 도움이 되지 않는다.

실제 상황은 가난한 집에서 태어나 癸亥대운 25세 丁巳년에 祖母가 사망하고 부인은 子宮 수술을 받았고 자신은 작은 재해가 발생했다. 35세 전까지 바쁘게 살았으나 중하위 생활을 하였다. 戌 대운에 약간 호전되었으나 辛酉, 庚申대운에 子女로 많은 돈이 나갔고 자신은 허리에 병이 생겨 걷기 힘들었다. 해수가 乙木의 활동을 응결하니 삶이 풀리지 않는다. 여기에 한 가지 더 감안할 사항은 상기는 고향을 떠나 미국에서 유학하였고 이 사주 당사자는 해외로 떠나지 못했다. 乙에게 적절하지 않은 시공간을 벗어나지 못하였기에 발전이 더디다.

時	日	月	年	男
癸	癸	己	丁	
丑	巳	酉	亥	

71	61	51	41	31	21	11	1
辛	壬	癸	甲	乙	丙	丁	戊
丑	寅	卯	辰	巳	午	未	申

巳대운 乙丑년 39세에 부인이 외도하고 도망갔다. 이 구조에서 巳酉丑의 의미를 살펴보자. 일지 사화는 년간 丁火와 함께 월지 유금에 열기를 자극하면 酉金은 亥水를 향하여 튀어나간다. 해수 위에 丁火가 있으니 자신의 재능 巳火를 활용하여 년지에 이르게 하므로 자신이 취하는 것이 아니라 공직, 직장 생활 하는 구조다.

일지 37세에서 45세에 이르면 巳火는 巳酉 合하고 巳丑 합하며 巳亥 沖 하는 복잡한 상황에 처한다. 특히 巳 대운에 이르면 일지 복음으로 동일한 것이 등장하여 서로 밀어낸다. 이것이 부인이 외도한 근본적인 이유다. 乙丑년은 시지 丑土와 巳丑 합하는데 문제는 그 위에 癸水일간과 동일한 글자가 있기에 부인이 다른 남자에게 가는 것이다. 이렇게 일지를 기준으로 삼합을 이루는 해가 되면 대부분 그 육친과의 인연이 멀어진다.

時	日	月	年	男
己丑	辛酉	癸巳	辛巳	

72	62	52	42	32	22	12	2
甲申	乙酉	丁亥	戊子	己丑	庚寅	辛卯	壬辰

미국인, 가수였다. 1958년에 앨범이 히트하면서 7만 5천 불을 벌었다. 하지만 1959년 2월 3일 辛卯대운 戊戌년에 비행기 사고로 사망하였다. 음악을 하는 이유는 火金水 조합 때문이다. 화가 금을 자극하면 목소리가 우렁차고 水氣로 펼쳐낸다. 예로 丙庚子 조합도 성악에 어울린다. 戊戌년에 발전한 것은 戊癸 합으로 辛의 가치가 환하게 드러났기 때문이다. 辛卯와 辛酉가 충하고, 巳酉丑에 의해 묘목이 상하는 해이다. 묘목이 상하면 생기에 문제가 생기는데 특히 卯巳戌, 卯酉戌이 조합하여 묘목 생기가 심하게 상했다.

時	日	月	年	男
壬子	癸巳	辛丑	辛酉	

76	66	56	46	36	26	16	6
癸巳	甲午	乙未	丙申	丁酉	戊戌	己亥	庚子

1999년 79세, 癸巳대운 己卯년 사망, 국회의원, 교육부 장관, 재경부 장관을 역임했다. 사유축을 권력, 정치로 활용하였다. 원국에 목기가 없으니 목금의 충돌이 없고 금을 수기로 풀어내니 총명하다. 중년에 금기들을 통제하는 화기로 흘렀다.

時	日	月	年	女
己	己	己	庚	
巳	酉	丑	戌	

76	66	56	46	36	26	16	6
辛	壬	癸	甲	乙	丙	丁	戊
巳	午	未	申	酉	戌	亥	子

辛未년에 지방행정직으로 임용되고 丙戌대운 戊寅년 남편이 빚을 갚지 못해서 이 여인의 월급을 압류당하고 매달 갚고 있다는 사연이다. 巳酉丑 의미를 살펴보자. 원국에서 巳酉丑 삼합과 년지 戌土와 형하고 있다. 축월의 축토는 기본적으로 응결되어 있기에 沖刑 해주는 것이 좋다.

또, 년지 戌土에서 월지 축토로 흐르는 시공간 흐름이 좋다. 丙戌대운이 오면 사주팔자에 있는 丑戌로 三合, 刑이 동하면서 불안정해진다. 戊寅년에는 원국에 없던 寅木이 들어와 강력한 금기들에 상한다. 이런 이유로 남편의 문제가 발생하였다. 전체적으로 토금으로 구성되어 단체, 조직 속성인데 여명이요 己土가 길러야 할 甲이 드러나지 않아 단조롭지만 금기가 너무 강하여 木氣는 성장하기 어려워 남편의 발전은 힘들다.

時	日	月	年	男
己	丁	辛	癸	
酉	巳	酉	丑	

78	68	58	48	38	28	18	8
癸	甲	乙	丙	丁	戊	己	庚
丑	寅	卯	辰	巳	午	未	申

丁巳대운 2010년 庚寅년 己卯월 사망했다. 丁巳가 辛酉에 화기를 자극하면 辛酉는 년주 癸丑을 향하여 튀어 나간다. 대운이 기미 무오 정사로 흐르니 화기에 날카로워지는 辛酉를 풀어내야

하는 癸水의 쓰임이 막중하다. 丁巳대운은 일주와 복음으로 동일한 것이 두 개가 되어 밀어낸다. 庚寅년이 오면 원국에 없던 寅木이 들어오고 화기에 자극받았지만 할 일이 없던 수많은 금들이 강하게 목을 찍는다. 목이 상하면 생기가 사라지는 것이다. 이 사주도 巳酉丑을 살기로 사용했다.

3. 申子辰 三合이 구성된 사주

時	日	月	年	男
乙丑	甲申	甲辰	壬子	

74	64	54	44	34	24	14	4
壬子	辛亥	庚戌	己酉	戊申	丁未	丙午	乙巳

7살 때(78년) 계단에서 굴러 머리를 다쳐 반신마비가 되었다. 지지에 申子辰 세 글자가 모두 있지만, 甲辰월이니 수기가 필요하여 년주 壬子가 수기를 공급하여 좋다. 다만 대운 흐름은 巳午未로 흐르고 戊午년에 이르러 辰月에 필요한 壬子를 말리면서 三合 沖이 동한다. 子酉 破와 申子辰은 물이 밑으로 떨어지는 이치와 같아서 申子辰을 추락하는 물상으로 사용되었다.

時	日	月	年	男
壬辰	辛酉	壬子	壬申	

73	63	53	43	33	23	13	3
庚申	己未	戊午	丁巳	丙辰	乙卯	甲寅	癸丑

申子辰 삼합의 중간에 酉金이 끼어 있다. 수많은 水氣에 辛酉일주와 년지 申이 풀린다. 또 辰酉는 酉丑辰, 丑辰, 酉丑으로 차량, 교통사고 물상이다. 고속버스 소장으로 일하다 56세에 퇴직

하였다. 申子辰 물상을 물처럼 흐르는 속성으로 활용하였다. 56세 戊午대운에 이르면 申子辰 삼합과 沖 하면서 물의 흐름에 문제가 생기고 퇴직하게 되었다.

時	日	月	年	男
庚辰	庚子	丙申	丙午	

80	70	60	50	40	30	20	10
甲辰	癸卯	壬寅	辛丑	庚子	己亥	戊戌	丁酉

申子辰이 원국에서 子午 충을 하고 있지만, 직접적인 沖은 아니고 申金이 중간에서 격하고 있다. 보통 강한 화기에 자극받은 申金은 수를 보면 수를 향하고, 목을 보면 목을 자르려고 하는 속성을 갖고 목기가 상하면 대부분 좋지 않은 물상으로 발현된다. 이 구조는 木氣가 辰土에 乙로 숨겨져 직접적인 살기의 문제가 발생하지 않으며 수기를 통하여 조절된다. 庚金이 申子辰을 만나면 水氣에 딱딱한 庚金의 체성이 유지되지 못하기에 방황, 유동, 방탕 물상이며 색난의 문제가 발생할 가능성이 있다. 戊戌대운에 이르면 신자진과 술토가 삼합 충하는 운이요 戊辰년에 정확하게 三合, 沖이 발생하니 안정되어 있던 삼합이 심하게 동한다. 戊辰년에 3일 간격으로 두 여자를 강간하여 8년 형을 받았다. 申子辰 삼합과 丙丙午戌이 만나서 격렬하게 수화가 싸우는 해였다.

時	日	月	年	男
壬子	戊辰	庚申	戊子	

79	69	59	49	39	29	19	9
戊辰	丁卯	丙寅	乙丑	甲子	癸亥	壬戌	辛酉

재벌이요 동생이 종업원으로 돈을 관리하는데 사업한다고 재산을 축낸다. 이 구조도 申子辰 삼합을 이룬다. 전체가 식신과 재성으로 단일하고 일지에 모든 수기들이 모여든다. 庚申 월에 화기를 보아야 하지만 없는데도 전체구조가 깔끔하고 일지에 수기들을 갈무리하여 재물을 취하였다. 이 구조에서 申子辰은 물탱크와 같은 작용이다.

時	日	月	年	男
壬申	甲子	丙辰	戊戌	

76	66	56	46	36	26	16	6
甲子	癸亥	壬戌	辛酉	庚申	己未	戊午	丁巳

년과 월이 戊戌과 丙辰으로 수기가 없는데 진술 충하며 대운도 화운으로 흘러 진월의 시공간이 적절하지 않다. 일지에 이르면 子水와 壬申으로 申子辰 삼합하여 수기를 보충한다. 년월의 구조가 좋지 않으니 유복자로 태어나 개인택시를 업으로 살아간다. 이 구조의 申子辰은 流動의 속성으로 사용되었다.

時	日	月	年	女
庚戌	壬辰	戊申	壬子	

77	67	57	47	37	27	17	7
庚子	辛丑	壬寅	癸卯	甲辰	乙巳	丙午	丁未

戊申월에 火氣가 필요한데 년과 월에 없다. 다행한 점은, 초년부터 대운이 화기로 흐르면서 신월에 필요한 에너지를 공급하였다. 壬子년이요 申子辰이 강하며 일지 진토에 수기를 담으니 총명하다. 어린이들을 가르치는 어린이집 원장으로 소녀가장이며 친정을 돕느라 34세 즈음에도 미혼이었다. 일시에 진술이 삼합

沖 하니 자식을 얻기 어려울 수 있다. 이 구조에서 申子辰은 水氣 지혜로 쓰였고 대운과 조합하여 교육으로 활용하였다.

時	日	月	年	男
丙申	丙子	戊辰	甲寅	

80	70	60	50	40	30	20	10
丙子	乙亥	甲戌	癸酉	壬申	辛未	庚午	己巳

년과 일월이 甲寅, 戊辰으로 수기가 부족하다. 초년에 대운도 화금으로 흐르기에 진월에 필요한 수기를 보충하지 못한다. 37세 이후에 수기가 보충될 때에서야 비로소 안정될 것이다. 庚午대운 21세 甲戌년에 申子辰과 寅午戌이 서로 싸우니 7월에 자동차 사고로 머리를 다쳤다. 庚午대운은 申子辰 중앙부와 子午 충하고 甲戌년은 辰土와 沖 하니 申子辰이 출렁거리면서 불안정해진다. 수기가 난동을 부리고 결과적으로 교통사고가 발생했다.

時	日	月	年	女
戊子	丙申	壬辰	辛未	

79	69	59	49	39	29	19	9
庚子	己亥	戊戌	丁酉	丙申	乙未	甲午	癸巳

申子辰이 지지에 있고 壬水가 월간에서 丙火를 沖 한다. 이렇게 병화의 분산작용을 壬水의 응축작용이 沖 하여 어둠 속으로 몰아가는 시기는 16~23세로 인생의 고통을 일찍 깨닫거나 사회에 일찍 진출하여 인생의 쓴맛을 경험한다. 시간 戊土가 많은 壬水를 강압적으로 막으려고 한다. 申子辰 흐름을 木의 성장을 촉진하는데 활용해야 하는데 키울 목이 없다. 戊土가 申

子辰과 壬水의 흐름을 막아야만 하니 丙火는 억지로 戊土를 활용하면서 자신을 보호해야만 한다. 申子辰과 壬水는 물처럼 흐르기에 막는 것은 최상의 방법이 없다. 자연스럽게 흘러 목기를 창조하는 역할이 자연스러운데 무토 댐으로 막아서 활용하려면 강한 인내심이 필요하다. 계사 갑오대운에 힘들게 살았고 乙未대운 37세 丁未년에 壬水를 합하여 흐름을 막으니 남편이 죽었다.

申子辰에 암장된 壬癸의 혼잡은 결혼불미를 암시한다. 丙申대운 44세 甲寅년에 딸이 죽었는데 시간 무토가 甲寅에 심하게 상한다. 원국 시간 戊土의 시기에 이른 丁酉 대운에 가정 형편이 좋아지고 生活에 안정을 찾았으나 戊戌대운 丁丑년에 申子辰 삼합과 沖하는 해에 두 번째 남편이 죽었다. 이 사주에서 申子辰은 丙火에게는 감당하기 어려운 삶의 질곡이다.

時	日	月	年	男
戊	丙	丙	戊	
子	寅	辰	申	

73	63	53	43	33	23	13	3
甲	癸	壬	辛	庚	己	戊	丁
子	亥	戌	酉	申	未	午	巳

申子辰이 모두 있고 일지 寅木이 중간에 끼어있다. 戊申 丙辰 월이니 수기가 부족하지만 申辰이 약간의 수기를 머금고 子水가 寅에게 수기를 공급하고 寅이 辰月의 수기를 보충하는 흐름이다. 부유한 집안에 태어나 대학을 졸업하여 직장에서 발전하고 庚申 대운에 寅申 沖으로 직장에 변동이 많았다. 이 구조에서 申子辰이 이루어지나를 따지는 것은 무의미하다. 子寅辰申으로 년지로 흐르니 자신의 능력을 사회나 직장을 위해 사용한다. 원국에서 辰月에 신금과 地藏干에서 乙庚 합하고 丙丙 두개가 그

열매를 키우기에 물질에 흥미가 지대한 구조다. 하지만 시간 흐름으로 살피면 辰月에서 새싹을 키웠으면 시주에서 경신 열매로 수확해야만 하는데 년지에 있으니 아쉽다. 이 구조의 申子辰 의미는 시공변화에 따라 반응할 뿐 특별한 의미는 없고 庚申대운 申子辰 삼합을 이루면서 寅申 沖 하여 변동이 많아졌다.

時	日	月	年 男
壬	丙	辛	丙
辰	子	卯	申

79	69	59	49	39	29	19	9
己	戊	丁	丙	乙	甲	癸	壬
亥	戌	酉	申	未	午	巳	辰

申子辰 삼합이 모두 있으나 월지에 卯木이 끼어 子卯 刑, 卯申 합한다. 또 申子辰 삼합 壬水가 천간에 드러나 일간 丙火 옆에서 움직임을 방해한다. 산간지역에서 태어나 임진 계사대운 힘들게 살았다. 16~18세의 辛亥、壬子、癸丑 3년은 집안이 너무 가난하여 학업을 포기했고 육체노동하며 힘들게 살다가 甲午 대운 31세 丙寅년 장사를 시작하여 乙未대운까지 계속 발전하였다. 하지만 원국의 시간 壬水 46세 즈음에 이르러서 병화 빛이 어두워지고 판단력이 흐려지니 46세 辛巳년에 큰돈을 광업에 투자하고 乙酉년에 심각한 손해를 보았다.

이 구조도 申子辰 삼합이 이루어지는가를 따지는 것은 무의미하다. 모든 예문들처럼 각 사주팔자의 구조는 시공간 흐름에 반응할 뿐이다. 중년에 발전했던 것은 卯木의 문제를 子水가 해결해 주었고 卯申 합의 열매를 병화가 부피를 확장했기 때문이다.

時	日	月	年	女
戊辰	甲子	甲申	乙巳	

70	60	50	40	30	20	10	0
壬辰	辛卯	庚寅	己丑	戊子	丁亥	丙戌	乙酉

申子辰 삼합이 순서대로 흐른다. 천간의 구조는 수많은 甲乙이 戊土의 땅을 다툰다. 안정적인 삶의 터전을 얻기 어렵고 삶이 불안정해진다. 戊辰은 乙巳와 짝을 이루면 乙癸戊, 乙丙庚 으로 조합이 좋아지는데 甲이 戊辰을 상대하면 戊土는 부담스러울 수밖에 없다. 년간 乙은 항상 戊辰의 땅을 향하고 甲은 戊辰을 지키려는 과정에 시기, 질투, 경쟁이 발생한다.

월주 甲申이니 화기로 열매의 부피를 확장해야 하므로 년지 巳火가 좋은 역할이지만 대운이 금수로 흘러가니 巳火의 쓰임을 나쁘게 만든다. 이 여인의 성격은 남자처럼 의협심이 있지만 구조의 문제로 결국에는 원한을 산다. 이 구조의 申子辰은 열매를 수확하여 자신이 취하려는 욕망이다. 겉으로는 의협심을 가졌지만, 속에서는_월지 申열매를 일지와 시지에 담으려는 욕망이 강하여 겉으로는 보이지_않지만, 속에서는 계산이 강한 사람이다.

時	日	月	年	男
戊辰	甲子	戊申	丁亥	

72	62	52	42	32	22	12	2
庚子	辛丑	壬寅	癸卯	甲辰	乙巳	丙午	丁未

위 사주와의 차이점은 남녀라는 것 외에 천간의 구조가 다르다. 甲戊가 직접 만나니 결과를 빨리 취하려는 욕망이 강하고 戊申

月로 열매를 수확하려는 욕망이 강한데 대운흐름이 초년부터 열매를 확장할 수 있도록 흐른다. 乙巳, 甲辰 대운에 석탄을 공급하여 수억을 벌었으나 癸卯 대운에 탄광에 사고가 잦아 壬申年에 망하고 재기하지 못했다. 壬申年에 정화가 대운과 세운에서 심하게 상하니 중력 작용에 문제가 생기고 申子辰 삼합으로 월지 申金 열매의 체성이 비틀거리니 망하고 말았다. 이 구조의 申子辰은 화기를 받아 열매를 익히고 수기가 강해지면 그 열매가 썩는 작용이다.

時	日	月	年	男
丙寅	甲子	壬辰	丙申	

73	63	53	43	33	23	13	3
庚子	己亥	戊戌	丁酉	丙申	乙未	甲午	癸巳

申子辰 삼합을 이루고 월간 임수가 辰月의 시공간에서 필요로 하는 수기를 공급한다. 또 申子辰으로 수기의 공급을 받은 甲木은 성장하고 시간에 있는 丙火로 자신의 존재를 드러낸다. 사주팔자 원국 구조가 전체적으로 무리가 없다. 甲午대운 甲寅년에 군대에 들어가 현재는 높은 직책에 올랐다.

時	日	月	年	男
丙子	甲申	庚辰	庚戌	

71	61	51	41	31	21	11	1
戊子	丁亥	丙戌	乙酉	甲申	癸未	壬午	辛巳

이 구조도 상기와 패턴이 유사하다. 辰月에 수기가 필요한데 시지에 자수가 보충하고 병화로 드러내며 병화가 庚金 열매를 키운다. 壬午 대운에 부족한 수기를 채우니 좋은 학교에 입학하고

현재는 법조계에서 근무하고 있다. 이 구조는 戌辰, 申子로 시간 흐름이 바르다. 甲申일주는 법조계나 공무원으로 근무하는 분들이 많다. 이 구조에서 申子辰은 水氣를 채우는 작용 외에도 어둠 속에서 이루어지는 행위를 시간 丙火가 빛으로 밝혀내기에 정보통신, 법조계에 어울린다.

제 4절 亥卯未 三合이 구성된 사주

時	日	月	年	男
癸未	乙亥	己卯	庚戌	

78	68	58	48	38	28	18	8
丁亥	丙戌	乙酉	甲申	癸未	壬午	辛巳	庚辰

亥卯未 삼합을 구성하였으나 卯戌 합과 亥卯 그리고 亥未로 그 변화가 다양하다. 년월의 庚戌, 己卯조합은 水氣가 필요한데 없으니 시공간이 적절하지 않아서 庚辰, 辛巳대운에 힘들게 살았다. 壬午대운과 癸대운에 수기를 보충하여 지방유지가 되었으나 未대운에 亥水가 상하니 병으로 고생하다 甲申대운에 사망하였다. 亥卯未의 의미를 살펴보자.

亥卯未는 목기의 성장과정을 의미하는데 일간이 乙이니 성장 당사자다. 水火의 도움으로 壬午, 癸에서는 발전하였으나 未에서 亥水가 상하니 질병이 생기고 甲申대운에 사망하였다. 만약 亥卯未가 순차적 흐름이었다면 질병으로 사망하지 않았을 것이지만 일지 亥水가 未土에 상하면서 열이 오르고 질병이 생겼다.

時	日	月	年	男
癸	乙	丁	乙	
未	卯	亥	卯	

73	63	53	43	33	23	13	3
己	庚	辛	壬	癸	甲	乙	丙
卯	辰	巳	午	未	申	酉	戌

이 구조는 월지부터 亥卯未로 흐름이 바르다. 다만 원국에 금기가 전혀 없기에 운에서 만나는 금기는 원국과 충돌을 일으킨다. 어린 나이 乙酉대운에 亥卯未 三合과 沖 하면서 성장에 문제가 생겨 사망하였다. 亥卯未와 酉金이 충돌하는 과정에 문제가 발생하였으니 이 구조의 亥卯未는 생기를 뜻한다.

時	日	月	年	男
辛	辛	乙	甲	
卯	未	亥	午	

78	68	58	48	38	28	18	8
癸	壬	辛	庚	己	戊	丁	丙
未	午	巳	辰	卯	寅	丑	子

천간의 구조는 辛辛으로 乙甲을 수확하려는 구조다. 지지에도 亥卯未가 모두 있으니 삶의 방향이 명확하다. 일지에 목기가 집합되는 42세 乙亥년부터 46세 己卯년까지 큰돈을 벌었으나 47세 庚辰년과 48세 辛巳년에 경쟁이 심해지면서 투기, 도박의 심리를 자극하니 주식으로 20억 손실을 보았다. 이 구조는 辛未일주의 시기까지는 년과 월의 목기를 일지에 담아서 취한다. 하지만 시간 辛의 시기 46세 이후에 辛辛이 乙을 경쟁적으로 탐하려는 승부욕이 동한다. 특히 庚辰과 辛巳년에는 그 의향이 더욱 강해진다.

時	日	月	年	女
戊	乙	乙	辛	
寅	卯	未	亥	

73	63	53	43	33	23	13	3
癸	壬	辛	庚	己	戊	丁	丙
卯	寅	丑	子	亥	戌	酉	申

亥卯未가 있고 강한 목기로만 구성되고 년에 辛이 멀리 있고 무기력하며 일지 묘목 남편을 기준으로 수많은 목기들이 가득하니 결혼이 불안정하다. 또 이런 구조는 색욕도 매우 강하다. 해묘미 삼합을 풀어주는 戌대운 癸酉년에 결혼하였다고 설명하지만, 삼합을 따지는 것은 무의미하다.

미월의 시공간에 水氣가 필요하고 술 대운에 戌未, 일지와 卯戌 합하고 癸酉년에 乙癸戌 삼자조합으로 사랑을 느끼고 년간 신금이 계수를 타고 乙木에 이르니 결혼하였다. 삼합을 沖 하기에 결혼한 것이 아니라 사랑을 느낄 수 있는 시공간에 이른 것이다. 이 사주에서 亥卯未는 강한 색욕을 뜻하고 결혼은 불미하다.

時	日	月	年	男
己	辛	辛	丁	
丑	卯	亥	未	

75	65	55	45	35	25	15	5
癸	甲	乙	丙	丁	戊	己	庚
卯	辰	巳	午	未	申	酉	戌

35세 丁未대운 辛巳 년에 현대그룹 기획실에 근무하고 미혼이다. 이 구조는 丁辛亥로 년과 월의 시공간이 좋다. 매우 총명한 흐름이며 두뇌를 활용하여 일지에 해수의 결과물을 만들어낸다. 따라서 대기업에서 근무하지만 두 가지 문제로 결혼하지 못하고

있다. 첫째는 년간 정화가 월간 신금을 먼저 접촉한다. 둘째 일지 묘목이 卯丑과 亥卯로 응결되어 활동이 둔하다. 셋째 丁未대운에 월지 해수가 미토의 열기에 상한다. 亥卯未는 인맥형성에 꼭 필요한 에너지인데 丁未로 그 출발점이 상하여 결혼하지 못하였다.

男	年	月	日	時
	戊午	己未	己亥	丁卯

1	11	21	31	41	51	61	71
庚申	辛酉	壬戌	癸亥	甲子	乙丑	丙寅	丁卯

癸亥대운 35세 상황으로 서울 법대를 나와 司試에 합격하여 검사가 되어 중요보직에서 권위를 떨쳤다. 癸亥대운에 庚申生 부잣집 딸과 결혼하였다. 이 구조에서 亥卯未 삼합의 의미를 살펴보자. 년과 월은 戊午, 己未로 수기가 매우 필요한데 일지 亥水가 수기를 보충한다. 亥卯未로 목기가 강하며 정화가 그 성장세를 조절하고 통제한다. 대운이 金水로 흐르는 과정에 년월 오미는 금기에 열기를 가하면 날카로워진 금기는 일지 亥水를 향하여 간다. 이런 이유로 총명하다. 이 구조에서 亥卯未는 년월의 많은 땅을 다스리는 지도자와 같아서 공직을 암시한다.

男	年	月	日	時
	甲寅	乙亥	乙卯	癸未

9	19	29	39	49	59	69	79
丙子	丁丑	戊寅	己卯	庚辰	辛巳	壬午	癸未

丙子대운 18세 壬申년에 대학에 들어가고 무인대운 31세 乙酉년에 높은 직위에 올랐다. 천간의 구조는 甲乙乙로 甲의 도움을

받고 계수가 乙木의 성장을 촉진한다. 따라서 윗사람들의 도움을 받을 수 있다. 또 금기가 없으니 순수하게 목의 성장을 촉진하려는 의도가 뚜렷하다. 亥水에서 시작하여 卯에서 未로 삼합의 흐름이 바르다. 乙酉년은 戊寅대운으로 천간에서 乙癸戊 3字 조합이 이루어지는 대운이기에 크게 발전하였다. 이 구조의 亥卯未는 교육, 공직의 속성이다.

時	日	月	年	男
己	乙	丁	乙	
卯	未	亥	巳	

79	69	59	49	39	29	19	9
癸	壬	辛	庚	己	戊	丁	丙
未	午	巳	辰	卯	寅	丑	子

丙戌 대운 20세 甲子년에 대학에 진학하고 乙酉대운 25세 己巳년에 공무원 생활을 시작하였다. 甲申대운 32세 丙子년에 과장이 되었지만 41세 乙酉년까지 승진되지 않았다. 위 사주와 비교해보면 쉽게 답을 얻는다. 30세까지는 월지 해수에 금기를 보충하여 총명하기에 발전하였다.

하지만 甲申대운의 시기와 사주팔자 원국 乙未의 시기에는 未土가 월지 亥水를 상하게 하면서 성장에 문제가 생긴다. 또 위 사주는 乙丙으로 모두 확장이 가능한 조합이지만 이 사주는 乙丁으로 좌우확산을 원하는 乙木을 丁火가 수렴하기에 발전에 한계가 있다. 자신을 드러내는 丙子년에 과장에 진급하였으나 丁丑년부터 乙酉년까지 승진하지 못했다. 이 사주의 亥卯未도 성장을 위주로 하는 교육, 공직에 쓰였다.

時	日	月	年	女
己卯	乙亥	丁亥	乙未	

79	69	59	49	39	29	19	9
乙未	甲午	癸巳	壬辰	辛卯	庚寅	己丑	戊子

이 구조는 위의 乙丙과 乙丁 조합과 또 다르게 乙丁己 삼자로 구성되어 있다. 천간 구조를 살피면 삶의 방향이 단조롭게 시간 己土에서 안정을 취하려는 의도를 가졌다. 지지는 亥亥로 수기가 많은데 未土로 제어하고 亥未로 목을 추구한다. 전체적으로 간지구조가 크게 문제가 없으니 초년에 좋은 가정에서 태어나 부잣집으로 시집갔으며 庚寅, 辛卯 대운에 상업으로 큰돈을 벌었으나 壬辰대운에 丁壬 합으로 길이 막히니 甲申년과 乙酉년에 크게 파재하였다. 이 여인의 亥卯未는 적극적으로 성장을 추구하는 것이다. 壬辰대운은 원국 己卯의 시기에 이른 것으로 수많은 목기들이 박한 己土의 땅을 뚫으니 불안정해진다.

제2장   生地와 墓地로 구성된 사주

지금부터는 삼합의 生地와 墓地로만 구성된 조합을 살펴보자. 生地에서 새로운 에너지가 동하는데 반드시 거쳐야만 하는 중간 과정 旺地가 없고 바로 墓地를 만난다. 삼합운동은 시간이 흘러감에 따라 空間에 변화가 생기면서 물질을 완성해간다. 陽氣가 동하여 三合운동을 출발하였으나 중간이 생략되고 묘지를 만나는 과정을 상상해보자.

중간에 음기를 만들어야 하는데 만들지 못하니 墓地에 저장할 실질적인 물질이 없다. 사업으로 비유하면 마치 사업이 시작하자마자 그만두는 것이다. 생지의 역할을 해보기도 전에 묘지에 빨려 들어간다. 꽃이 피기도 전에 지고 마는 것이다. 12신살로 지살과 화개 조합으로 장성이 빠졌다. 왕이 없으니 졸개들끼리 좌충우돌 방황한다. 사업에 비유하면 추진하는 일에 중심이 없고 주먹구구식으로 일을 벌이지만 금방 포기하고 만다. 이런 이유로 일을 추진하는 방향이 자주 변한다. 만약 두 글자를 계절로 살피면 함께 어울리지 못하는 관계다.

풀어서 설명하면 陽氣가 동하여 墓地로 마감하는 관계다. 9개월의 시공간을 격하여 만나는 사이로 亥未는 亥水에서 未土까지 亥子丑, 寅卯辰, 巳午未로 겨울 봄, 여름을 격하며 寅戌은 봄, 여름, 가을을 격하며, 巳丑은 여름, 가을, 겨울을 격하여, 申辰은 가을, 겨울, 봄을 격하여 만난다.

두 관계를 墓地에서 陽氣가 동하는 방향으로 살피면, 未亥는 未申酉戌亥 과정을 거치기에 계절을 격하여 만난다. 戌寅은 戌亥子丑寅 겨울을 격하고 丑巳는 丑寅卯辰巳 봄을 격하고, 辰申은 辰巳午未申 여름을 격하여 만난다. 인간관계로 살피면 生地와 墓地 조합은 두 사이의 시공간이 넓어서 소원한 사이다. 三合운동의 뜻은 앞에서 자세히 살폈는데 여기에 旺地가 빠진 상황을 살펴야 한다. 앞장에서 설명한 내용을 간략하게 정리하고 生地와 墓地 조합의 의미를 추론해보자.

제 1절 亥未 조합

亥卯未는 목기의 성장쇠멸과정으로 생명을 가진 모든 것이요 生氣를 확장하고 성장하니 교육, 건설, 공직에 어울리는 직업물상이다. 亥水와 未土가 만나면 두 가지 각도에서 살펴야 한다. 亥水가 未土를 보는 구조와 未土가 亥水를 보는 구조는 그 의미가 다르다. 亥水가 未土를 보면, 未土의 땅에 水氣를 공급하니 만약 未月의 시공간이라면 좋은 흐름이다.

만약 亥月에 未土라면 亥水에서 성장을 시작하려고 동하는 甲이 열기를 가득 머금은 未土를 만나서 탁해지면서 성장에 문제가 생긴다. 亥水는 정신을 지배하는 뇌수와 같은데 열기에 상하면 문제가 발생한다. 예로 亥未조합으로 亥水가 상할 경우에는 육체적으로는 신장이 상하거나 정신질환, 우울증, 의처, 의부증처럼 수기가 탁해지면서 잡스러운 생각이 많아진다.

時	日	月	年	女
甲	辛	辛	己	
午	卯	未	酉	

77	67	57	47	37	27	17	7
己	戊	丁	丙	乙	甲	癸	壬
卯	寅	丑	子	亥	戌	酉	申

43세 乙亥대운 2011년 辛卯년 상황이다. 학교교사로 재직하다가 퇴직하고 루게릭병과 신경계통에 문제가 생겨 병세가 악화되고 있다. 亥水는 없고 卯未로 합하지만 未月에 가장 필요한 水氣가 없어 생기가 마른다. 火氣가 辛酉에 열기를 자극하면 수기에 풀어지지 못한 금기들은 반응하지는 못하고 호시탐탐 목기를 공격하려고 노린다. 시지에 午火까지 있으니 卯午 破로 卯木 生氣가 심하게 상하는데 그 시기는 38~45세 사이가 분명하다.

왜 하필 亥대운 辛卯년인가? 대운에서 亥卯未 삼합을 이루고, 酉金과 沖 하는 해다. 더 큰 문제는 亥水가 들어왔을 때 각 글자들의 에너지 움직임이다. 火氣에 뜨겁게 자극받은 金氣들은 水氣를 보는 순간 총알처럼 튀어 나갈 것이다. 辛이 하는 일은 두 가지다. 水氣에 풀어져 자신의 가치를 나타내고자 방탕, 방랑, 갑작스러운 이상행동을 한다.

둘째 주위에 있는 木을 공격한다. 이 구조에서 辛은 甲, 卯, 그리고 대운과 세운에서 온 乙卯도 공격하여 가만두지 않을 것이다. 이런 이유로 루게릭병과 신경계통에 문제가 생겼다. 정리하면, 마른 땅에 水氣가 들어왔을 때는 주위 구조와 상황을 살펴야하며 무조건 좋다고 판단할 수 없다. 가뭄으로 마른 식물에 갑자기 많은 물을 주면 문제가 생기는 이치와 동일하다.

時	日	月	年	男
丁	乙	己	戊	
亥	巳	未	戌	

73	63	53	43	33	23	13	3
丁	丙	乙	甲	癸	壬	辛	庚
卯	寅	丑	子	亥	戌	酉	申

壬戌대운에 크게 발전하여 10년 동안 집을 지어 팔았는데 불과 몇 년 사이에 1억 5천만 원을 벌었다. 그러나 癸亥대운 35, 36세 壬申、癸酉년에 사업이 쇠퇴하고 작업장에서 사고가 빈번히 발생하여 2년 동안 몇 번의 고비를 넘겼으나 37세 甲戌년에 버티지 못하고 망했다. 우울증이 생겼고 38세 乙亥년에 사망했다. 이 사주를 이해하는 것은 쉽지 않다. 구조를 살펴보자.

천간은 재물을 추구하는 성향이 명확하다. 년과 월에 있는 넓은 땅에 乙을 장식하니 건축업에 종사했다. 특히 乙己와 卯未, 乙未 조합은 건설, 건축, 임대업에 어울린다. 문제는 월지 未土가 필요로 하는 시공간 조건은 충분한 水氣와 木氣인데 시지에 亥水가 있지만 거리가 멀다. 년주와 월주 戊戌, 己未는 戌未 刑으로 가공, 교정하니 땅을 재개발하는 물상이다. 天干 조합으로 살피면 乙이 己土를 만나면 빠른 속도로 큰돈을 다루지만 지키기는 쉽지 않다.

이런 이유로 月柱와 일간 궁위를 지날 때 돈을 벌었으나 癸亥 대운에 망하는 이유를 살펴보자. 時空論에서 꼴과 방향을 설명한 것처럼, 乙은 좌우로 펼치는 에너지를 적극적으로 활용하는 것을 원하는데 癸亥대운에 이르면 기본적으로 乙의 좌우확산 운동은 제한될 수밖에 없다. 다만 천간에서 乙癸戊 三字조합을 이루니 발전의 기상이고 未月에 亥水를 보충하여 좋은 흐름이다.

하지만 癸亥대운과 壬申, 癸酉년이 만났을 때 몇 가지 문제가 있다. 첫째, 저승사자 이론에 비추어 보면 년지 戌土를 기준으로 寅午戌 삼합운동이니 癸亥는 재살과 겁살에 해당한다. 따라서 영혼의 세계에서 뺏고 빼앗기는 전투가 발생하는데 巳亥 沖까지 하니 乙 입장에서는 활동이 어려워지면서 자신의 재산을 빼앗기고 말았다. 둘째, 천간에서 대운과 세운에서 丁壬癸로 丁火 중력에너지가 상하니 문제가 생긴다. 壬水와 亥水, 癸水가 확장하려는 화기들을 沖 하면 상할 수밖에 없다. 부도가 발생한 甲戌년은 대운과 세운에서 癸甲戌 三字조합을 이루어 근본터전이 상하였다. 乙이 癸亥대운을 만나니 성정에도 영향을 미친다. 좌우확산이 좌절되고 우울증세가 생기고 乙亥년에 대운, 세운, 원국의 亥水까지 겹쳐서 활동성이 극도로 위축되어 사망했다.

이 구조에서 배울 점은 비록 未月에 亥水가 필요하다고 하더라도 乙의 움직임이 심하게 응결되면 흉하다. 특히 亥水와 巳火가 沖하는데 대운에서 沖이 발생하는 38~45세 사이에 문제가 생길 것임을 암시하고 있다가 대운과 세운에서 발현되었다. 결과적으로 이 사주에서 亥未 조합은 중간에 巳火가 끼어서 성장은커녕 오히려 단명하는 문제를 만들어냈다.

時	日	月	年	男
丁	乙	乙	丙	
亥	巳	未	戌	

73	63	53	43	33	23	13	3
癸	壬	辛	庚	己	戊	丁	丙
卯	寅	丑	子	亥	戌	酉	申

고서에 나오는 사주예문이다. 초년 丙申, 丁酉대운에 가운이 번창하고 왕성했다. 戊戌 대운에 명리를 모두 얻었는데 己亥대운 38세 癸亥년에 급병으로 죽었다. 위 사주와 삶의 방향이 거의

동일하다. 이 사주도 戌대운에 발전하고 亥대운 亥年을 만나 사망하였다. 癸亥와 己亥대운의 亥水는 모두 겁살에 해당하고 自然循環圖 이치에서 보듯 저승사자와 같다. 동일한 亥水임에도 공간의 특징을 결정하는 12신살의 영향을 받으니 단명하였던 것이다.

時	日	月	年	男
癸	甲	辛	丁	
酉	申	亥	未	

73	63	53	43	33	23	13	3
癸	甲	乙	丙	丁	戊	己	庚
卯	辰	巳	午	未	申	酉	戌

년과 월이 亥未 조합이다. 33세에서 42세 丁未대운의 상황이다. 재물을 거의 탕진하고 일도 없어서 노는 상황이다. 사주의 방향을 살펴보자. 년간 丁火가 월간 辛에게 열기를 가하여 亥水에 풀어낸다. 亥水는 甲을 품어서 일간 甲을 만들어낸다. 丁辛壬 삼자조합은 기본적으로 총명하며 폭발적으로 재물을 축적할 에너지를 가졌다. 그런데 왜 丁未대운에 재산을 탕진해버렸을까? 그 이유를 살펴보자.

丁火가 辛에 열기를 가하여 亥水에 풀어지면 크게 한탕을 벌어야 한다는 욕망이 생긴다. 그런데 未대운에 이르면 辛을 풀어내야 하는 亥水가 未土에 막혀 열이 올라 상하면서 탁해진다. 辛이 亥水에 풀어져야 돈을 벌 수 있는데 未土에 막히니 문제만 생긴다. 더 큰 문제는 亥水가 막히면서 火氣에 자극받은 辛, 申酉 금들이 일간 甲을 공격한다. 이 구조도 亥卯未 삼합운동의 중심 卯木이 없는데 亥月이 운에서 未土를 직접 만났을 때의 상황을 분석한 것이다.

時	日	月	年	男
壬午	乙卯	癸未	庚戌	

71	61	51	41	31	21	11	1
辛卯	庚寅	己丑	戊子	丁亥	丙戌	乙酉	甲申

34세 丁亥대운 癸未년 甲寅월 壬戌일 乙巳시에 발생한 대구 지하철 화재사고로 사망하였다. 이 구조의 문제를 살펴보자. 丁亥대운에 일지, 월지와 함께 亥卯未 삼합을 이루고 결과적으로 戌未 刑한다. 년과 월의 시공간 구조가 庚, 癸未로 매우 좋음에도 불구하고 대운, 세운, 월운 일운에 寅午戌 삼합과 亥卯未 삼합이 충돌하니 사망하였다.

또 천간에서 丁壬癸 三字조합으로 丁火 중력에너지가 상하는 시기였는데 이 조합은 주로 교통사고가 발생한다. 년지를 기준으로 원국에 있는 壬水와 癸水는 겁살과 재살에 해당하고 亥대운도 겁살이요 계미년의 계수도 재살이니 저승사자들이 모이는 운이었다. 어찌 12신살을 무시할 것인가?

時	日	月	年	男
癸酉	己卯	癸亥	癸卯	

78	68	58	48	38	28	18	8
乙卯	丙辰	丁巳	戊午	己未	庚申	辛酉	壬戌

40세 2002년 壬午년 壬子월 壬戌일 丁未 시에 교통사고로 사망하였다. 사주팔자 원국의 일과 시에 卯酉 沖하니 생기가 상할 것이고 그 시기는 대략 38세에서 45세 사이이다. 己未 대운에 이르면 亥卯未 삼합을 이루고 卯酉 沖이 발생한다. 亥卯未로 합

할 경우의 문제는 亥水의 역할이 줄어들면서 酉金의 날카로움이 가중된다. 己未대운의 未土는 월지 亥水에 열기를 가하여 상하게 할 뿐만 아니라 酉金에 열기를 자극하여 날카롭게 만든다. 壬午년에 午火가 酉金을 더욱 자극하면 酉金은 卯木을 날카롭게 자른다. 이 사주에서 기억할 것은, 木氣는 水氣가 있으면 토와 함께 성장한다.

수기가 축축한 땅은 목의 성장을 촉진하지만 水氣가 말라 건조한 땅에서는 토가 황폐해진다. 하지만 벌목하려면 마른 땅이어야 좋다. 마른 나무는 쉽게 잘려 나가지만, 물을 많이 먹은 나무는 자르기 힘들다. 왜 하필 丁未시일까? 그것은 亥卯未 삼합과 卯酉 沖, 戌未 刑 그리고 천간에서 丁壬癸 교통사고 조합이다.

時	日	月	年 男
乙亥	甲子	癸未	乙巳

71	61	51	41	31	21	11	1
乙亥	丙子	丁丑	戊寅	己卯	庚辰	辛巳	壬午

월지와 시지에 亥未가 있다. 36세 己卯대운 庚辰년 庚辰월 기차에 치어 사망했다. 기묘대운에 이르면 亥卯未 삼합을 이룬다. 일간 甲과 년과 시의 乙은 生氣로 亥卯未 삼합을 이루어 활발하게 움직이는데 庚辰년 庚辰월에 木金이 강하게 충돌한다. 그 외에도 여러 가지 사망 원인이 있는데, 亥卯未 삼합과정에 일지 子水가 未土의 탁기에 상한다. 또, 년지 巳火를 기준으로 巳酉丑 삼합운동을 방해하는 저승사자들 寅卯辰이 모두 모이는 대운과 세운이었다. 또 천간에서 갑기 합하고 있는데 세운에서 甲庚 沖 하면 甲이 받는 충격은 더욱 강하여 생기가 상한다. 저승사

자 논리에 대해서는 時空命理學 自然循環圖를 살펴보기 바란다.

時	日	月	年	男
癸巳	辛未	己亥	辛巳	

71	61	51	41	31	21	11	1
辛卯	壬辰	癸巳	甲午	乙未	丙申	丁酉	戊戌

월지와 일지에 亥未가 있다. 좋은 가문에 태어나고 공부를 잘했다. 전업사를 경영하고 전기, 전자에 능숙한 기술이 있었다. 하지만 문제는 의처증으로 정신질환을 앓고 애욕으로 불행한 삶을 살았다. 이 구조는 卯木이 빠진 亥未 조합을 이루는데 왜 의처증을 가져야 했는지 살펴보자. 위에서 설명한 것처럼 亥月에 일지 未土가 巳巳 화기와 합세하여 亥水를 탁하게 만든다. 열기에 자극받은 辛일간에게 亥水는 자신을 드러내는 공간인데 일지 未土에 상하면 풀어내지 못하고 막힌다. 따라서 일지의 배우자가 좋은 역할을 하지 못한다.

두 번째 문제는 일지 未土가 월간에 己土로 있으며 辛巳, 辛未로 도플갱어처럼 의처증, 의부증이 생기거나, 두 번 결혼하는 구조다. 대운을 감안하면 하필 중년에 乙未와 甲午를 만나면서 월지 亥水가 상하는 시기에 火氣에 날카로워진 辛金은 대운의 甲과 乙을 찌르기에 정신과 신경에 문제가 생긴다. 일종의 정신병으로 의처증으로 시달린 것이다. 이 구조의 亥未 조합은 의처증을 만들어내는 원인이 되었다.

時	日	月	年	男
癸	癸	癸	癸	
亥	未	亥	未	

74	64	54	44	34	24	14	4
乙卯	丙辰	丁巳	戊午	己未	庚申	辛酉	壬戌

亥未 조합이 중복되었다. 辛酉대운 壬寅년에 결혼하였는데 행실이 나빠 자주 부인을 구타하였다. 수년이 지난 후 부인은 병에 걸리고 매년 건강이 나빠졌다. 부인의 산후에 복부를 구타하여 자궁이 내려앉았고 43세 己未대운 乙丑년에 유방암에 걸렸으나 병원비를 걱정하여 약을 복용케 하였다. 동생이 보험으로 수술을 받게 해주었다.

왜 이런 비인간적인 행위를 하는지 살펴보자. 원국에 金이 없으니 水氣의 가치가 없다. 물이 넘쳐나지만, 가치를 높여줄 씨종자 金氣가 없으면 물은 해일처럼 절제됨이 없이 방탕하여 주위의 모든 것을 쓸면서 흘러간다. 하지만 金氣를 품은 물은 씨종자를 품어 生氣(木氣)를 만들고자 흐름을 멈추고 그 성정이 안정적이고 부드러워진다. 이것이 水氣의 특징이다. 이해가 어렵다면 결혼하여 아이를 품은 엄마의 행동거지를 생각하면 이해가 쉽다. 이 구조는 亥月의 시공간이니 甲을 길러야 해월에 적절한 행위를 하는데 일지 未土가 亥未로 수기의 흐름을 방해할 뿐만 아니라 甲의 성장도 막아버린다.

따라서 癸水 일간 입장에서 未土는 자신의 발전을 방해하는 나쁜 사람이라고 인식할 수밖에 없고 결과적으로 부인을 함부로 대하는 것이다. 특히 己未대운에는 未土가 亥水의 흐름을 막아버리니 癸水는 답답할 수밖에 없기에 부인을 괴롭히는 것이다.

時	日	月	年 男
癸丑	癸卯	乙亥	己丑

71	61	51	41	31	21	11	1
丁卯	戊辰	己巳	庚午	辛未	壬申	癸酉	甲戌

어려서 공부에 관심이 별로 없었고 결혼 후 辛未대운 37세 乙丑年에 부부사이가 나빠 싸움이 잦았고 38세 丙寅年 부인이 도주하고 말았다. 이 구조는 월지와 일지가 亥卯로 卯木 부인 입장에서 상당히 괴롭다. 두 개의 丑土와 亥水가 卯木의 좌우확산 움직임을 극도로 위축시키고 일지와 동일한 오행이 월간에 乙로 있으니 한 번의 결혼으로 끝나지 않는다. 辛未대운 일지를 기준으로 亥卯未 삼합하면 배우자가 사라질 것을 암시한다.

중년에 일지를 포함하여 삼합을 이루면 이혼, 주말부부, 심하면 배우자가 사망할 수도 있다. 여기에 沖과 刑이 가미되면 정도가 더욱 심해진다. 乙丑년에 亥卯未 삼합과 沖하고 천간에서 乙辛 沖 하니 부부가 다툴 수밖에 없고 결과적으로 부인이 도주하였다. 이 구조의 亥卯는 반합으로 있다가 삼합을 이루고 沖 하는 시기에 문제가 생겼다.

時	日	月	年 男
己酉	壬子	乙亥	己卯

71	61	51	41	31	21	11	1
丁卯	戊辰	己巳	庚午	辛未	壬申	癸酉	甲戌

서울대 상대를 졸업하고 申대운에 장사를 시작하였고 辛未대운부터 건축자재 장사를 시작하여 庚午, 己巳대운에 크게 돈을 모

앉다. 년과 월에서 亥卯 조합을 이루고 乙己 己卯로 건축, 건설 물상이다. 사주구조가 자신의 주관이 너무도 뚜렷하여 직장생활에 어울리지 않는다. 가장 큰 이유는 월간 乙로 년간 己土를 다루려고 하기 때문이다.

서울대 상대를 졸업할 정도로 총명한 이유는 시지 酉金이 亥子에 풀어지기 때문이며 초년 대운이 癸酉로 대학에 들어갈 시기에 특히 총명해졌다. 庚午, 己巳대운에 이르러 乙庚 합하고 午火로 乙丙庚 三字조합을 이루어 재물을 확장하고, 己巳대운에도 유금을 자극하여 일지로 받아들였기 때문이다. 이 구조는 辛未대운에 년과 월에서만 亥卯未 삼합을 이루니 그에 적절한 직업 물상인 건축자재를 다루었다. 넉넉한 수기가 있으니 未土와 亥水가 亥卯未 삼합을 이루어도 탈이 없었다.

2. 寅戌 조합

앞장에서 논했던 寅午戌 삼합의 뜻은 만물을 확장하고 부피를 키우는 흐름으로 세상에 물질을 만드는 과정이다. 문제는 이 과정에서 생명체를 죽음으로 몰고 가는 것으로 그 방법은 水氣를 없애는 것이다. 따라서 寅午戌 삼합에 숨은 가장 무서운 뜻은 살상력을 가진 것이다. 즉, 수기를 고갈 시켜 목숨을 잃게 하거나 피를 부른다. 화기로 목을 말려 생기를 없애고 금처럼 딱딱한 물질로 바꿔버린다. 결과적으로 목의 활발한 생기는 움직임이 둔해지고 결과적으로 생기를 잃는다.

寅午戌 삼합의 다른 뜻은 빛처럼 화려한 문화, 문명으로 水氣를 火氣로 환하게 펼쳐내는 이치다. 따라서 물질, 색계에 지대한 영향력을 행사하는 삼합이다. 이에 적합한 물상은 예로 교육,

공직, 문화, 예술, 연예인, 또 수기가 너무 고갈되면 정신을 찾고자 종교, 명리, 철학에 심취한다. 이런 의미를 가진 寅午戌 삼합의 왕지 午火가 빠진 구조를 상상해보자.

寅은 땅속에 존재하며 세상에 생기를 전파하기 위해서 상하면 안 되는 본질과 같은데 묘목으로 나오기도 전에 戌土를 만나 생기가 상할 수 있다. 또 인목 속에 있는 丙火는 화려한 세상을 펼치기도 전에 戌土에 입묘되는 상황이다. 따라서 인술 조합은 좋은 물상을 갖기 힘들다.

寅戌이 만나는데 화기도 강하면 금이 녹아나면서 백혈병 골병, 뼈가 상하는 문제가 발생한다. 寅戌의 뜻을 좀 쉽게 이해하고자 두 글자를 천간으로 올리면 甲戌조합이다. 수기가 없는 甲木은 戌土를 사정없이 상하게 해버리니 육체가 상하기 쉬우며 수술, 혈광 문제, 성형수술, 교통사고가 발생할 수 있다. 또 寅은 호랑이로 무리를 짓지 않는 동물이니 외롭고, 고독한데 戌土와 만나면 신살의 고신, 과숙과 같은 의미다.

時	日	月	年	女
戊	庚	甲	癸	
寅	戌	寅	巳	

72	62	52	42	32	22	12	2
壬	辛	庚	己	戊	丁	丙	乙
戌	酉	申	未	午	巳	辰	卯

39살에 남편이 교통사고로 사망할 때까지 매우 부유하게 살았다. 남편이 큰 규모의 건설업체를 운영했지만, 사망 후에는 음식점, 락카페, 대중음식점 등을 하다가 돈을 모두 날렸고 46세 戊寅년 말에 운영하던 음식점에 갑자기 불이 나서 그만두었다.

이 사주에서 寅戌의 의미를 살펴보자. 경일간이 甲寅월주를 보았으니 庚 열매를 만들어주는 씨종자와 같은 갑인을 월주에서 만났다. 따라서 기본적으로 부모, 사회에서 음덕이 많다. 예로, 부모 복이 좋거나, 사회에서 좋은 지위를 얻는다. 이런 이유로 37세까지는 좋은데 戊午대운에 이르러 천간에서 癸甲戊 삼자조합을 이루고 일지를 포함하여 寅午戌 삼합하니 남편과 이혼하거나 남편이 사망할 것임을 암시다. 또 갑이 마른 무토의 땅을 찌르니 육체가 상하거나 근본터전에 문제가 생긴다.

寅午戌 삼합 외에도 寅戌寅으로 쌍 복음 구조이니, 결혼이 불미하고 寅戌로 살기가 강해지면서 남편이 젊은 나이에 사망했다. 이 사주에서 인술은 사망을 부르는 살기로 쓰였다. 수기가 없는 사주는 생기가 사라지고 살기가 강해지는 문제가 생긴다.

時	日	月	年	男
戊	庚	己	己	
寅	戌	巳	酉	

80	70	60	50	40	30	20	10
辛	壬	癸	甲	乙	丙	丁	戊
酉	戌	亥	子	丑	寅	卯	辰

2007년 丁亥년 돈 많은 여자를 만나 인생역전을 노렸으나 우유부단하여 사기만 당하고 辛卯년 제비 신분이 들통나 구속될 위기에 처한 남자다. 천간의 방향은 주위로부터 받으려는 속상이 강하다. 己己로, 戊土로 받으려고만 하니 받는 것에 익숙하다. 또 巳月에 수기가 전혀 없으니 월지 시공간이 좋지 못하지만 巳酉로 金局을 이루니 물질욕망이 강하다.

사화가 일지 戌土에 들어오는 37세에서 45세 사이에 한탕을 노릴 수 있으나 원국구조가 좋지 않다. 辛卯년에 卯巳戌, 卯酉戌

로 금들이 卯木 생기를 자르니 문제가 생기는 해이다. 이 사주에서 寅戌 조합은 庚의 가치를 높여주는 인목을 일지로 끌어오려는 것으로 활용하였지만 水氣가 전혀 없으니 그것을 활용하지 못하였고 결과적으로 감방에 갈 처지에 처했다.

時	日	月	年	女
丙戌	庚寅	丙子	己亥	

71	61	51	41	31	21	11	1
甲申	癸未	壬午	辛巳	庚辰	己卯	戊寅	丁丑

출판업으로 치부하고 火대운에 재앙이 몰려와 불상을 모시고 산다. 丙子 월의 시공간으로 좋고 亥子寅丙의 시간 흐름이 바르다. 따라서 출판업으로 치부하였으나 시주 병술에 이르면 庚寅과 丙戌이 조합하면서 庚 열매가 상할 수 있고 특히 寅戌 조합으로 일지의 인목 생기가 상할 수 있다. 대운도 화기로 흐르는 과정에 庚金은 열기를 축적하면서 답답해지기 때문에 자신도 모르게 수기를 찾고 그것이 종교 물상이다. 정리하면, 庚金이 강한 火氣를 만났는데 水氣를 보지 못하면 조폭, 자해, 폭력성향, 우울증, 종교, 철학에 심취한다. 질병으로는 백혈병 물상이다. 이 구조의 寅戌 조합도 살기를 뜻한다.

時	日	月	年	男
庚寅	丙戌	庚子	丙子	

72	62	52	42	32	22	12	2
戊申	丁未	丙午	乙巳	甲辰	癸卯	壬寅	辛丑

어릴 때 부친이 죽고, 서울대를 졸업, 교사하다 처가 도움을 받아 甲대운 학원을 설립하여 乙巳, 丙대운까지 10억을 모았으나

午대운 학원이 없어지고 선배와 동업하면서 재산을 다 날렸다. 나중에 학원교사로 살아간다. 이 구조의 寅戌 의미를 살펴보자. 천간 구조는 병병으로 경경 열매를 확장하려는 욕망이 강하다.

복음이니 두 번 이상의 직업변동을 암시하고 丙庚조합은 구조가 나쁘면 사업하다 망하지만, 년과 월에 子水 두개가 있으니 丙庚壬 三字조합을 이루어 다행이다. 교육 검경, 성악에 어울리는 조합이다. 이런 이유로 학원을 운영하였지만 午대운에 이르면 寅午戌 삼합과 子午 沖하니 흉한 변화가 발생한다. 일시에 있는 寅戌조합은 午火가 없는 생지와 묘지로 말년에 시작한 일이 용두사미로 끝난다. 寅戌조합이 부도물상으로 발현되었다.

時	日	月	年	女
戊	庚	己	戊	
寅	戌	未	戌	

78	68	58	48	38	28	18	8
辛	壬	癸	甲	乙	丙	丁	戊
亥	子	丑	寅	卯	辰	巳	午

이 구조는 寅戌과 戌未 刑이 있는데 수기가 전혀 없다. 천간 구조가 모두 받아들이는 것에 익숙하지만 수기가 전혀 없으니 생기가 없는 사막과 같고 庚은 마치 사막의 선인장과 같다. 이런 이유로 자식을 생산하는 기능이 없고 불감증이다. 木氣는 움직임과 변화를 추구하며 육체에서는 감각작용을 뜻한다. 움직임이 없다는 의미는 감각이 반응하지 않는 것과 같다. 寅未와 寅戌로 상한 寅木의 움직임은 未土에 들어가 戌未 刑으로 상한다. 이 구조의 인술은 불감증 문제를 만들어냈다.

時	日	月	年	男
庚寅	丙戌	甲申	庚寅	

76	66	56	46	36	26	16	6
壬辰	辛卯	庚寅	己丑	戊子	丁亥	丙戌	乙酉

庚寅대운 戊子년 2008년, 59세 식도암 발병, 己丑년 60세 사망하였다. 병원에서 원무과에 근무했으며 이혼 후 己丑대운에 재혼하였다. 이 구조도 寅戌이 있는데 구조가 복잡하다. 甲庚 충하고 丙庚으로 庚이 火氣에 녹아날 수 있다. 지지에서 寅申 沖, 寅戌으로 水氣가 전혀 없어 조열하고 丙火가 庚을 자극하면 언제라도 甲을 치는 구조다. 庚寅대운 甲庚 충과 寅申 충이 발생하여 생기가 심하게 상할 수밖에 없다. 사주팔자 원국 궁위로 살펴보면 시주 庚寅에 이른 시기로 寅戌의 살기를 견디지 못하고 식도암으로 사망했다. 이 구조의 寅戌은 木氣를 말리는 작용이다.

時	日	月	年	女
戊戌	丙戌	壬寅	壬子	

76	66	56	46	36	26	16	6
甲午	乙未	丙申	丁酉	戊戌	己亥	庚子	辛丑

41세 戊戌대운 壬辰년 상황이다. 살림은 하지도 않고 자식 낳고 남편과 사이가 더 나빠지고 살림도 하지 않으며 자식이 아니었으면 좋겠다고 할 정도로 자식에 신경도 쓰지 않고 자식을 버리고 가출하였다. 알코올중독에 노는 것을 좋아해 나이트에 가면 귀가하지 않았고 바람나 戊子년에 이혼하였다.

이 사주의 문제는 寅戌戌로 쌍 복음이니 결혼은 불미하고 丙戌 일주와 戊戌 대운을 만나니 세 개의 戌土가 겹치면서 세 마리 개가 밥그릇을 두고 으르렁거리며 싸우는 모습이다. 또, 술토는 술시에 술을 즐기는 향락의 뜻이다. 대운에서도 戊戌을 만나니 향락을 즐기는 시공간이다.

또 寅戌과 戊戌戌로 생기를 없애니 자식에 대한 애정도 없고 나이트클럽에서 놀다 바람을 피웠다. 이 사주에서 寅戌은 결혼 불미와 향락 물상이요 인술로 중간단계가 없으니 집안 살림도 싫어하며 설거지도 쌓아두고 방치한다. 시작만 있고 중간이 없으며 마감해버리기 때문이다.

時	日	月	年	男
丙	丙	戊	庚	
申	戌	寅	子	

72	62	52	42	32	22	12	2
丙	乙	甲	癸	壬	辛	庚	己
戌	酉	申	未	午	巳	辰	卯

辰대운 대학교에 입학하고 辛대운 결혼했다. 巳대운에 관재구설, 건강 훼손 등으로 아주 흉했다. 壬대운 낙직, 사업실패 등으로 매우 흉하였고 午대운 사업이 부진하고 고통을 받았다. 甲戌년에 집에서 가스가 폭발하여 화상을 입고 크게 화재가 발생하였다. 이 구조는 子寅丙으로 壬甲丙 삼자조합에서 추구하는 교육, 공직, 의료 물상에 적합하다. 하지만 월지와 일지가 寅戌로 흐름에 따라서는 살기가 동할 수 있다. 戊寅 월이니 水氣가 필요한데 子水가 있어 문제가 없는데 巳대운 이르면 寅巳 刑하고 寅巳申 三刑으로 寅목 생기가 상하는데 근원적인 문제는 寅戌로 살기를 가졌기 때문이다.

壬午대운은 약하게 드러난 壬水가 寅午戌 삼합하고 子午 충으로 흔들리니 흉할 수밖에 없다. 이 구조도 寅戌丙丙으로 화기가 너무 강력하고 庚子로 키울 열매는 약하며 寅戌로 시작은 하지만 마무리가 어렵다. 갑술년의 가스 폭발은 寅午戌의 강력한 화기에 子水가 충으로 자극하였기 때문이다.

時	日	月	年	男
癸	丙	丙	乙	
巳	寅	戌	未	

77	67	57	47	37	27	17	7
辛	己	庚	辛	壬	癸	甲	乙
酉	卯	辰	巳	午	未	申	酉

壬午대운 戊寅년 44세에 화재에 사망했다. 이 구조도 戌未와 寅巳 刑 그리고 寅戌로 寅 생기와 년간 乙 생기의 상태가 좋지 않다. 壬午대운 戊寅년 寅午戌 삼합으로 화기가 탱천하고 천간에서 戊癸 합으로 癸水의 작용도 사라지고 壬水가 강한 화기를 약하게 자극하면 불길이 더욱 오른다. 즉, 화재나 가스 폭발은 수화의 조합이 한쪽은 매우 강하고 다른 한쪽은 매우 약할 때 발생한다. 이 구조의 寅戌도 殺氣를 암시한다.

時	日	月	年	女
丙	庚	壬	丁	
戌	申	寅	酉	

75	65	55	45	35	25	15	5
庚	己	戊	丁	丙	乙	甲	癸
戌	酉	申	未	午	巳	辰	卯

壬寅월의 시공간은 좋은데 丁壬 합하면서 壬水의 작용이 약간 떨어진다. 년간에서 丁火가 酉金을 자극하고 壬水에 풀어지며 寅木을 내놓는 흐름이다. 그리고 결과적으로 庚申 열매를 만들어내니 좋은 흐름이다. 월과 시에 인술로 조합하며 중간에 인신

충하고 있다. 월지 寅木은 년지 酉金과 언제든지 살성을 가질 수 있는 조합이다. 丙午 대운에 이르면 寅午戌 삼합을 이루고 寅申 沖한다. 戊寅년 42세에 재차 인술과 寅午戌 삼합 沖 하니 관직에서 파직 당하였다. 월간 壬水가 생기를 보호하기에 파직 정도로 그쳤다.

時	日	月	年	男
甲	庚	戊	丙	
申	寅	戌	子	

71	61	51	41	31	21	11	1
丙	乙	甲	癸	壬	辛	庚	己
午	巳	辰	卯	寅	丑	子	亥

丑대운에 결혼하여 寅대운 38세 癸丑년에 부인이 사망하여 오랫동안 홀로 살다가 61세인 丙子년에 재취하여 살고 있다. 이 사주는 위 사주와 비슷한 듯 다르다. 일지 寅木 생기는 寅戌과 인신 충으로 상하기 쉬운 구조다. 그 시기는 38~45세 사이이며 그 육친은 배우자가 분명하다. 寅 대운에 일지와 복음이니 배우자에 문제가 생길 것임을 암시한다. 癸丑년에 생기를 보호하던 자수가 천간으로 드러나 戊癸 합으로 증발하고 刑하니 寅木이 생기를 잃어 사망했다.

時	日	月	年	男
壬	壬	辛	壬	
寅	戌	亥	辰	

78	68	58	48	38	28	18	8
己	戊	丁	丙	乙	甲	癸	壬
未	午	巳	辰	卯	寅	丑	子

풍채도 좋고, 재물도 넉넉해 보였으나 45세 丙子년 큰 사업을 동업으로 확장하다가 실패했다. 이 구조의 방향은 천간에 辛金 하나가 수많은 물에 미네랄을 공급하고 있으니 기본적으로 부모

의 음덕이 있다. 다만, 신금의 가치를 높여줄 정화가 없으니 아쉽다. 년주 壬辰과 일주 壬戌이 沖 하는 구조이니, 배우자에 문제가 생기거나 겉으로는 뜻이 맞아 보이지만 실제로 충돌하는 문제가 있다.

또, 壬戌 壬寅으로 인술 조합을 이루니 마찬가지로 천간에서 뜻이 동일하지만, 지지에서는 서로 상한다. 45세 丙子년 병화를 만난 세 개의 임수들은 화려한 빛을 탐하지만 丙子로 왔으니 그 빛은 밝지 않고 금방 어둠에 잠길 것이다. 특히 丙辛 合으로 신금 미네랄 작용도 문제가 생기고 수많은 임수들이 병화의 빛을 빼앗으니 어둠 속으로 들어가고 말았다. 이 구조에서 寅戌 조합은 수기가 넉넉하기에 크게 문제는 없었으나 동업으로 돈을 날리는 물상에 한몫을 한 것은 틀림없다.

時	日	月	年	男
己	丙	庚	丙	
亥	寅	寅	戌	

74	64	54	44	34	24	14	4
戊	丁	丙	乙	甲	癸	壬	辛
戌	酉	申	未	午	巳	辰	卯

66년 丙午년 작업 중 손을 다쳤다. 70년 庚戌년 혈소판 감소로 입원하였다. 81년 申酉년 유압기 조작 잘못으로 코, 입술, 치아가 손상되었다. 84년 甲子년 뇌진탕 후유증이 생겼다. 85년 乙丑년 작업 중 실수로 좌측 다리가 골절되었다. 89년 己巳년에 허리를 다쳤다.

년지와 월지에 寅戌이 만났다. 또 일지와 복음으로 인술도 두 번 조합한다. 아울러 천간에서 병화 두 개가 골격, 뼈를 상징하는 庚을 녹이고 있다. 병화의 자극을 받은 庚은 언제든 생기 寅

木을 자르려는 속성을 갖는다. 경금이 상하면 뼈에 문제가 생기고, 庚이 寅을 찌르면 生氣에 문제가 생긴다. 丙午년은 庚이 상하였고 庚戌년도 庚이 상하여 백혈병과 같은 질병이며 辛酉년은 寅酉조합으로 생기가 상하고, 甲子년은 甲庚 沖으로 甲이 상하며, 乙丑 년은 丑戌로 다리가 상하고 己巳년은 寅巳 刑으로 또 생기가 상한다. 이 구조의 寅戌과 丙庚 조합은 생기를 없애고 뼈를 삭게 만드는 작용이다.

時	日	月	年 男
丁酉	辛卯	庚戌	壬寅

76	66	56	46	36	26	16	6
戊午	丁巳	丙辰	乙卯	甲寅	癸丑	壬子	辛亥

1997년 丁丑년 외도하다가 들통 나서 이혼하였다. 천간에서 丁辛壬 삼자조합으로 丁火가 일간을 자극하여 壬水를 향하니 언제든 방탕, 방랑, 일탈이 가능한 구조다. 년월의 경임도 또한 일탈의 성향이 강한 이유는 금기의 근본적인 속성인 딱딱함을 유지하지 못하고 수기에 풀어지기 때문이다.

庚壬은 기술, 예술, 방탕물상이다. 일지는 卯酉 충하며 辛과 조합이 어울리지 않으니 년지 寅을 원할 수밖에 없다. 하지만 인목 위에 壬水가 언제라도 방탕을 유도하기에 내가 탐하는 여인은 방탕으로 만나는 것이 분명하다. 丁丑년에 이르면, 정화가 신금을 자극하면 신금은 壬水를 향하여 튕겨 나간다. 또 일지 묘목이 戌土와 합하다가 축토와 축술 刑하여 불안정해진다. 이 구조에서 寅戌 조합은 결과적으로 외도하다 들통 나는 물상을 만들어냈다.

時	日	月	年	男
丙	庚	癸	乙	
子	寅	未	巳	

79	69	59	49	39	29	19	9
乙	丙	丁	戊	己	庚	辛	壬
亥	子	丑	寅	卯	辰	巳	午

乙酉년에 외도하다 丙戌년에 부인에게 발각되어 이혼하였다. 이 구조도 상기조합과 유사하다. 일지에 인목이 있지만 원하는 여인은 년의 乙이며 乙庚 합한다. 멀리에 있는 乙木을 당겨오려는 욕망은 계수를 중간에 두고서 발생하는데 경계로 庚의 딱딱한 체성이 癸水의 폭발로 변질된다. 특히 시간 병화에 자극받은 경금은 계수를 향하여 튕겨 나갈 수밖에 없고 결과적으로 乙木과 합한다.

또 월지 미토에는 수많은 목기가 들어가 있으니 여인이 많지만, 시간 丙火때문에 결과적으로 구설을 만들어낼 가능성이 높다. 乙酉년은 일지가 寅酉로 부인과 소원해지고 천간에서 乙庚 합하는데 酉金으로 끌고 온 乙이니 유부녀가 분명하다. 丙戌년에 일지 寅戌로 살기가 강해지고 未戌로 刑하니 일지와 월지가 불안정해졌다. 결과적으로 병화의 통제를 받고 이혼당하였다. 이 구조의 寅戌은 결과적으로 이혼 물상을 만들었다.

時	日	月	年	女
丙	庚	庚	辛	
戌	寅	子	卯	

77	67	57	47	37	27	17	7
戊	丁	丙	乙	甲	癸	壬	辛
申	未	午	巳	辰	卯	寅	丑

남편이 사망하고 큰돈을 벌고자 접대부가 되어 돈을 벌어 모텔

을 경영한다. 사주의 특징을 살펴보자. 천간은 庚庚辛으로 丙火 하나를 두고 다투는데 병화는 결과적으로 년간 辛과 합하러 가는 과정에 庚을 잠시 취하고 간다. 또 庚寅과 丙戌로 寅戌이 조합하니 그 남자와 인연이 없다. 병화는 시간에 있으니 문밖의 남자가 분명하고 사적으로 만나는 것이며 평생의 고민거리다. 이런 의미를 더욱 가중시키는 것은 년지와 월지의 子卯로 색욕이며, 일지에서 寅戌로 조합하니 살기가 강하여 남편은 사망하였다.

3. 巳丑조합

巳酉丑 삼합운동의 뜻은 꽃을 피워 열매 맺고 丙火로 수기를 증발하여 생기를 없애고 단단하게 만들어 씨종자를 완성하여 水氣에 풀어서 새로운 생명체 木을 내놓는 시공간흐름이자 씨종자의 생장쇠멸 과정이다. 巳酉丑 삼합은 生氣를 상징하는 木氣를 통제하니 군, 검경 물상이요 나쁘게 활용하면 조직폭력배와 같다. 물질을 추구하면 금융, 사채놀이와 같으며 권력을 추구하면 정치가에 어울린다.

巳酉丑 삼합에서 가장 큰 문제는, 丑土의 속성을 잘못 활용하면 음험하고 불법, 비리를 저지르며 酉丑 조합으로 물질을 탐하는 사기, 강도, 도둑질, 도박, 마약과 같은 물상이다. 만약 木氣와의 조합이 나쁘면 生氣가 상하여 질병, 사고, 사망을 암시한다. 巳酉丑 삼합의 근본 뜻을 이해한 후, 酉金 旺地가 빠진 巳丑 조합의 뜻을 살펴보자. 巳火는 확산, 분산, 밝음의 뜻을 가졌는데 丑土를 만나면 丑土에 들어가 빛을 상실한다. 화려한 巳火가 어둠 속으로 빨려 들어가 어둠속에 잠긴다. 꽃을 피웠는데 열매를 맺기도 전에 丑土에 들어간 낙화요 씨종자를 맺지 못해서 종

자 씨가 없는 이치다. 사주예문으로 의미를 살펴보자.

時	日	月	年	女
己	辛	辛	辛	
丑	巳	丑	巳	

72	62	52	42	32	22	12	2
己	戊	丁	丙	乙	甲	癸	壬
酉	申	未	午	巳	辰	卯	寅

甲대운에 결혼하여 좋았으나 乙대운에 건강악화와 남편의 사업 부진으로 고생을 많이 하였고 부채 문제로 피신생활도 해보았다. 巳대운부터 남편의 공장 운영이 잘되다가, 丙대운에 남편의 외도로 풍비박산 나고 공장도 망하고 절에서 공양주 생활한다. 롤러코스터 인생을 살아가는 이유를 살펴보자.

사주구조가 전체적으로 단조롭다. 殺氣가 강한데 다행하게 木氣가 없으니 木金이 다투지는 않는다. 巳酉丑 삼합 중에서 巳丑이 중복이요 辛巳, 辛巳로 복음이니 언제라도 남편과 사별하거나 이혼하는 구조다. 辛이 甲을 만나는 20대 좋은 시절에 결혼하여 좋았지만 辛과 乙로 辛이 乙을 탐하는 시기에 乙 生氣가 심하게 상하니 건강이 악화되고 남편 사업도 힘들어졌다.

巳대운에 이르러 乙의 기운이 줄어들어 木金의 전쟁이 줄어들고 평온을 찾으니 남편의 공장운영이 잘 되었지만 巳巳巳로 복음이니 결혼에 문제가 생기는 시기다. 丙대운에 일지 巳火가 천간에 드러나 丙辛 合으로 경쟁하니 남편이 외도하고 어둠속으로 사라졌다. 이 구조에서 巳丑은 빛과 어둠과 같다. 화려하게 살다가 어둡게 살기를 반복한다.

時	日	月	年	男
辛	丁	辛	辛	
丑	丑	丑	巳	

75	65	55	45	35	25	15	5
癸	甲	乙	丙	丁	戊	己	庚
巳	午	未	申	酉	戌	亥	子

丁酉대운 37세 丁巳년에 교통사고로 머리를 다쳐 대수술을 하였다. 부인의 집안이 부자이며 부인은 유순하고 부지런하여 내조도 잘한다. 애처가로 55세까지 잘 살고 있다. 이 구조의 巳丑은 년과 월에 있는데 丑月의 時空에서 필요로 하는 巳火가 년지에 있으며 丁火와 巳火가 수많은 金들에 열기를 가해야 할 일이 많기에 이곳저곳에서 빛과 열기를 달라고 달려든다.

따라서 이런 구조들은 사회나 조직에서 그 쓰임이 좋다. 대운이 초년을 제외하고 戊戌, 丁酉, 丙申으로 흐르면서 火로 金을 가공하는 흐름이요 丑月에 申酉戌로 金氣를 채우니 금융, 사채, 권력, 정치, 의료 물상으로 사용하거나 금속가공 용도로 사용된다. 丁酉대운 丁巳년은 巳酉丑 삼합을 이루어도 木金이 다투는 것이 아니기에 흉은 아니지만, 火氣에 자극받은 상태로 있다가 월에서 木金이 충돌하거나 삼합 沖하면 문제가 발생할 수 있다.

甲이 상하면 머리를 다치는데 甲辰 월의 경우는 酉丑辰 三字조합으로 교통사고가 발생할 가능성이 높다. 이 구조의 巳丑은 巳火가 시공간을 맞추는 작용이요 자극받은 辛들이 일지로 모여드니 부인의 내조가 좋다. 다만, 丑丑丑으로 편중된 구조는 운에 따라 크게 반응할 수 있다. 위의 여명은 丙火가 辛을 비추는 용도지만 이 구조는 丁火가 辛을 자극하여 丑土에 모으는 역할이기에 물질을 만드는 속도와 그릇이 다르다.

時	日	月	年	男
丙	乙	辛	乙	
子	巳	巳	丑	

71	61	51	41	31	21	11	1
癸酉	甲戌	乙亥	丙子	丁丑	戊寅	己卯	庚辰

卯대운 18세 壬午年 戊申월 오토바이 훔치는 일로 경찰서에 갔다 온 후 부친에게 혼나고 아파트에서 투신자살하였다. 이유를 살펴보자. 년, 월에 乙辛은 辛巳로 자극받은 辛이 乙을 자르는 조합이니 언제라도 生氣가 상할 수 있다. 문제의 원인은 월간 부친 辛으로부터 발생하여 스트레스를 많이 받는다. 丑土는 사기, 절도, 강도와 같은 물상인데 년과 월에 있으며 時支에 子水까지 있으니 의미가 더욱 뚜렷해진다.

卯대운에 巳丑과 반응하여 卯木이 상한다. 壬午년은 巳巳午로 화기가 강해지면서 辛에게 열기를 가하면 辛은 壬水로 튕겨나간다. 午火는 午丑과 子午 沖으로 폭발력을 갖기에 즉흥적인 행위를 할 수 있다. 丙辛 合으로 辛이 丙火로부터 적절하게 통제를 받고 있다가 壬午년에 이르면 壬水가 통제를 풀어지면서 절제력을 잃고 방탕해 진다. 辛이 壬水로만 가면 문제가 없는데 乙을 향할 경우에는 이 아이처럼 生氣를 포기하는 문제가 발생한다.

壬午년 戊申월은 천간에서 원국과 함께 辛戊乙 三字조합을 이루면서 乙木 생기가 잘린다. 이 구조에서 巳丑은 월간 辛과 연결되어 불법행위와 스트레스로 사용되었다. 卯 대운에 오토바이를 훔친 이유 중 하나는 丑土의 도둑속성 때문이고 또 다른 이유는 년지 丑土를 기준으로 卯木은 재살이며 저승사자 논리에 비추면 저승사자들이 색계의 물질을 탐하는 이치와 같아서 자신도 모르게 타인의 물건을 훔치는 것이다. 특히 년간, 일간에 乙이 있으니 도둑 심리가 더욱 강하다.

時	日	月	年	男
庚寅	丙子	辛丑	辛巳	

75	65	55	45	35	25	15	5
癸巳	甲午	乙未	丙申	丁酉	戊戌	己亥	庚子

미국인 가톨릭 신부, 1976년부터 1983년 사이에 4살에서 9살 사이의 여자 아이들을 100여명 성추행하였다. 1990년 여자아이 강간을 시도한 죄로 6년 6개월 감방 형을 받았다. 2002년 5월 6일에 20년 전에 두 여자아이를 강간한 죄로 기소되고 2003년 10월 1일 5년에서 7년 감방 형이 선고되었다. 위 사주와 비교하여 살펴보자.

巳火가 丑土 어둠 속으로 들어간 후 子丑 合한다. 위 사주와 동일하게 巳丑子로 빛을 잃는 조합이요 어둠 속에서 불법적인 행위가 이루어진다. 다만, 이 사주는 어둠의 정도가 더 강하기에 그만큼 행위도 불법적이다. 천간은 세 개의 금들을 하나의 丙火가 다스리고 丙辛 합하고 子丑합으로 합의 물상들이 어둠 속에서 이루어진다.

시주 庚寅은 어린애를 희롱하는 상이요 寅丑은 어린 생기가 丑土에 들어가 빛을 상실하는 조합이다. 丁酉대운에 巳酉丑 삼합과 寅酉로 암살, 킬러와 같은 물상이기에 비밀스러운 행위요 殺氣다. 다만, 子水가 있기에 살인은 하지 않았다. 종교인인 이유는 辛丑子로 어두운 밤길에 丙火 빛을 비추어 길을 인도하기 때문이다. 밝음과 어둠, 木金 사이에서 갈등하는 구조다.

소아성애의 근본문제는 억제된 혹은 절제된 욕망이 비틀린 것이다. 물론 종교에서 찾는 만인에 대한 사랑을 가장 강하게 느낄 수 있는 대상은 어린아이들로 그곳에서 사랑을 느끼지만, 인간의 행위가 도를 지나치면 소아성애로 변한다.

時	日	月	年	男
辛卯	辛丑	癸巳	辛亥	

73	63	53	43	33	23	13	3
乙酉	丙戌	丁亥	戊子	己丑	庚寅	辛卯	壬辰

27세 丁丑년에 결혼, 30세 2000년 庚辰년에 이혼, 庚寅대운 33세 癸未년에 큰돈을 벌려다 모아둔 재산까지 탕진하였다. 이 구조도 수많은 금들이 巳火의 빛을 丑土 안으로 끌고 들어가고 亥水까지 巳火를 沖하니 유일한 빛이 어둠속으로 사라지면서 길을 잃는다. 丙火, 巳火 빛이 있다가 사라지면 마치 삶의 나침반이나 지도자가 사라진 것과 같아서 자신도 모르고 어두운 행위를 저지른다.

庚寅대운에 庚이 가지고 있는 寅木을 일지와 寅丑으로 끌어오려는 욕망이 강해진다. 남이 소유한 재물에 경쟁 심리와 투기성향이 가미되면서 한탕을 노리는 욕망이 생겨난다. 丑土의 도둑 속성 때문에 큰돈을 탐하다가 재산을 모두 탕진하였다. 癸未년은 년, 일, 시에서 亥卯未 삼합을 이루는 과정에 丑未 沖하고 未土를 향하여 움직이던 묘목이 상하면서 재산을 탕진했다. 이 구조의 巳丑은 대운과 연결되어 재산탕진 물상으로 발현되었다.

時	日	月	年	男
辛未	甲戌	己丑	乙巳	

73	63	53	43	33	23	13	3
辛巳	壬午	癸未	甲申	乙酉	丙戌	丁亥	戊子

乙酉대운 庚辰년 33세 당시 판사였는데 辛巳년에 합동사무실을 개업할 예정이었다. 이 구조도 巳丑이 년지와 월지에 있는데 일간이 甲이요 甲己 合으로 己丑에 깊게 뿌리내린다. 년이 乙巳로 巳丑으로 합하고 巳火가 戌土에 담기니 乙과 甲이 반드시 연결된다. 이런 구조가 동업 물상이고 합동사무실을 원하는데 문제는 戌丑 刑하니 동업의 상황이 언제라도 변질될 가능성이 있다.

이 사주에서 戌土의 작용은 중요하다. 巳丑으로 어두운 속성으로 불법, 비리를 저지를 수 있는데 일지 戌土가 丑戌 刑 해주니 丑土의 음습함을 제거하여 속성이 바뀌면서 좋게 작용하며 년월일시 수많은 땅을 甲으로 다스리는 판사가 되었다.

時	日	月	年	男
己卯	乙丑	乙巳	壬子	

71	61	51	41	31	21	11	1
癸丑	壬子	辛亥	庚戌	己酉	戊申	丁未	丙午

戊申대운 25세 丙子年에 결혼하여 부부가 함께 장사하고 己酉대운에 부자가 되었다. 월지와 일지가 巳丑조합이요 子水까지 있으니 밝음이 어둠으로 변할 수 있으나 이 구조의 시공간은 丑月이 아니라 巳月로 화려하게 꽃피는 밝은 공간이다. 따라서 乙이 시절을 얻고 대운이 金으로 흐르면서 열매를 키우고 익히는

흐름이다. 巳月의 시공간에는 많은 수기는 필요 없고 약간만 있으면 되는데 년주 壬子로 너무 강하다. 다행하게 일지 丑土가 적절하게 金氣의 흐름을 받아서 저장해준다. 천간은 乙乙로 힘을 합하여 己土를 취하려 한다. 지지에서 巳丑으로 己土를 두텁게 해준다. 즉, 안정적인 삶의 터전이 두터운 것이다. 다만 시주가 己卯로 卯木의 시기 54세 이후에 卯丑으로 卯木의 움직임이 답답해지면서 재물이 감소할 것이다.

己酉대운에 巳酉丑 삼합으로 일지에 집합한다. 己酉에서 이루어지는 결과물이 모두 일지에 모여든다. 시지 卯木이 있으나 巳酉丑 삼합을 흔들리게 하는 정도는 아니다. 만약 己酉대운이 54세 이후에 왔다면 卯木을 沖하여 재물이나 건강에 심각한 문제가 발생했을 것이다. 時間은 전생의 업보대로, 정해진 운명대로 어김없이 찾아온다.

時	日	月	年	男
丁	乙	丁	癸	
丑	巳	巳	丑	

71	61	51	41	31	21	11	1
己	庚	辛	壬	癸	甲	乙	丙
酉	戌	亥	子	丑	寅	卯	辰

1994년 22세에 장사하다가 크게 망하고 1998년과 1999년 26세, 27세에 하급공무원을 하였다. 2001년과 2002년 29세와 30세에 정신병에 걸리고 2004년 32세 3월에 수술하고 큰돈이 나갔고 교통사고도 발생하였다. 이 구조에 있는 중복된 巳丑 의미를 살펴보자. 천간 방향은 불안정하다. 지지에서 두 개의 巳火로 확장하고 싶지만 천간에서 丁火로 수렴하기에 속에서만 활짝 펼치고 겉으로는 억제되는 모습이다.

년과 월에서 丁癸 沖하니 벌리고 접는다. 여기에 酉金은 없고 巳丑만 있으니 빨리 벌리지만, 결과가 없는 구조다. 이런 속성 때문에 삶이 다양하게 변화한다. 빨리 벌리지만 빨리 접는다. 시작은 하지만 펼쳐보기도 전에 접는다.

甲寅대운 辛巳년 壬午년에 寅巳 刑으로 火氣가 증폭하는 과정에 丁火에 자극받은 辛이 일간 乙을 찌르니 피가 돌지 않고 대뇌에 이상이 오니 정신병에 걸렸다. 또 甲申년에는 巳申 삼형이 겹쳐 교통사고도 발생했다. 이 구조의 巳丑은 乙의 삶을 어지럽히는 원인이다. 또 火氣는 강하지만 庚이 적절하게 배합되지 않아서 가치가 높지 않다.

時	日	月	年	男
癸	癸	甲	癸	
丑	巳	寅	卯	

75	65	55	45	35	25	15	5
丙	丁	戊	己	庚	辛	壬	癸
午	未	申	酉	戌	亥	子	丑

부인이 활동적이고 직업은 교사다. 이 구조의 일시에 있는 巳丑을 살펴보자. 천간은 癸甲으로 기술이나 언변을 활용하는데 년과 월에 癸甲으로 교육업에 어울리고 癸癸癸丑으로 寅月에 필요한 水氣와 丑土가 있다. 甲寅이 水氣에 성장하면 火氣로 확장해야 하는데 일지 巳火에 丙火가 있다. 따라서 甲寅의 기운을 증폭시키는 역할을 해주는 것은 배우자가 분명하다. 또 巳火가 바로 옆에 丑土를 두었으니 寅木의 증폭하는 火氣를 己土로 적절하게 조절하니 교육자다. 이 구조의 巳丑은 寅卯의 목기를 받아 확장해주는 역할이다.

時	日	月	年	男
丁丑	乙亥	辛酉	癸巳	

74	64	54	44	34	24	14	4
癸丑	甲寅	乙卯	丙辰	丁巳	戊午	己未	庚申

이 구조는 년과 월 그리고 시에서 巳酉丑 삼합하고 월간이 辛酉로 殺氣가 강하다. 년지 巳火와 시간 丁火로 辛酉에 열을 가하면 亥水와 癸水에 辛酉를 풀어내는 丁辛壬 三字조합이다. 다만 乙木이 辛酉를 바로 옆에서 만나니 丁火가 없다면 辛酉의 눈치만 보면서 두려워하는데 丁火로 다스려 水氣로 받아먹기에 조직폭력배 두목이다. 어둠 속에서 살아가는 이유는 사주팔자에 유일한 밝음 巳火가 巳酉丑 삼합하는 과정에 巳亥 沖하고 巳丑으로 어둠 속으로 들어가 사라지기 때문이다.

時	日	月	年	男
癸卯	丁丑	癸卯	丁巳	

75	65	55	45	35	25	15	5
乙未	丙申	丁酉	戊戌	己亥	庚子	辛丑	壬寅

조직폭력배로 진출하여 하부조직원 노릇을 하고 있다. 巳丑의 의미를 살펴보자. 천간에서 양쪽으로 丁癸 沖 하므로 丁火는 癸水의 沖을 직접 몸으로 받아낸다. 이렇게 편관의 폭력을 직접 받아내는 구조들은 성정이 거칠다. 소위 깡과 맷집이 좋은 구조들이다. 또 월지가 卯木으로 몸을 적극적으로 활용하는 시공간이기에 조직폭력배가 되었다. 만약 깡패가 아니면, 동일한 행위를 인내심을 가지고 반복하는 스포츠 선수, 무용선수와 같은 물상이다. 이 구조의 특징 중에서 한 가지는 월지 卯木을 사이에

두고 巳丑으로 조합하여 위협하는 구조다. 따라서 巳丑은 사람들을 위협하는 물상으로 활용되었다.

時	日	月	年	男
辛	乙	辛	辛	
巳	卯	丑	卯	

71	61	51	41	31	21	11	1
癸	甲	乙	丙	丁	戊	己	庚
巳	午	未	申	酉	戌	亥	子

이 남자는 허풍이 심하고 자랑을 잘하고 거짓말을 잘한다. 이 구조도 巳丑 사이에 卯木을 두고 위협하는 사람이다. 즉, 木氣를 金氣로 위협하는 것으로 生氣를 제압하려는 의지가 강하다. 또 천간에서 辛은 편관으로 감당하지 못할 상대들을 제압하려고 허세를 부릴 수밖에 없다.

또 상대의 잘못을 공격하려는 특징도 강하다. 마치 복어가 자신을 방어하고자 몸집을 부풀리는 행위와 같고 저런 행위가 잘못되면 신금에게 찔려서 관재구설에 시달리고 심하면 감방에 들어간다. 이런 구조 때문에 허풍이 심하고 허언증이 있다. 乙卯의 좌우로 펼치려는 속성과 乙卯의 움직임을 방해하는 辛의 속성 사이에서 갈등하는 구조다. 신살로 살피면 년지 卯木을 기준으로 천간에 있는 3개의 辛金이 災煞에 해당하니 저승사자들처럼 확인 불가능한 세계를 설명하는 것처럼 과장이 심하다.

時	日	月	年	男
辛	乙	壬	乙	
巳	丑	午	亥	

74	64	54	44	34	24	14	4
甲	乙	丙	丁	戊	己	庚	辛
戌	亥	子	丑	寅	卯	辰	巳

사교성이 있어 빨리 친해지고 표정관리가 어렵고 강자에게 복종하고 약자에게 냉정하고 난폭한 언행으로 돌변하여 거칠게 욕하여 제압하려고 한다. 위의 조폭 두목 사주와 차이점을 느껴보자. 巳丑과 辛으로 乙이 辛의 눈치를 살피는데 다스릴 火氣가 천간에 없고 壬水로 편관을 달래는 구조다. 이런 구조는 壬水로 辛의 강한 殺氣를 부드럽게 풀려고 노력하기에 일종의 아부 기질이 강하다.

반대로 丁火로 辛을 다스리면 강개의 성정이 강하다. 이런 구조들은 윗사람에게 잘하고 비위를 잘 맞추지만, 자신보다 약하면 바로 제압하려는 속성을 갖는다. 十神의 생극 작용 중에서 살인상생의 뜻이다. 표정관리가 어렵고 돌변하여 욕하는 이유는 午丑의 폭발력 때문이다.

巳丑을 정리해보자. 巳丑은 기본적으로 殺氣가 강하다. 물질을 추구하는 성향이다. 조직적이다. 巳丑의 핵심은 사주구조에서 木과의 배합이 어떤가를 살피는 것이다. 巳丑이 木氣를 제압하고 殺氣을 가져 위협적이기 때문이다.

4. 申辰 조합

앞장에서 정리한 申子辰 삼합 속성을 요약해보자. 사망, 살인, 무리를 이루어서 어둠 속에서 불법, 비리를 저지르는 조폭, 강압적으로 주위에 영향을 미치는 홍수와도 같은 힘, 火氣가 없으면 어둠속에서 이루어지는 행위들 예로, 마약중독, 공금횡령, 도둑질, 불륜, 방탕, 이별이나 사망, 추락, 노력 없이 갑작스럽게 들어오는 재물, 유람이나 관광, 홍수, 익사 등의 물상이다.

申子辰 삼합 중에서 旺地 子水가 빠지고 申辰으로만 구성되었을 때는 삼합의 절차가 바르지 못하거나 시작하고 얼마 지나지 않아 마감한다. 또 水氣가 필요한데 없다면 그 성정이 매우 조급하다. 辰月은 水氣가 마른 상황이기에 다혈질, 조급증, 폭력성, 건망증, 당뇨 등의 물상으로 발현된다.

時	日	月	年 女
戊辰	甲辰	庚申	癸巳

75	65	55	45	35	25	15	5
戊辰	丁卯	丙寅	乙丑	甲子	癸亥	壬戌	辛酉

46세 甲子대운 戊寅년에 채무자가 돈을 달라고 하자 집으로 유인하여 수면제를 먹인 후 죽이고 강도로 위장하고자 본인도 자상을 입고 불을 질러 사체를 상하게 하였다. 이런 상황을 생극논리로 풀려는 시도는 무의미하다. 이 사람은 정신병의 일종임을 인식하고 사주를 풀어가야 한다. 甲庚은 庚이 甲을 강압적으로 沖 하여 甲의 물형을 유지하지 못하게 하고 그 형태를 바꾸라고 요구한다. 따라서 甲은 세상이 틀리고 자신만이 맞는다는 생각에 빠진다. 그 이유는 인체의 머리에 해당하는 甲에게 충격이 가해지기 때문이다.

또 申辰으로 성정이 호전적이고 甲戊로 戊土를 甲으로 뚫어서 상하게 만든다. 戊土는 갑의 터전과 같은데 水氣가 없으면 戊土가 상하면서 甲도 戊도 모두 상한다. 사막에서 나무와 땅이 모두 가치 없는 땅으로 바뀌는 상황이다. 월지가 庚申 월이니 巳火가 필요한데 申子辰 삼합을 이루는 甲子대운 乙丑대운 교접기는 巳火가 상하는 운이다. 태양이 지고 어두워진다. 불법이 어둠속에서 자행된다. 戊寅년에는 寅巳申 삼형으로 寅을 자르니

殺氣가 동하는 해다. 일시의 辰辰도 복음으로 乙木 生氣가 상하기에 살기가 강한 조합이다. 이 구조에서 申辰과 申子辰은 生氣를 상하게 만드는 어둠과 같은 작용이다.

時	日	月	年	女
壬	丙	庚	壬	
辰	申	戌	辰	

72	62	52	42	32	22	12	2
壬	癸	甲	乙	丙	丁	戊	己
寅	卯	辰	巳	午	未	申	酉

남편이 丙午대운 戊辰년 교통사고로 사망하였다. 일지 申과 동일한 오행이 月干에 庚으로 드러났고 년주와 시주에서 壬辰으로 편관이 복음이니 한 번의 결혼으로 끝날 구조가 아니다. 또 일지를 기준으로 좌우에서 辰戌이 沖하니 배우자가 불안하다. 시간 壬水는 일생의 고민과 같다. 월지 시공간에 필요한 화기는 일간 丙火뿐이고 戌土를 沖하는 辰土가 두 개나 있으니 월지도 편하지 않다.

丙午대운 庚申이 화기에 자극받으면 壬水를 향하여 튀어 나갈 것이다. 달리 표현하면 일지 신금은 뜨거움을 해소하고자 자신의 궁위를 이탈하려고 한다. 戊辰년에 이르러 辰戌 沖하면서 일지 신금이 상하는데 일지의 궁위에 이른 시기였다. 이 구조의 申辰은 壬水와 더불어 물처럼 흐르는 속성인데 대운과 세운에서 충돌하고 막히면서 남편이 사망했다.

時	日	月	年	男
丁	甲	庚	乙	
卯	申	辰	亥	

76	66	56	46	36	26	16	6
壬	癸	甲	乙	丙	丁	戊	己
申	酉	戌	亥	子	丑	寅	卯

고서에 나오는 將軍 팔자다. 구조를 살펴보면, 辰月에 수기가 필요한데 년지 亥水가 채워주고 乙과 庚이 합하고 卯申으로 합하고 있다. 甲, 丁卯는 주로 육체를 활용하는 조합이요, 년에 있는 乙이 亥水를 월지 辰土에 제공하니 국가, 조상의 조력이 좋다. 대운도 甲에게 적절한 시공간으로 흐르니 발전한다. 만약 乙庚이 있고 대운이 반대로 흘렀다면 乙丙庚 三字조합으로 재물에 흥미가 많았을 것이다. 이 사주에서 申辰은 流動의 속성보다는 권력, 명예로 사용되었다.

時	日	月	年	男
壬申	甲申	壬辰	丙午	

79	69	59	49	39	29	19	9
庚子	己亥	戊戌	丁酉	丙申	乙未	甲午	癸巳

위 사주는 辰月에 필요한 水氣를 년지 亥水가 채워주지만, 이 사주는 월간 壬水가 채워준다. 하지만 년주가 丙午로 월지에 적절한 역할은 아니다. 두 개의 壬水와 申辰으로 申子辰 유동의 속성이 강하다. 壬水가 두 개이니 직업변동을 암시하며 辰月은 甲에게 편하지는 않은 시공간이다. 다만, 乙이 장악한 공간으로 불안정하면서도 壬水로 보충하였다.

초년부터 대운이 巳午未로 흐르니 甲은 乙에게 경쟁력을 상실하여 계속 외부로 떠돌아다니며 노력하였으나 이룬 것이 없었다. 하지만 丙申대운에 이르러서는 광업으로 부자가 되었다. 그 이유를 살펴보자. 천간은 밝음과 어둠이 교차하면서 타향이나 해외로 돌아다니는 丙火, 壬水가 모두 있다. 천간에서 丙壬이 沖 하면 해외, 전기, 전자, 무역계통에 인연이 많지만 밝고 어둠이 교차하니 기복이 있다. 사주원국에서 30세 이후는 甲申과 壬

申으로 辰月에 필요한 水氣를 맞추기에 45세 이후에 발전할 것임을 암시한다. 丙申대운에 발전한 이유는 월지 辰土 속의 乙과 신금 속의 庚이 열매를 완성하고 丙火로 확장하였기 때문이다. 소위 乙丙庚 三字조합을 이루던 시기였다. 이 구조의 申辰은 물처럼 방황하는 물상과 乙庚 合으로 열매를 만들어내는 속성이다.

時	日	月	年	女
己	戊	壬	甲	
未	午	申	辰	

80	70	60	50	40	30	20	10
甲	乙	丙	丁	戊	己	庚	辛
子	丑	寅	卯	辰	巳	午	未

천간구조는 己土와 甲이 합하는 과정에 甲은 반드시 戊土를 뚫고 지나간다. 그 의미는 甲 남자는 자신을 괴롭히고 지나간 후 시간에 있는 己土와 합하여 사라진다. 구조적으로 년에 甲이 있으니 첫 남자와는 인연이 박하고 일지 午火의 땅에 들어오면 무기력해지니 이런 구조는 기본적으로 결혼이 불안정하여 남편이 사망하거나 이혼한다.

또 다른 문제는 午未로 일지가 혼잡이요 午火가 申을 자극하여 辰土속의 乙과 乙庚 합으로 상하기에 甲辰에 모여 있는 남자들을 내게로 끌어오지 못한다. 구조적으로는 乙丙庚 三字로 물질을 추구하는 좋은 조합이지만 이 여인의 남편이나 남자입장에서 甲乙은 申金에 통제를 받으니 불편한 관계다. 다행하게도 時支 未土에 있는 乙을 午未 합으로 일지 안방으로 끌고 오지만 未土 위에 己土가 있으니 유부남이 분명하다. 이 여인은 남자친구가 없는 것은 아니나 평생 결혼할 수 없어 독신으로 살아간다. 이 구조에서 申辰은 남편을 일지로 들어오지 못하게 만드는 작용을 하였다.

時	日	月	年	女
癸	壬	戊	己	
卯	申	辰	酉	

73	63	53	43	33	23	13	3
丙	乙	甲	癸	壬	辛	庚	己
子	亥	戌	酉	申	未	午	巳

두 번 결혼하였으나 남편들이 모두 이 여인의 재산이나 빼앗고 직업도 나쁜 남자들었다. 천간에서 戊己로 혼잡이니 직업이 자주 바뀌거나 결혼이 불안정할 것이다. 또 일지 申을 기준으로 申酉로 혼잡이니 한번 결혼으로 끝날 구조가 아니다. 또 월간 戊土가 시간 癸水와 합하니 상기의 구조와 유사하게 이 여인이 만나는 남자들은 자신을 괴롭히면서도 시간의 癸水와 짝짓기를 하여 떠나버린다.

남편들이 도움이 되지 않는 이유는 戊辰 월에 水氣가 필요한데 년주는 己酉로 수기가 마르고 유일하게 일간이 壬水이기에 년과 월에서 필요로 하는 水氣를 공급해야만 한다. 즉, 일간이 노력하여 남편들을 먹여 살리는 팔자로 태어난 것이다. 또 다른 특징은 酉辰으로 辰土 속의 乙이 상하고 申辰과 卯申으로 생기가 상하기에 살기가 강하다. 丙火가 없고 申酉로 卯木을 수확하는 속성이 강하기에 한탕주의 도박, 투기, 조폭과 같은 남자들과 인연이 있다. 두 번 이혼하고 혼자서 아들과 함께 산다.

時	日	月	年	男
壬辰	丙申	辛丑	辛未	

75	65	55	45	35	25	15	5
癸巳	甲午	乙未	丙申	丁酉	戊戌	己亥	庚子

년주가 辛未로 기본적으로 굉장히 총명한 두뇌의 소유자다. 고3 시절에 최상류 대학은 아니지만 좋은 대학에 입학할 수 있었지만, 최상의 대학만 가겠다고 우겨서 두 대학에 원서를 내고 기다리는 중이었다. 최상만 고집하는 이유를 살펴보자. 월간 辛金은 완성된 열매이니 가장 가치 있는 물건이고 병화가 그 존재가치를 환하게 비춰준다. 여기에 辛未간지의 총명함 때문에 남들보다 뛰어나서 두각을 나타내야 한다고 생각한다. 소위 명품을 좋아하는 스타일이다.

시간 壬水가 일시의 申辰과 합하여 자존심을 상징하니 매우 좋은 대학도 거부하고 최상류만 고집한다. 이 구조의 申辰은 자존심과 같다. 또 다른 특징은 丙火가 도와주어야 쓰임을 얻는 수많은 금기들이 주위에 가득 있으니 남을 위해서 자신을 희생하는 교육이나 공직에 어울리는데 만약 재물을 탐하면 불안정해지는 구조다.

時	日	月	年	男
庚辰	庚申	乙酉	庚戌	

71	61	51	41	31	21	11	1
癸巳	壬辰	辛卯	庚寅	己丑	戊子	丁亥	丙戌

庚寅년에 부인과 다투었는데 부인이 화를 참지 못하고 약 먹고

자살해버렸다. 부인이 자살한 이유를 설명하기를 월간 乙이 金氣에 상했다고 보는 것은 너무 단순한 분석이다. 일지 申이 부인으로 申酉戌에 庚庚庚으로 여러 번 결혼할 개연성을 가졌다. 일지를 살폈으니 十神을 참조해보자.

월간 乙이 세 개의 庚과 合하니 결혼이 불미한 것이 분명하다. 다만, 乙酉월은 乙을 수확하는 계절이니 상하는 것을 두려워하지는 않지만, 문제는 酉金이 乙을 수확했다면 수기로 풀어져야 하는데 일지가 申이니 흐름이 막힌다. 만약, 酉金을 풀어내는 子水가 일지에 있었다면 좋았을 것이다.

庚寅년은 일지에 있는 申金이 천간으로 드러나 월간 乙과 합하여 사라진다. 또, 乙庚 합하여 乙木이 상하는 것이 핵심이 아니라 寅이 들어와 수많은 金氣와 충돌하면서 상하는 것이 문제다. 또 일주는 申酉戌로 금국을 이루어 자존심이 강하고 火氣의 지도도 없으니 고집스러운 성격이다. 己丑대운의 끝자락으로 독극물을 먹고 자살하였다. 이 사주에서 申辰은 방탕과 같은 성정을 만들어내는 작용이다.

時	日	月	年	男
丁	甲	壬	甲	
卯	辰	申	辰	

75	65	55	45	35	25	15	5
庚	己	戊	丁	丙	乙	甲	癸
辰	卯	寅	丑	子	亥	戌	酉

몰인정하고 악랄하고 교활하여 중상모략을 일삼는 성정으로 甲戌대운 20세 癸亥년 7월 약탈죄를 범하여 15년 형을 받고 수감되었다. 구조를 살펴보자. 甲辰, 甲辰 복음으로 구조가 좋지 않다. 또 일주와 시주가 甲, 丁卯로 육체를 활용하는데 丁火로 불

- 145 -

법을 저지른다. 壬申 월이니 화기가 필요한데 丙火는 없고 丁火만 있으며 대운도 어두운 곳으로 흘러간다. 癸亥년에 丁壬癸 삼자조합으로 중력에너지 丁火가 상하니 사주가 어둠 속에 잠긴다. 사주팔자가 어두워지면 어둠 속에서 문제가 발생한다. 이 구조의 壬申, 辰 조합은 조폭이나 불법비리를 저지르는 조합이다. 참고로 丁火 상관이 상하여 15년 정도의 형을 받고 수감되었다고 판단하는 것은 너무 단순하다.

제3장   生地와 旺地로 구성된 사주

앞 章에서 三合의 근본 의미들을 살펴보았고 삼합의 생지와 묘지조합을 살펴보았다. 지금부터는 生地와 旺地로 조합한 구조를 살펴보자. 우리는 지금 삼합을 이루는 세 글자가 아니라 2개로만 구성된 상황에서는 어떤 의미를 갖는지 또 사주에서 어떻게 반응하는지를 살피는 중이다. 기억할 점은, 삼합의 근본 뜻은 변하지 않는다.

生地와 旺地가 조합하는 경우, 생지에서 양기가 동하여 왕지와 조합을 이루니 시작하고 활발하게 펼치기까지의 과정이다. 하지만 墓地가 빠져 있기에 삼합운동을 마감하지 못하고 결과가 없다. 예로, 寅과 午가 있다면, 寅에서 기획하고 午에서 실행하지만 戌土가 없으니 움직임의 결과물을 취하지 못한다.

모己丙壬
름卯午寅

寅午戌 삼합 생지와 왕지만으로 구성되었다. 인의 기획과 오의 실행에 매우 강하지만 마감해주는 戌土가 없기에 마무리가 부족한 구조다. 주의할 점은 원국에 戌土가 있을 때와 원국에 없을 때 그리고 대운이나 세운에서 戌土가 들어올 때 그 의미가 전혀 다르다.

또 旺地와 墓地가 만난 조합은 양기가 동하는 출발점은 없고 중간에 끼어들어 물질을 완성하니 갑자기 중간단계를 뛰어넘어 마감하기에 준비는 하지 않고 결과만을 추구하며, 결과에만 집착하는 구조다.

時	日	月	年	男
己丑	辛酉	己酉	壬子	

74	64	54	44	34	24	14	4
丁巳	丙辰	乙卯	甲寅	癸丑	壬子	辛亥	庚戌

壬子대운에 수십억 재산을 불렸고 辛巳년에 체포되어 壬午년에 무기징역에 처해졌으나 상소했다. 이 구조는 酉丑조합이다. 시작은 없으나 酉丑으로 중간단계와 마감만 있으니 중간에 끼어들어 갑자기 결과물을 득한다.

火氣가 전혀 없고 酉丑으로 물질을 한순간에 부풀리려는 욕망을 가졌고 丑土의 물상대로 불법과 비리를 저지르면서 돈을 탐한다. 壬子대운 子水가 그 욕망을 더욱 부추긴다. 비록 한순간 폭발적으로 재물을 얻지만, 문제가 생긴다. 辛巳년 巳酉丑 삼합으로 묶이니 체포되고 재산은 몰수되며 무기징역에 처해졌다.

이 구조에 존재하는 삼자조합은 酉子丑으로 밤길에 퍽치기당하는 것과 같아서 자신이 퍽치기와 같은 행위를 하거나 퍽치기 당한다. 이 사람은 酉子丑 물상 두 가지 모두를 활용한 경우다. 이와 유사한 조합이 酉丑辰 이다. 저승사자 이론으로 보면, 辛巳 년과 壬午년에 년지 子水를 기준으로 겁살, 재살 저승사자들이 나타나 범죄행위를 심판하고자 잡아가 버렸다. 生地와 旺地 구조의 사주예문을 살펴보자.

時	日	月	年	男
戊午	癸酉	丙寅	己亥	

75	65	55	45	35	25	15	5
戊午	己未	庚申	辛酉	壬戌	癸亥	甲子	乙丑

丙寅월이니 시공간을 맞추는 亥水에서 丙寅월까지의 흐름이 좋다. 하지만 일지에 酉金이 있어 寅酉조합으로 인목이 상할 수 있다. 문제는 寅午로 삼합을 이루려는 시간방향과 흐름을 酉金이 방해하고 寅과 酉 사이에 강한 충돌이 발생할 수 있다. 壬戌 대운이 오면 寅午戌 삼합을 이루는 과정에 삼합 중간에 끼어있는 酉金은 찌그러지고 이 과정에 酉金은 寅木 생기를 상한다.

己卯년에 날카로워진 酉가 卯木을 찌른다. 亥子丑 대운에 무난하게 지내다가 壬戌대운 41세 己卯년에 간암수술을 했으나 45세 癸未년에 재발했다. 寅午戌 삼합과 寅酉 사이에 발생하는 시공간 왜곡과 殺氣를 견디지 못했다. 이런 구조를 夾字라고 하는데 "夾字論"에서 논하기로 하자. 이 구조는 寅午 두 글자만 있다가 戌土가 와서 일종의 마무리 작업을 하는데 구조적인 문제 때문에 간암수술을 받았다.

時	日	月	年	男
壬子	癸未	甲午	丙寅	

75	65	55	45	35	25	15	5
壬寅	辛丑	庚子	己亥	戊戌	丁酉	丙申	乙未

시공간은 午月임에도 年과 月에 水氣가 전혀 없다. 시공간을 맞추는 水氣가 처음 드러나는 宮位는 일간 癸水로 31~38세

사이이다. 하지만 癸水가 未土에서 午未합의 강력한 중력 때문에 체성을 유지하지 못하고 증발되어가는 상황이다. 여기에 35세부터 戊戌대운이 오면 일간과 戊癸 합하고 寅午戌 삼합이 이루어지면서 火氣는 더욱 탱천하고 癸水는 심하게 증발된다.

또 일지 未土와 戌未 刑하면서 火氣가 증폭되어 더욱 힘들어진다. 34세 己亥년이 오면 癸水가 신강 해져서 좋다고 통변할 것이다. 신약하니 수기를 보충하면 나쁠 이유가 없다고 느낀다. 하지만 사주팔자를 무조건 플러스나 마이너스로만 생각할 수는 없다. 강력한 火氣에 일방적으로 증발되던 癸水는 화기에 반발하려는 생각이 전혀 없다.

하지만 亥水가 오면 강력한 火土와 일전을 벌이려는 의지가 생기면서 결과적으로 더욱 무기력해진다. 오묘한 오행의 작용이다. 예로, 깡패 3명을 만나면 혼자는 무조건 복종할 수밖에 없는데 친구 한 명이 도와주러 오면 무리하게 용을 쓰다가 더욱 심하게 다치는 꼴이다. 申酉 대운으로 흐를 때는 화토에 반발할 생각 없이 살다가 戊戌대운 34세 己亥年에 가출 후 소식이 없다. 결과적으로 두 개의 삼합글자가 있다가 세 개가 완벽하게 이루어지고 戌未 刑하면서 문제가 생겼다. 저승사자 논리로 살피면, 己亥년은 겁살이며 원국의 壬子, 癸와 합하여 수많은 저승사자들이 데려갔다.

時	日	月	年	女
甲	壬	丙	己	
辰	午	寅	丑	

74	64	54	44	34	24	14	4
甲	癸	壬	辛	庚	己	戊	丁
戌	酉	申	未	午	巳	辰	卯

寅午가 월지, 일지에 있으나 戌土는 없다. 부친은 지방에서 명예와 재산을 가진 유명한 사업가였기에 유복한 어린 시절을 보냈으며 반평생 부친 후광으로 살다가 27세에 실업가와 결혼하였으나 辛未대운에 부친이 사망하고 막대한 유산이 계모와 형제들에게 돌아가 버렸다. 辛未 대운에 이혼하고 다른 남자와 타 도시에 가서 술집을 경영했으나 실패의 연속이었고 남편의 봉급생활로 생활은 안정되었다.

이 사주의 寅午조합이 무슨 의미를 갖는지 살펴보자. 寅午戌은 화기가 상승하는 것이요 水氣를 증발하여 木의 生氣를 없애고 열매를 완성하는 흐름이다. 丙寅월이니 水氣가 필요한데 년의 己丑이 丙寅 火氣의 발산을 억제한다. 따라서 년과 월의 구조가 좋으니 좋은 부친을 얻어 반평생 편하게 살았다. 辛未대운에 이르러 火氣가 기승을 부리면 월지 寅木은 힘들어지고 壬水일간은 마른 땅에 壬水를 공급하느라 힘들어진다. 辛未와 丙寅이 천간 합하고 지지는 未土에 입묘되면서 부친이 사망했다.

未土와 午火가 합하고 寅午로 壬水를 증발시키니 견디지 못하고 이혼하였고 시주 甲辰의 시기에 이르러 壬水가 甲을 통하여 자신의 의지를 보이기 위해서 甲辰의 땅을 건설하려고 노력했지만 水氣를 적절하게 공급하지 못하니 본인만 힘들어지고 장사도 실패하였다. 水氣가 고갈되면 활력이 사라지니 사물이 딱딱해지고 고집만 세지면서 판단이 흐려진다. 이 사주에서 寅午는 火氣를 증폭시켜 육친관계가 힘들어지고 물질적으로 힘들어지는 요인으로 작용하였다.

時	日	月	年	男
戊	戊	戊	戊	
午	寅	午	寅	

77	67	57	47	37	27	17	7
丙	乙	甲	癸	壬	辛	庚	己
寅	丑	子	亥	戌	酉	申	未

午月이니 수기가 간절히 필요함에도 원국에 전혀 없으니 답답한 모양이다. 천간에서 수많은 토들이 금을 품거나 목을 길러야 하는데 생기는 寅午로 마른 상황이니 구제할 방법이 없다. 년과 월이 복음이니 부친이 누군지 모르며 친가 식구들에 대해 전혀 모른다.

모친은 부처님을 모시는 무당이요 자신도 역학을 공부하여 조그만 암자에서 역술업을 하면서 살아간다. 이 구조를 보면서 종격이라고 생각할 필요가 전혀 없다. 사주의 구조를 그대로 읽어주는 것이 바른 분석 방법이다. 寅午는 화기만 팽창시키고 戊土의 땅을 조열하게 만드니 水氣를 간절히 바라는 종교 명리 철학의 길로 나갔다.

時	日	月	年	男
己	庚	壬	庚	
卯	寅	午	寅	

74	64	54	44	34	24	14	4
庚	己	戊	丁	丙	乙	甲	癸
寅	丑	子	亥	戌	酉	申	未

乙대운 결혼하고 酉대운 불화가 심하여 이혼하였으나 경제적으로는 좋았다. 戌대운 41세 庚午년 甲申월에 사망했다. 년과 월의 시공간은 좋은 구조다. 乙酉 대운에 경제적으로 좋은 이유는 午火가 酉金을 자극하니 일지 木을 寅酉로 공격하여 이혼하였

지만 유금이 임수를 향하면서 재물의 유입이 빨라졌기 때문이다. 일지를 기준으로 복음이요 寅卯로 혼잡하니 이혼은 피하기 어려운 구조다.

문제는 丙戌대운에 寅午戌 삼합을 이루어 壬水를 증발시키니 암 수술이나 사고가 발생하여 몸을 상하는 운인데 庚午년에 寅午戌 삼합을 확실하게 이루어 壬水가 마르니 생기가 무력해지고 庚金도 火氣에 상하는 과정에 甲申월 천간에서 생기가 드러나 날카로운 庚金에 沖 당하여 사망하였다. 이 사주의 寅午는 화기를 탱천하게 만드는 나쁜 역할이다.

時	日	月	年	女
庚	甲	丙	甲	
午	寅	寅	子	

71	61	51	41	31	21	11	1
戊	己	庚	辛	壬	癸	甲	乙
午	未	申	酉	戌	亥	子	丑

壬戌대운 41세 甲辰년에 남편이 사망했다. 이 구조는 丙寅월이니 년지 子水가 좋은 역할이다. 또 대운이 水運으로 흐르면서 문제가 없다가 寅午戌 삼합을 이루고 子午 沖하여 水氣가 증발되는 壬戌대운의 甲辰년에 寅午戌 삼합과 辰土와 沖하니 남편이 사망했다.

삼합 중에서 다루겠지만, 일지를 기준으로 삼합을 이루고 沖刑을 만나면 부부 궁위가 상하면서 별거, 이혼, 배우자가 사망하는 문제가 발생한다. 결과적으로 이 구조의 寅午도 수기를 말리고 화기를 증폭하여 庚金을 자극하고 甲을 沖하는 흐름이기에 이 여인의 삶에서 가장 큰 문제는 남편이다.

時	日	月	年	女
戊	甲	丙	甲	
辰	辰	寅	午	

74	64	54	44	34	24	14	4
戊	己	庚	辛	壬	癸	甲	乙
午	未	申	酉	戌	亥	子	丑

외동딸이고 늘씬한 몸매요 성격이 바르고 공정한 성격이다. 30대 중반 壬戌대운에 공장을 운영하다 실패하고 빚더미에 올랐다. 辛酉대운에 남편이 당뇨병을 앓았고 50세 癸未년에 당뇨병이 극도로 악화되어 두 눈을 실명하였다.

이 구조의 寅午와 丙火는 공직, 교육, 추진력, 보수적인 성정을 보이지만 甲辰과 戊辰 조합으로 물질욕망도 강하다. 丙寅 월이니 水氣가 있으면 壬甲丙 삼자조합으로 교육, 공직, 의료에 어울리는데 년과 월에 水氣가 없으니 물질을 추구하는 성향으로 바뀐다. 대운이 水氣를 보충하지만 戌대운에 이르면 寅午戌 삼합으로 수기는 더욱 마르고 辰戌로 三合 沖하니 부도를 피하기 어렵다. 일지는 辰辰으로 생기가 상하는 구조인데 辛酉대운에 辰酉 합으로 辰土 속의 乙이 상하니 남편이 병으로 신음한다.

이 구조도 寅午 두 글자가 있다가 삼합을 이루고 沖 하니 힘들어졌다. 또 마감작용이 없다가 戊土가 삼합을 완성하니 공장을 운영하다 실패하고 빚더미에 올랐다. 물론, 辰戌 沖의 작용이 있기에 더욱 명확해졌는데 충이 없을 때의 상황도 눈여겨보아야만 한다.

時	日	月	年	男
戊午	戊寅	癸丑	壬申	

77	67	57	47	37	27	17	7
辛酉	庚申	己未	戊午	丁巳	丙辰	乙卯	甲寅

부인 덕으로 남방 대운에 발전하였다. 戊午대운 壬戌年 50세 甲辰 月에 사망하였다. 戊土가 癸丑월의 시공간이니 시절을 잃었고 壬申년주로 癸丑의 시공간을 더 나쁘게 만들지만, 申이 丑土에 금기를 공급하여 일지 寅으로 새로운 뿌리를 내놓으니 시공간 흐름은 좋다.

따라서 남방 대운에 좋은 부인 덕으로 잘 살았고 戊午 시주도 나쁘지 않다. 다만 문제는 戊午대운과 복음으로 겹치고 하필 壬戌년에 寅午戌 삼합하고 丑戌 刑하고 辰戌 沖하니 사망하였다. 다양하게 살펴보는 중이지만 이렇게 대운과 세운에서 三合을 이루고 沖, 刑이 발생하는 구조들은 대부분 좋지 않은 상황이 발생한다.

時	日	月	年	男
丁未	丁酉	乙巳	丁酉	

76	66	56	46	36	26	16	6
丁酉	戊戌	己亥	庚子	辛丑	壬寅	癸卯	甲辰

5세 壬寅년에 모친이 사망하고, 8세 甲辰년에 부친이 재혼하고, 15세까지는 공부도 잘했으나 16세에 가출하여 방황했다. 대학교도 못 가고 놀다가 군대생활 중에 부친의 사망으로 서모와 이복형제에게 재산을 빼앗기고 부친의 집과 적은 재산만 물려받았

다. 36세에 결혼하고서야 전자 대리점을 운영하면서 안정되었다. 월주의 시공간은 水氣가 없으나 대운에서 약간 보충해주지만, 乙의 시기 16~23세 사이에 바람처럼 떠돌면서 방황했고 宮位로 보면 乙부친이 丁酉를 양쪽으로 두었으니 두 집에 자식을 두는 이치요, 재산을 계모와 이복형제에게 빼앗긴 이유는 월지 巳火에서 시절을 잃은 丁火가 巳火 속의 丙火에게 존재가치를 상실하기 때문이다.

다행하게도 巳火를 酉金으로 돌려놓는 일지의 시기에 꽃이 열매로 익어가는 과정에 辛丑대운을 만나서 丁火가 자신의 가치를 되찾으니 결혼도 하고 생활이 안정되었다. 이 구조는 巳酉만 있고 丑土가 없는데 축토가 들어와 합하여도 합의 결과물이 일지 유금에서 이루어지기에 월지 巳火에 있는 경쟁자들이 빛을 상실하고 丁火는 巳酉丑 삼합을 다루니 오히려 좋은 운이었다.

따라서 三合이 모두 이루어져도 사주팔자 구조에 따라서 상이한 결과로 드러난다는 것을 기억하자. 다만, 흉작용이 길 작용보다 많다는 것을 기억하고 사주팔자 구조에 따라서 길흉이 달라지는 것을 이해하고 살피면 쉬울 것이다.

時	日	月	年	男
庚	丁	丁	辛	
戌	卯	酉	巳	

73	63	53	43	33	23	13	3
己	庚	辛	壬	癸	甲	乙	丙
丑	寅	卯	辰	巳	午	未	申

천간이 丁丁으로 부친과 인연이 없거나, 부친이 바람둥이거나 재혼팔자다. 년지에 巳火까지 있으니 이복형제가 있고 조부 손에서 자랐다.

癸巳대운 丙辰, 丁巳, 戊午년에 분식집을 운영하였고 丁巳년에 제일 많이 벌었다. 丁酉월이니 반드시 水氣를 보아야 丁辛壬 三字조합을 이루어 쓰임이 좋아지는데 없다. 일시 丁庚 조합은 장사, 사업을 의미하지만, 년과 월의 시공간이 좋지 못하니 장사를 하는 것이다.

癸巳대운 천간에서 癸水를 만나니 火氣에 자극받아서 열기를 축적했던 酉金이 水氣를 향하여 총알처럼 튀어나가니 이런 에너지 파동으로 갑작스럽게 폭발적으로 돈을 번다. 특히 丁巳 년에 酉金이 자극받아서 癸水로 뻥튀기하기에 제일 많이 벌었다. 이 구조에서 巳酉는 물질을 추구하는 속성이다. 다만 卯酉 沖으로 언제라도 卯木이 다칠 수 있으니 조심해야만 하는 구조다.

時	日	月	年	男	79	69	59	49	39	29	19	9
丁未	壬寅	辛丑	辛酉		癸巳	甲午	乙未	丙申	丁酉	戊戌	己亥	庚子

60세까지 부인의 도움으로 원예, 특용작물을 하면서 굶기를 다반사로 할 정도로 어렵게 살다가 60세부터는 자식이 논도 사주고 특용작물로 번 돈으로 논과 밭을 장만하여 행복하게 산다. 이 구조에서 년과 월의 酉丑조합은 巳火가 없으니 시작점이 없는 것과 같다.

년과 월에 씨종자는 잔뜩 있으나 꽃도 피지 않고 생겨난 씨종자들을 일지 寅 속의 甲과 丙火를 활용하여 새싹으로 나오도록 노력하기에 원예, 특용작물을 하였지만, 대운이 도와주지 않는다. 申酉戌로 흐르는 과정에 寅木 새싹이 잘리고 상하면서 성장할 수 없었던 것이다. 60이 되어서야 殺氣가 사라지고 乙未로 생기가 조금 드러나니 그동안 키웠던 종자가 땅 밖으로 튀어나온 것과 같다. 만약 가난하게 살지 않았다면 일지 부인을 여러 번 바꾸었을 것이다.

시주 丁未는 월간의 辛들에게 열기를 자극하여 일간 壬水를 향하게 만드는 丁辛壬 三字조합의 출발점이다. 또 정미 시주를 기준으로 모친 궁위에 있는 寅을 未土에 담고 그 위에 있는 丁火가 壬水를 향하기에 자식의 도움을 받는다. 이 구조의 酉丑은 씨종자를 품어 넘겨주는 역할도 하지만 살기를 가져 寅木의 성장을 방해한다.

時	日	月	年	男
辛	癸	己	壬	
酉	巳	酉	申	

73	63	53	43	33	23	13	3
丁	丙	乙	甲	癸	壬	辛	庚
巳	辰	卯	寅	丑	子	亥	戌

이 구조도 巳酉로 金氣만 있으니 癸水로 태어났음에도 木의 성장을 도우려는 의지가 전혀 없고 金을 추구하며 金水로 씨종자를 풀어내기에 매우 총명하다. 년간 壬水가 酉金을 풀어내는 작용이 매우 좋지만, 년과 월에 火氣가 전혀 없고 대운이 금수로만 흘러 공부만 하거나 발전이 없는 흐름이다.

일지 巳火가 전체를 조율하는 역할을 하니 38~45세 사이에 발전하고 그 시기가 지나면 시주 辛酉로 넘어가면서 발전이 어렵다. 원국 巳火의 시기 甲寅대운에 건축업계에서 크게 발전했으나 49세 80년 庚申년에 크게 실패했다. 이 구조도 丑土가 없으니 마무리는 어렵다.

이 사주에서 생각해봐야 할 문제는 이것이다. 비록 일지가 좋은 작용을 해도 甲寅 대운을 만나면 원국에 없던 木氣가 들어와 날카로워진 금기들이 甲寅을 공격하는데도 오히려 발전하였으며 또 寅巳申 삼형을 이루었음에도 큰 문제가 발생하지 않았다.

庚申년에 甲寅이 심하게 상하는 해에 문제가 발생하였지만 49세로 甲寅대운이 얼마 남지 않은 시기였다. 여기에 두 가지 이유가 있는데 첫째는 일지 시공간이 좋았고, 둘째 寅巳 刑으로 火氣를 증폭하였다. 하지만 寅巳申 삼형과 甲庚 沖으로 甲寅이 심하게 상하는 시기에는 문제가 발생하고 말았다. 건축업계에서 크게 발전한 이유는 년월과 甲寅이 壬甲己 三字조합을 이루었기 때문이다.

時	日	月	年	男
壬子	癸巳	辛酉	戊戌	

79	69	59	49	39	29	19	9
己巳	戊辰	丁卯	丙寅	乙丑	甲子	癸亥	壬戌

이 구조는 巳酉만 있고 丑土가 없다. 乙丑대운이 오면 삼합을 마감하는 丑土가 들어와 巳酉丑을 완성하기에 결과가 완성된다. 癸未년에 巳酉丑 삼합과 충하고 동시에 丑戌未 삼형을 이루니 삼합으로 완성하고 저장했던 물질이 모두 흩어지는 것과 같다.

癸未년 丑月에 힘들게 모은 재산을 도둑맞았다. 이 사주의 巳酉丑은 丑, 戌 刑까지 가미되면서 巳火가 어둠 속으로 사라지고 丑土의 도둑, 강도, 절도, 감방물상을 자신이 도둑당하는 결과로 발현되었다.

時	日	月	年	男
戊申	丁酉	丁巳	戊申	

73	63	53	43	33	23	13	3
乙丑	甲子	癸亥	壬戌	辛酉	庚申	己未	戊午

辛酉대운 42세 2009년 己丑년 아들과 딸을 두고 다정하게 살아왔는데 己丑년에 부인이 갑자기 가출해 버리고 소식이 없다. 왜 이런 황당한 사건이 발생했나를 살펴보자. 巳月의 시공간을 맞추려면 癸水가 있어야 함에도 없다. 둘째 일지 酉金은 丁丁과 巳火에 열기를 축적하기에 답답한 상태이고 열기를 해소하고자 水氣를 간절히 원하지만 없다.

丁亥, 戊子, 己丑년을 지나는 동안 日支 酉金은 강한 火氣를 벗어나 水氣로 뛰어나가려는 강력한 충동을 느낀다. 결과적으로 己丑년에 巳酉丑 삼합을 이루면 일지 궁위의 배우자와 이별, 가출, 별거, 사별하는 운이다. 丑土 속의 癸水가 그리운 酉金은 癸水를 찾아서 자유를 느끼는 것이다. 일지가 巳酉로 합한 상태에서 운에서 三合을 완성하면 해당 육친이 멀어진다. 이 구조는 일지와 동일한 五行이 많으니 한 번의 결혼으로 끝날 수 없다.

時	日	月	年	女
癸巳	辛酉	戊申	壬午	

79	69	59	49	39	29	19	9
庚子	辛丑	壬寅	癸卯	甲辰	乙巳	丙午	丁未

乙巳대운 己未年에 이혼하고 甲辰대운 연하 남편과 재혼하였다. 일지를 기준으로 申酉가 혼잡이요 十神으로 巳午가 혼잡이다.

년지 午火 남편과 결혼했으나 혼잡이요 년지에 너무 멀리 있으니 첫 남편과 인연이 없다. 乙巳대운은 복잡한 三字조합을 이루는 시기였다. 乙癸戊 삼자가 만나는 과정에 일간 辛이 乙을 찌르니 生氣가 상하는 운이었다. 또 辛戊乙 三字조합을 이루니 殺氣가 강해지고 乙木이 상한다. 문제는 대운이 乙巳로 들어온 것이다. 乙이 상하니 巳午로 가는 길이 막히면서 남편과의 사이에 문제가 생기거나 심장마비 뇌출혈과 같은 문제가 발생한다. 대운에서 이런 문제를 암시하고 있다가 戊午년에 乙癸戊와 辛戊乙 삼자조합에 문제가 생기고 결과적으로 己未년에 이혼했다.

己未년의 경우 巳午未로 화기에 자극받은 일지 酉金은 그 열기를 해소하고자 시간에 있는 癸水를 향하여 튀어 나간다. 辛金이 좋아하는 甲辰대운에 시지에 있는 巳火 남편과 巳酉 합으로 연하 남자를 맞이했다. 하지만 巳火는 호시탐탐 월지 申을 노리지 끼가 많은 젊은 남편이다. 이 사주에서 巳酉는 巳火가 酉金을 향하여 오는 것으로 연하 남자와 결혼하는 구조다.

時	日	月	年	男
甲辰	丁巳	甲午	辛酉	

75	65	55	45	35	25	15	5
丙戌	丁亥	戊子	己丑	庚寅	辛卯	壬辰	癸巳

년지와 일지에서 巳酉 합하는데 중간에 午火가 있으니 辛酉에게는 부담스럽다. 화기를 잔뜩 품은 辛酉는 水氣를 간절히 바랄 수밖에 없다. 일간 丁火는 양쪽에 甲을 두어 인덕이 많고 甲의 도움으로 辛酉 결실물을 완성하니 금융 물상에 어울린다. 사주 원국 辰土의 시기 54~60세에 이르면 酉丑辰 조합을 이루어 발전한다. 己丑대운 승진을 거듭하여 은행장을 지냈다. 이 구조는

丑대운에 팔자에 있는 巳酉와 巳酉丑 삼합을 이루었지만, 오히려 승진을 거듭하고 발전했다. 辛酉가 辰土에 들어오는 시기에 巳酉丑 삼합까지 이루고 甲의 도움을 받아서 폭발적으로 발전하였다. 따라서 巳酉丑 삼합과정에 午火가 있으니 삼합이 불편하지만, 辛酉에 열기를 가하여 폭발적으로 발전하도록 돕는 작용도 함께한다. 이렇게 동일한 삼합도 전혀 다르게 반응한다는 것을 기억하자. 참고로 이 사주는 삼합을 이루었으나 沖, 刑 작용이 없다.

時	日	月	年	男
辛	乙	辛	戊	
巳	酉	酉	午	

76	66	56	46	36	26	16	6
己	戊	丁	丙	乙	甲	癸	壬
巳	辰	卯	寅	丑	子	亥	戌

어려서 庚申, 辛酉년에 重病을 앓아 죽을 뻔했고 甲子대운에 집안에 흉사가 계속 발생하고 육체가 다쳤고 힘들게 살았다. 이런 사주구조를 보고 관살 혼잡하니 巳火, 午火가 제살 용신이며 水氣가 운에서 들어와 제살을 방해하여 문제가 생겼다고 이해할 필요가 없다. 이 사주 원국에는 水氣가 없기에 巳火, 午火는 辛酉에게 열기를 가하고 그 열기를 품은 辛酉는 운에서 水氣를 만나면 두 가지 방향을 갖는다.

1. 水氣를 향하여 튀어 나간다.
2. 木氣가 보이면 목기를 자른다.
대운흐름을 관찰해보자. 水氣를 분석하는 관점은 두 가지다.

1. 생극 이론으로 제살하는 火氣가 용신인데 水氣가 들어와 火氣를 극하니 제살을 적절하게 못 하면서 문제가 생긴다. 또, 이

상황을 이해하는 방법도 두 가지다. 그 이유는 사주구조에 따라 물형이 다르게 나타나기 때문인데 생극 론은 언제나 헛갈린다는 단점이 있다. 아무리 오래도록 공부해도 길흉을 명확하게 분석할 방법이 없다.

1~1). 식신제살이 살인상생으로 바뀌어서 발전한다.
1~2). 식신제살을 방해하여 흉하다.

애매한 이유는 더러는 흉으로, 더러는 길로 물형이 드러나기 때문이다. 이런 혼돈은 끝나지 않는다.

2. 火氣에 자극받은 辛酉가 수기를 만났을 때 하는 일은 열기를 해소하고자 총알처럼 튀어 나가는 것이다. 그 과정에 생기가 다치는 것은 필연이다. 그런 이유로 甲子대운에 집안에 흉사가 계속 발생한 것이다. 水氣로 辛酉의 살기를 해소할 수는 있지만, 대운과 세운에서 木金이 잘못 만나면 흉사할 수 있다. 이 구조의 巳酉조합은 일간을 괴롭히는 작용이다. 천간에 辛戊乙 삼자 조합이니 살기가 강한 구조다.

時	日	月	年	男
丁	乙	己	丁	
亥	巳	酉	未	

80	70	60	50	40	30	20	10
辛	壬	癸	甲	乙	丙	丁	戊
丑	寅	卯	辰	巳	午	未	申

이 구조도 유사하다. 월과 일에 巳酉가 있고 수많은 火氣가 酉金을 자극하고 대운도 화운으로 흐르니 월지 酉金은 열기를 밖으로 배출하지 못하고 계속 내부에 축적한다. 丁未대운 乙亥년에 火氣가 축적되었던 酉金이 亥水를 만나 총알처럼 튀어 나가

는 과정에 乙을 자르면서 지나간다. 교통사고로 현장에서 사망하였다. 다른 관점에서 살피면, 丁未대운 未土가 亥水를 탁하게 만들면서 말리면 그만큼 金氣는 더 날카로워지면서 乙이 상한다. 이런 작용으로 교통사고로 사망하였다. 이 구조에서 巳酉도 殺氣가 강해지는 문제를 만들어낸다.

時	日	月	年	男		75	65	55	45	35	25	15	5
戊午	戊午	壬午	庚戌			庚寅	己丑	戊子	丁亥	丙戌	乙酉	甲申	癸未

37세 丙戌년 순경으로 시작하여 일약 국장이 되었다, 丁亥대운 庚子년 1960년, 51세에 혁명으로 수감되었다. 년과 월의 庚戌, 壬午 조합의 시공간이 좋다. 午月의 시공간에서는 열매가 열려야 하므로 水氣가 너무 강하면 열매가 열리지 않거나 상해버린다. 丁亥대운에 처음으로 亥水가 오면 午月의 시공간에 수기가 많아지니 좋은 흐름은 아니다. 庚子년은 子水가 子午 沖하면서 地支 전체를 흔드니 좋지 못한 운이다.

더욱 나쁜 점은 저승사자 이론처럼 년지 술토를 기준으로 壬水와 子水가 겁살, 재살에 해당하여 저승사자가 데리러 온 운이었기에 수감되었다. 이 구조에서 午戌은 무슨 작용이었을까? 37세 이전의 상황은 모르지만 三合의 출발점 寅이 없기에 젊어서 경찰입문이 아니라 출발단계를 뛰어넘어 중간에서 마감까지를 달려간 것이다. 이런 이유로 일약 국장이 되었다는 표현을 하였다. 즉, 혜성처럼 나타나서 유명해지는 경우가 삼합의 생지는 없는데 왕지와 묘지만 있는 구조들에 해당한다.

時	日	月	年	男
庚戌	壬申	丙午	丁酉	

77	67	57	47	37	27	17	7
戊戌	己亥	庚子	辛丑	壬寅	癸卯	甲辰	乙巳

수많은 화기에 자극받은 申酉 금들이 壬水를 향한다. 申이 午戌 사이에 끼어 화기에 상하기 쉬운 구조다. 하지만 화기에 자극받은 금들을 水氣로 풀어낼 수만 있다면 매우 총명하거나 엄청난 속도로 재물을 축적하니 壬癸 대운에 많은 돈을 벌었다. 寅대운에 수십 명 여자와 인연을 맺었다고 하는데 그 이유는 寅午戌 삼합으로 火氣를 만들었기 때문이 아니라, 일지 申이 寅午戌 三合 사이에 끼어 찌그러지고 불안정해져 여자와 인연을 맺어도 오래 견디지 못하여 도망갔기 때문이다. 또 수많은 여자와 인연했던 이유는 일지 申이 火氣에 자극을 받으면 뜨거움을 해소하고자 壬水를 찾을 수밖에 없는 물상이 색욕을 뜻하기 때문이다. 이 구조에서 午戌은 일지에 있는 申을 자극하여 반발하게 만드는 열기와 같다.

時	日	月	年	男
辛丑	壬子	戊戌	丙午	

71	61	51	41	31	21	11	1
丙午	乙巳	甲辰	癸卯	壬寅	辛丑	庚子	己亥

木運에 장관을 역임한 사주다. 년과 월 午戌 반합으로 월지 戌土가 년주 丙午 화기를 담아온다. 따라서 월지 戌土 난로가 매우 크다. 寅대운, 寅午戌 삼합을 구성하여 장관을 역임하였다. 월지 시공간을 맞추면서 삼합화국을 이루니 그릇이 커졌다. 이

때 壬子는 큰 난로 戌土에 자극을 주어서 열기를 더욱 올려주는 역할이다. 사우나에서 약간의 물을 뿌리면 열기가 확 오르는 이치와 같다. 다만 대운에서 재차 水氣로 흐르면 화로가 꺼지고 문제가 발생한다. 이 사주의 또 다른 좋은 점은, 년과 시에서 丙辛 合으로 총명하며 강한 화기들이 辛을 자극하여 丁辛壬 삼자조합을 이루었다. 정리하면, 寅午戌 삼합에 子午 沖 함에도 불구하고 沖을 자극제로 활용하여 발전하였다.

時	日	月	年	女
庚	戊	戊	戊	
申	辰	午	戌	

74	64	54	44	34	24	14	4
庚	辛	壬	癸	甲	乙	丙	丁
戌	亥	子	丑	寅	卯	辰	巳

甲寅대운 남편과 사별하고, 나중에 재혼한 남자의 자식을 키웠다. 월지와 년지가 午戌 합하는 구조다. 일지 辰土와 동일한 오행이 사주에 너무 많아서 한번 결혼으로 끝나지 않는다. 또 년과 일이 戊戌과 戊辰으로 천간은 복음이요 지지는 충이니 결혼이 불미하다.

十神으로 살피면 일지 辰土에 乙이 암장되어 드러나지 않고 癸水는 년주와 월주에서 원하는 水氣를 맞추느라 고갈되기 쉽다. 따라서 이런 구조들은 水氣를 보충하기 위해서 반드시 남편을 필요로 하지만 남편은 병에 시달리거나 사망할 수 있다. 사주팔자 원국에 남편을 뜻하는 木氣가 드러나지 않았을 때 운에서 드러나면 결혼하고, 결혼 후에는 운에서 다시 드러나면 남편이 사라질 것임을 암시한다. 甲寅대운 寅午戌 삼합하고 辰戌 沖한다. 이 과정에 火氣가 더욱 강해지면 癸水와 乙이 마르니 남편이 사망하였다.

위 사주는 寅午戌 三合 沖 하는 시기에 발전했고 이 사주는 사망한 이유는 월지 시공간 차이 때문이다.

時	日	月	年	女
庚	甲	戊	戊	
午	戌	午	子	

74	64	54	44	34	24	14	4
庚	辛	壬	癸	甲	乙	丙	丁
戌	亥	子	丑	寅	卯	辰	巳

丙辰대운에 결혼하였으나 남편이 다른 여자에게 가버렸고 乙卯 대운에 미용업계에 종사하다 甲寅大運 남자를 만났으나 재산만 탕진하고 매질만 당했다. 이 구조는 일지를 포함하여 午戌午로 쌍 복음이요 일지 戌土와 동일한 오행이 여러 개이니 결혼이 불미하다. 甲寅대운 일지를 포함하여 寅午戌 삼합을 이루고 子午 沖하면서 불안정해진다. 그런데 왜 남자는 재물을 탕진하고 매질만 할까? 팔자구조 때문이다. 일지 戌土가 남편인데 寅午戌 삼합으로 묶여 답답해지고 子午 沖으로 남편의 상태가 불안정하며 시간 庚 편관이 寅午戌 화기에 자극받아서 子午 沖하면 庚이 甲을 두들겨 패기 때문이다. 만약 구타행위가 아니면 관재구설로 시달린다.

時	日	月	年	男
癸	己	乙	戊	
酉	丑	丑	申	

76	66	56	46	36	26	16	6
癸	壬	辛	庚	己	戊	丁	丙
酉	申	未	午	巳	辰	卯	寅

3번 결혼하였고 술주정뱅이다. 乙酉년 교통사고로 다리를 다쳤고 생명이 위험했다. 이 구조는 日과 時에 酉丑으로 巳火가 빠졌다. 년과 월에서 乙癸戊 삼자조합을 이루지만 丑丑으로 복음

이요 일지와 동일한 오행이 많아 여러 번 결혼하는 팔자다. 己巳대운 巳酉丑 삼합을 이루고 乙酉년 乙이 금기에 상하는 시기에 교통사고로 다쳤다. 사망하지 않은 이유는 교통사고가 발생한 乙酉년에는 巳酉丑 삼합과 沖刑이 충돌하지는 않았기 때문이라 보인다. 술주정뱅이인 이유는 地支의 어둡고 습한 기운들이 술을 마시면 火氣가 오르고 丑土 속에 있던 귀신들이 난동을 부리기 때문이다. 이 구조에서 酉丑은 乙의 생기를 억제하고 술주정뱅이를 만들며 계속 이혼하게 만드는 작용이다.

時	日	月	年	男		78	68	58	48	38	28	18	8
己未	癸酉	乙丑	癸丑			丁巳	戊午	己未	庚申	辛酉	壬戌	癸亥	甲子

1977년(4세, 丁巳년) 양력 11월 7일 교통사고로 사망했다. 상기 사주와 이 사주는 모두 월주가 乙丑이요 丑丑酉로 乙의 활동이 매우 위축되어 있는데 지지에 酉丑으로 살기가 강하여 교통사고로 문제가 생겼다. 이 구조와 상기의 차이점은 巳酉丑 삼합 상태에서 위 사주는 충이 없고 이 사주는 未土가 沖한다. 이런 차이로 모두 교통사고가 발생했지만 위 사주는 죽지 않았고 이 사주는 사망했다.

時	日	月	年	男		72	62	52	42	32	22	12	2
甲寅	癸丑	辛酉	癸丑			癸丑	甲寅	乙卯	丙辰	丁巳	戊午	己未	庚申

암흑가 건달이다. 상기 사주와 이 사주의 차이는 년과 월에 乙

이 없고 강력한 금기들이 시주 甲寅을 공격한다. 寅酉로 경찰, 살인, 암살, 킬러처럼 살기를 품었고 丑土 도둑, 강도 물상이 두 개에 沖도 없으니 살기와 음습함으로 甲寅 法을 함부로 망가뜨리는 건달이다. 흥미로운 점은 대운이 戊午, 丁巳로 흘러도 辛酉를 자극하여 辛酉가 일간 癸水를 향하기에 암흑가 건달이면서도 권위를 갖는다. 다만 癸水가 辛酉를 받아들여 소화하지 못하면 甲寅이 辛酉에 잘리고 결과적으로 법망에 걸려들 것이다. 동일하게 巳酉丑 삼합을 이루어도 丁巳가 辛酉를 자극하여 가치를 높이고 계수에 풀어지며 沖이 발생하지 않아서 조폭이면서도 그들만의 명예를 얻는다.

時	日	月	年	男
丁	己	己	乙	
卯	丑	卯	巳	

80	70	60	50	40	30	20	10
辛	壬	癸	甲	乙	丙	丁	戊
未	申	酉	戌	亥	子	丑	寅

45세 2008년 12월 30일에 폐암 말기로 진단받았다. 2009년 10월 5일 당시까지 치료 중이었다. 년지와 일지가 巳丑 합하는데 중간 酉金이 빠졌다. 일지 丑土의 시기에 이르면 巳火는 丑土를 향하는 과정에 卯木 생기가 상할 수밖에 없다. 대운도 乙亥로 묘목의 응결작용이 너무 강해지면서 문제가 생겼다.

폐암은 주로 화기가 너무 강해서 건조하여 金氣가 상하거나, 너무 습하여 金氣가 상하는 구조에서 발생한다. 이 구조는 木氣는 강하고 金氣는 무력한데 운에서 卯木의 움직임이 둔화되면서 폐에 문제가 생겼다. 巳丑은 卯木의 움직임을 방해하여 질병을 발생하게 만드는 원인이다.

時	日	月	年	女
癸	戊	癸	甲	
丑	寅	酉	午	

74	64	54	44	34	24	14	4
乙丑	丙寅	丁卯	戊辰	己巳	庚午	辛未	壬申

어려서 공부도 하고 부모님도 반듯하셔서 어려움이 없이 성장하였다. 놀기 좋아하고 게으르고 끈기가 부족해서 일정한 직업도 갖지 못하고 방황하였고 결혼도 못했다. 午대운 丙寅년 장사를 시작해 기복이 심한 세월을 보내다가 巳대운 甲戌년에 흉한 일을 겪고 모든 것 정리하고 쉬다가 丙子년부터 조그마한 요식업을 하고 있다.

庚午대운 庚대운은 가장 힘들었던 시절이다. 己巳 대운은 이성 문제로 정신적으로 불행하였지만, 壬申, 癸酉년에 경제적으로 매우 좋았다. 戊辰대운 경제적으로는 나쁘고 마음은 편하다. 왜 결혼을 하지 못했을까? 두 개의 삼합이 엮여있다. 寅午와 酉丑이 엇갈리면서 복잡한 구조다. 또 午火가 酉金을 자극하면 癸水를 향하는 흐름이다. 년과 월의 시공간 조합이 甲, 癸酉로 좋아 보인다. 또 다른 구조는 酉丑 합하는 과정에 寅酉로 살기가 강해지고. 특히 午火가 酉金을 자극하여 寅을 찌르면 크게 문제가 생길 수 있다.

午 대운과 巳 대운에 전혀 다르게 반응하는 이유를 살펴보자. 午 대운은 월지 酉金의 궁위이고, 巳 대운은 일지 寅의 시기를 지난다. 즉, 酉金은 유금의 에너지로 반응하고, 인목은 인목의 에너지로 반응한다. 酉의 시기에는 寅이 상했고 寅의 시기에는 寅木의 에너지를 받아 酉月에 필요한 木氣를 수확하였다. 특히

巳대운에 巳酉丑 삼합으로 일지 인목을 수확하여 돈을 많이 벌었지만, 일지 남편이 상하니 결혼하지 못했다. 만약 결혼하였다면 돈을 벌지 못했거나 남편과 이혼, 사별하였다. 달리 표현하면 돈으로 남편을 대체한 것이다. 또 己巳로 寅巳 刑, 甲己 合하니 주인 있는 남자와의 문제로 괴로워했다.

時	日	月	年 男
乙丑	己亥	乙酉	乙未

79	69	59	49	39	29	19	9
丁丑	戊寅	己卯	庚辰	辛巳	壬午	癸未	甲申

辛巳대운, 乙亥년 사별하고 丙子년 재혼하였다. 이 구조도 두 개의 三合이 엇갈려 있다. 亥未와, 酉丑으로 卯木이 빠지고, 巳火가 빠졌다. 그러다가 辛巳대운 巳酉丑 삼합을 이루었는데 乙亥 년에 亥水와 三合 충하고 亥水가 일지에서 복음이니 부인이 사망하였다. 이 구조에서 酉丑은 배우자와 사별하게 만드는 작용이다.

時	日	月	年 女
戊寅	乙丑	癸酉	甲辰

71	61	51	41	31	21	11	1
乙丑	丙寅	丁卯	戊辰	己巳	庚午	辛未	壬申

유부녀로 己巳대운 1999년 36세 己卯년 庚午월부터 남자를 사귀어 己巳대운 2001년 38세 辛巳년까지 이어지고 있다. 2010년 자료다. 월지와 일지가 酉丑으로 巳火가 빠졌다. 己巳대운에 巳酉丑 삼합하던 해에 일지 배우자가 사라지는 이치와 같아서 외도를 시작한다. 즉, 일지를 기준으로 삼합이 이루어지면 주로

배우자와의 사이에 문제가 발생하는 것을 관찰할 수 있다. 삼합을 이룬 후 沖 하면 문제가 심각하지만 없으면 큰 문제는 발생하지 않는다.

時	日	月	年	男
壬申	甲辰	戊寅	乙未	

73	63	53	43	33	23	13	3
庚午	辛未	壬申	癸酉	甲戌	乙亥	丙子	丁丑

농민출신인데 甲戌대운 34세 戊辰년 2月에 시비가 일어나 감방에서 3개월을 살았다. 癸酉 대운에 하는 일마다 어려움이 생기고 금전으로 곤란을 받았고 44세 戊寅년에는 子女가 많은 돈을 없앴다. 지지에 子水는 없고 申辰으로 합하려는 움직임이 있다. 또 천간은 戊土를 사이에 두고 甲乙이 터전을 차지하고자 다툰다. 戊土의 땅은 乙이 가꾸기에 甲은 항상 乙에게 경쟁 심리를 갖는다. 년과 월에 水氣가 부족하여 戊土의 땅은 언제라도 甲寅에 상할 수 있다. 水氣가 부족한데 甲이 戊土를 보면 살기를 갖는다. 육체가 상하거나 관재가 동한다. 甲戌대운 戊辰년 甲辰과 甲戌이 충돌하고 甲이 戊土를 찌를 때 시비와 다툼이 생기고 수감되었다.

時	日	月	年	女
癸巳	辛巳	癸酉	甲午	

75	65	55	45	35	25	15	5
乙丑	丙寅	丁卯	戊辰	己巳	庚午	辛未	壬申

己巳대운 乙亥년 남편이 가출하여 10년 만에 들어왔다. 戊辰대운 냉전 상태이며 별거하고 있다. 합의 이혼한 상태이며 남자가

재결합을 원한다. 두 자녀가 미혼이라 자식갈등이 많다. 壬申대운 집안형편이 매우 어려웠고 庚午대운 결혼하고 戊辰대운부터 홀로 장사를 시작하여 좋은 시절이었다. 식당을 운영한다.

일지를 기준으로 사사오로 복잡하여 한번 결혼으로 끝나지 않는다. 己巳대운에 들어와 일지가 복음으로 남편에게 문제가 생길 것임을 암시하는데 乙亥년에 사해 충하니 남편이 가출하였다. 이 구조는 巳酉丑 三合을 하지 않았지만, 복음 沖 하는 해에 배우자궁에 문제가 발생하였다. 일주 辛巳는 丙辛이 합하는 것과 같아서 부부가 만나고 헤어짐을 반복한다. 빛과 어둠이 함께 하기는 어렵기 때문이다.

時	日	月	年	男
甲辰	丁未	庚申	癸未	

72	62	52	42	32	22	12	2
壬子	癸丑	甲寅	乙卯	丙辰	丁巳	戊午	己未

戊午대운 학업성적이 우수하여 고려대를 졸업하였고 1997년 당시에 재무부 고급공무원이었다. 辰 대운에 좌천되어 외국에서 근무하였고 乙 대운에 부인이 질병으로 고생하였고 甲 대운에도 이어졌지만 심각하지는 않았다. 이 구조는 申辰이 있고 子水가 없다. 년지 未土를 기준으로 월주 庚申은 겁살로 남들과 생각하는 색채가 다르고 戊午대운 월주 庚申이 火氣 지도자의 지배를 받으니 학업성적이 우수하여 대학을 졸업하고 고급공무원이 되었다. 재무부에서 근무하는 이유는 未申과 申辰이 地藏干에서 乙庚 合하고 申月에 수확하려는 속성이 강하기 때문이다. 辰대운에 좌천되어 외국에서 근무한 이유는 진토의 속성도 있지만 일지 未土가 년지와 복음으로 해외와의 특징이 강하기 때문이

다. 또 다른 이유는 丙辰대운에 사회궁위를 뜻하는 庚申 월주가 丙火의 지도를 받기 때문에 경쟁에서 밀렸기 때문이다. 정화가 가장 좋아하는 甲이 원국에 있으니 좋은 구조이며 이 사주의 申辰은 재정, 해외, 조직과 같은 물상이다.

時	日	月	年	男
丙	乙	戊	庚	
戌	未	寅	申	

79	69	59	49	39	29	19	9
丙	乙	甲	癸	壬	辛	庚	己
戌	酉	申	未	午	巳	辰	卯

이 구조에는 寅戌이 있고 午火가 빠졌다. 이 남자는 엄청난 재산을 가졌고 귀공자로 평생 풍족하였다. 寅月의 시공간에 필요한 수기는 없지만 地支에서 申寅未戌로 시공간 흐름이 바르다. 또 沖으로 살피지 않고 시간흐름으로 보면 庚申의 열매가 寅月로 넘어와 未土에서 열매를 맺고 戌土에 저장되는 흐름이다.

또 천간에서는 乙丙庚 삼자조합이 열매를 확장한다. 년에서 받은 庚申 열매를 甲乙로 내놓고 丙火로 확장한다. 월지 시공간을 기준으로 살피면 寅月에 필요한 水氣를 년지 申과 寅申 沖작용으로 보충한다. 중년 壬午 대운에 寅午戌 삼합하였음에도 큰 문제가 없었던 이유는 시공간 흐름이 바르고 乙丙庚 三字조합으로 구조가 좋았기 때문이다. 이 구조의 寅戌은 열매를 확장하는 조합이다.

時	日	月	年	男
乙	丁	乙	辛	
巳	丑	未	巳	

76	66	56	46	36	26	16	6
丁	戊	己	庚	辛	壬	癸	甲
亥	子	丑	寅	卯	辰	巳	午

巳대운에 육사에 입학하고 결혼하였다. 壬대운에도 승승장구하고 辰대운에 전근을 자주 다녔고 부산하였다. 46세 丙寅년에 준장으로 진급하였다. 51세 庚午년에 소장으로 진급하고 56세 丙子년에 중장으로 진급 대기 상황이었다. 이 구조에는 巳丑이 있고 酉金이 없다. 년, 월의 乙辛 沖은 대부분 총명하다. 그 이유는 乙은 살려고 도망 다니고 辛은 乙을 공격하려는 과정에 눈치가 빨라지고 두뇌를 빠르게 회전하기 때문이다. 육사에 입학하고 군대에서 발전했던 이유는 巳酉丑 단체의 속성도 있지만 사주전체 구조에 水氣가 없기에 특수조직에 어울린다. 이렇게 火氣가 탱천하면 군대, 경찰과 같은 조직에 근무하는 것이 좋다.

時	日	月	年	男
丙	甲	癸	丁	
寅	辰	卯	亥	

76	66	56	46	36	26	16	6
乙	丙	丁	戊	己	庚	辛	壬
未	申	酉	戌	亥	子	丑	寅

고려대에 입학, 丑대운에 군대에서 부상입고 고생이 심했다. 庚대운에 글을 쓴다고 고생하고 출판내용에 문제가 생겨서 구속도 당하였으나, 子대운에 출판사 간부로 픽업되어 회사를 크게 키우고 명성도 얻고 재산도 늘렸다. 己대운에 사장과 불화로 퇴직하여 출판사를 설립하였다. 경제적으로 힘들었지만, 모친의 도움으로 버티다가 파산 직전까지 갔다. 다행하게 亥대운에 학교 교재를 출판하면서 사업에 성공하였다. 戊대운에 경쟁이 심해서 큰 이익은 없으나 탄탄한 회사를 유지하고 있다. 백억 대 이상의 부자다. 이 구조는 배울 점이 많다. 첫째 壬甲丙 三字조합으로 장기교육에 어울린다. 또 金氣가 전혀 없으니 그 성정이 순수하다. 年, 月 亥卯는 성장의 기세로 未土가 없으니 마무리는 없지만, 끊임없이 성장하는 노력을 글을 쓰는 재주로 발휘하였

다. 丑대운에 군대에서 부상입고 고생한 이유는 卯丑조합으로 卯木의 성장에 문제가 생겼기 때문이다. 庚 대운에 글을 썼던 이유는 乙庚 합의 물상 때문이다. 乙의 좌우로 펼치는 에너지가 문장력이요 문장으로 다듬는 것이 庚이다. 다만 庚이 甲을 沖하니 글 내용이 비판적이기에 구속도 당하였지만 子대운에 사주팔자 구조를 배반하지 않으니 취직하여 명성을 얻고 근대운에 甲근 合으로 새로운 출발을 요구하여 사업을 시작했고 터전이 불안정하여 힘들었지만 亥대운에는 년지 亥水가 일지 辰土에 담기니 국가, 조상의 음덕으로 발전하였다. 戊戌대운은 나빠 보이지만 시주가 丙寅으로 壬甲丙 흐름을 완성하는 단계이니 크게 흉하지 않다.

時	日	月	年	男
乙	辛	甲	辛	
未	亥	午	巳	

78	68	58	48	38	28	18	8
丙	丁	戊	己	庚	辛	壬	癸
戌	亥	子	丑	寅	卯	辰	巳

이 구조에도 일지와 시지에 亥未가 있다. 서울 상대를 나와 28세 戊申년에 은행에 취직했고 30세 庚戌년에 부잣집 딸 乙酉생과 결혼했는데 궁합은 별로 좋지 않다. 32세 壬子 년에 첫딸을 낳고 癸丑년에 아들을 낳았다. 35세 乙卯년에 장인 회사로 옮겨 전무가 되어 48세까지 발전하고 丑대운에 고전하고 있다. 이 구조의 특징은 부잣집 딸을 만나 결혼하고 장인 회사에서 전무가 된 것이다.

그 이유를 찾아보자. 일시에서 乙辛 沖 하니 총명하고 辛亥로 또 총명하다. 辛이 월간에 甲을 보았으니 부모, 사회로부터 도움을 받는다. 午月에 필요한 시공간 조건은 壬水로 유일하게 일지에 亥水로 있다. 따라서 부잣집 딸을 만나 도움을 받고 월간 甲이 있으니 장인의 도움을 받았다. 이 구조는 일지를 포함하여 亥卯未 삼합을 이루는 시기 35세 乙卯 년에 장인 회사로 옮겨 전무가 된 이유는 亥水가 좋은 역할을 하므로 合에서 주는 부부 불화나 별거 문제 보다 장인 회사로 이동의 물상으로 발현된 것으로 보인다.

時	日	月	年 男
丙	丙	戊	庚
申	戌	寅	子

72	62	52	42	32	22	12	2
丙	乙	甲	癸	壬	辛	庚	己
戌	酉	申	未	午	巳	辰	卯

명문대를 졸업하고 2004년 당시에 중견기업을 운영하는 사장이다. 이 구조에는 寅戌과 申子가 있다. 또 연월일까지 壬甲丙 三字조합의 흐름이 분명하다. 또 丙庚으로 열매를 확장하기에 재물을 축적하는데 흥미가 많다. 원래 寅戌 조합은 殺氣가 강한데 子水가 있으니 무리가 없고 寅月에 키워서 申月에 수확하는 흐름이다.

壬午대운에 寅午戌 삼합을 이루고 子午 沖 하였음에도 발전한 이유는 무엇일까? 이때 매우 중요한 조건은 水氣의 유무다. 만약 壬午가 아니고 甲午와 같다면 너무도 건조한 상태에서 寅午戌과 丙火가 庚을 자극하면 甲을 沖하니 매우 흉할 수 있다. 하지만 壬午로 왔으니 천간에서 丙庚壬으로 壬水의 도움으로 庚이 타죽지 않는다. 이 구조에서 申子는 火氣를 조절하는 역할이다.

時	日	月	年	男
癸酉	甲寅	戊申	壬辰	

71	61	51	41	31	21	11	1
丙辰	乙卯	甲寅	癸丑	壬子	辛亥	庚戌	己酉

壬子대운 1992년 壬申년 41세에 거액의 유산을 받았다. 甲寅대운 2004년 甲申년 53세에 허리를 크게 다쳐 수술하였다. 이 구조는 나름 독특한 맛이 있다. 첫째 申月에 필요한 火氣가 없다. 하지만 부친은 재산이 많았다. 그 이유는 戊土 부친 입장에서 壬辰 월이니 辰月에 필요한 壬水를 얻었고 시주 癸酉를 壬辰 앞으로 돌리면 癸酉와 壬辰을 만난 부친은 酉辰, 酉丑辰으로 큰 재물을 순식간에 벌어들일 에너지를 가지고 있다.

여기에 壬子대운에 년과 월에서 申子辰 삼합을 이루면서 년간 壬水가 일주를 향하여 온다. 문제는 申子辰 삼합과 寅申 沖 하였음에도 탈이 없었다는 점이다. 水氣 삼합을 이루어도 무리는 없는 구조이지만 三合 沖에서 보였던 흉한 작용들이 보이지 않는다. 다른 조합과 차이는 년과 월에서 三合을 이루었다. 또 넉넉한 水氣가 있으니 甲寅이 월간 무토를 상하게 하지 않는다.

時	日	月	年	男
戊辰	甲辰	甲辰	壬申	

77	67	57	47	37	27	17	7
壬子	辛亥	庚戌	己酉	戊申	丁未	丙午	乙巳

공부도 많이 하였고 유산으로 받은 조상 땅이 酉대운에 신도시 개발로 폭등하여 큰 부자가 되었다. 이 구조도 申辰이 있고 년

에 壬水가 甲에게 좋은 역할을 하는 이유는 辰月이기 때문이다. 水氣를 채우고 甲의 성장을 촉진한다. 또 水氣에 申이 풀어지니 가치 있는 생명수가 분명하다.

時	日	月	年	男
戊	丙	甲	乙	
子	寅	申	亥	

73	63	53	43	33	23	13	3
丙	丁	戊	己	庚	辛	壬	癸
子	丑	寅	卯	辰	巳	午	未

약사로 己卯대운에 약국 운영을 잘하여 손님이 인산인해를 이루고 경매로 넘어가는 대지와 산을 구입하였는데 수백억대로 벼락부자가 되었다. 이 구조에는 申子가 있고 진토는 없다. 하지만 일간이 丙火로 열매를 키우고 乙과 乙丙庚 삼자조합을 이루어 재물 복이 두터운 것은 사실이다. 己卯대운에 월지 신금과 을경합하고 병화로 확장하는데 갑작스러운 횡재는 월지 신금이 겁살이기 때문이다. 하늘에서 내리는 벼락부자 사주에서 보이는 특징들이다.

제4장   旺地와 墓地로 구성된 사주

이 조합은 三合의 旺地가 운동을 마감한 후 陽氣의 墓地에 저장되었던 물건을 꺼내서 활용하고 더 이상 사용할 수 없는 조합을 뜻한다. 예를 들어 살펴보자. 寅午戌 삼합의 경우, 旺地와 墓地는 午와 戌에 해당하고 창고에 저장했던 음기를 꺼내서 활용한 후 丑土를 만난다. 정리하면 寅午戌 삼합은 午丑, 申子辰 삼합은 子未, 亥卯未 조합은 卯戌, 巳酉丑 조합은 酉辰이다. 이 조합들의 의미를 간단하게 살펴보자.

午丑은 寅午戌 삼합왕지가 戌土에 정화로 저장되어 있다가 亥月에 꺼내서 丁壬 합하여 木氣를 만들고 丑月에 丙火가 필요한 시공간을 만나면 丁火 열기는 쓰임을 상실한다. 亥月에 丁火가 필요했던 이유는 열기를 제공해야만 하기 때문이고 子月에 癸水가 폭발하면 생명체가 성장을 시도하는 시공간으로 변하기에 丁火의 작용은 더 이상 사용할 수 없고 丙火의 분산작용으로 성장, 발전을 꾀하는 것이다.

丑月에 이르면 巳酉丑 삼합이 마감되면 丁火의 쓰임은 완전히 상실된다. 따라서 午丑조합은 午火의 열기와 발산하는 丑土 속의 癸水 사이에 모종의 문제가 생긴다. 子未는 申子辰삼합의 왕지가 辰土에 癸水로 저장되어 있다가 巳月에 戊癸 합으로 화기를 만들고 午月에 丁火가 수렴작용을 시작하고 未月에 수렴이 더욱 강해지면 癸水의 발산에너지는 쓰임을 상실한다.

성장을 촉진하는 에너지는 午月에 열매 맺으면 더 이상 발산작용을 할 이유가 없어지는 것이다. 따라서 子水가 未土를 만날때의 문제는 未土 열기가 子水의 순수한 생명수를 열이 오르게만들어 탁해지면서 상하게 만든다. 午丑과 子未조합은 寅午戌, 申子辰 양기의 운동이기에 정신적인 부분을 위주로 살펴야 한다. 卯戌조합과 酉辰조합은 亥卯未와 巳酉丑 삼합으로 물질변화를 위주로 관찰해야 한다.

卯戌 조합을 살펴보자. 묘목은 亥卯未 삼합운동 하는데 未土에 乙이 저장되면 申月에 꺼내서 卯申이 乙庚 합하여 열매 맺은 후 酉月에 열매를 완성하여 씨종자로 떨어지기에 乙의 좌우확산 작용은 쓰임을 상실한다. 戌土와 합하면서 卯木의 확산작용은 철저히 상실되지만, 자연의 입장에서 卯戌 습은 낙엽이 떨어져 열매를 보호하는 작용이다. 卯木은 戌土에 숨은 씨종자에게 보온역할을 해주니 그 작용력은 상실했지만, 자신의 에너지를 戌土를 위해서 활용한다.

酉辰조합을 살펴보자. 酉金은 巳酉丑 삼합운동 하는데 丑土에 辛을 저장하였다가 寅月에 새로운 생명체 甲으로 나온다. 金이 水의 도움으로 뿌리를 내리는 과정이다. 卯月에 땅 밖으로 싹이 나오면 내부에 감춰졌던 酉金은 쓰임을 상실하고 辰月에 酉辰합으로 사라진다. 酉의 입장에서 辰土와 합하면 쓰임을 완전히 상실하지만 辰土 입장에서 酉金이 씨종자 역할을 해주었기에 목으로 활용한다. 이 내용은 墓庫 論에서 의미를 확장하여 자세히 설명할 것이다.

제5장   三合이 구성된 팔자의 대세운

三合의 대운과 세운은 몇 가지로 정리하여 살필 수 있다. 첫째, 사주원국에 三合이 모두 있는데 대운과 세운에서 변화가 생기는 상황과 사주원국에 三合이 모두 있는 것은 아니지만 대운과 세운에서 三合을 이루는 경우로 나누어서 살펴볼 수 있다. 이 장에서는 사주원국에 삼합을 모두 가진 구조들이 대운과 세운에서 어떻게 반응하는지를 살펴보기로 하자.

時	日	月	年	男
丙午	丁未	乙卯	癸亥	

74	64	54	44	34	24	14	4
丁未	戊申	己酉	庚戌	辛亥	壬子	癸丑	甲寅

2002년 壬午년 20세 11월 17일에 캐나다에서 얼음 위에서 차가 미끄러져 추락방지 벽에 충돌한 후 물속으로 추락하여 혼수상태에 빠지고 이틀 후 사망하였다. 하키 골키퍼였다. 4세부터 스케이트를 타고 11살부터 하키를 시작하였다. 20세는 원국의 乙卯를 지나고 있으며 癸丑대운이다. 이 구조에서 乙卯는 특별한 문제가 없다. 시간이 亥卯未로 순차적으로 흘러가고 卯木을 위협하는 殺氣도 없다. 하지만 癸丑대운이 오면 상황이 달라진다. 卯丑이 만나서 卯의 좌우확산 움직임에 문제가 생긴다. 또 亥卯未 삼합과 丑未 沖하고 일주 丁未와 癸丑이 모두 沖한다.

壬午년에 천간에서 丁壬癸로 중력에너지 丁火가 合과 沖으로 무력해지고 지지에서 午丑이 탕화작용으로 폭발한다. 丁丑과 壬午, 癸丑, 壬午와 같은 조합들은 가스폭발 물상과 같아서 갑작스러운 사건, 사고가 발생한다.

時	日	月	年	男
庚辰	庚申	己未	戊子	

71	61	51	41	31	21	11	1
丁卯	丙寅	乙丑	甲子	癸亥	壬戌	辛酉	庚申

甲대운에 사업하다가 45세 壬申년에 크게 망하여 재기가 어려울 정도였다. 申子辰 삼합운동은 금기를 풀어내기에 개인 장사나 사업에 어울리며 조직에서 일하는 것을 달가워하지 않는다. 특히 庚이 未月을 만나면 未土 속의 乙을 수확하려는 욕망이 강해지기에 사업에 강한 흥미를 보인다. 대운도 계속 水氣로만 흐르니 직장생활에 어울리지 않는 성격의 소유자다. 未月의 시공간에 필요한 수기가 申子辰과 대운의 水氣로 충분하기에 未土의 마른 땅을 해갈시킨다.

이 구조의 단점은 따로 있다. 未土와 庚申이 乙庚 합하여 열매의 부피를 확장하려면 반드시 丙火가 필요한데 대운이 계속 水氣로만 흐르기에 사업을 확장할 수 없다. 水氣로 흐르던 대운이 처음으로 甲이 오면 상황이 어떻게 달라지는지 살펴보자. 먼저 천간에서 甲己 합하기에 己未에서 새로운 출발을 시도할 것이다. 하지만 甲子로 왔으니 甲의 뿌리내림을 준비하는 공간에 불과하다. 甲己 합했을 때의 문제는 庚들이 합을 깨버리는 것이다. 이런 움직임은 보통 甲己 合으로 새롭게 시작했으나 庚에 의해서 출발에 문제가 생기고 좌절한다. 壬申년은 일지를 기준으로 申子辰 삼합을 이루면서 모든 것이 묶여 답답해지는 해였다.

時	日	月	年	男
癸	癸	辛	癸	
丑	巳	酉	亥	

72	62	52	42	32	22	12	2
癸	甲	乙	丙	丁	戊	己	庚
丑	寅	卯	辰	巳	午	未	申

미국인 음악가로 컨츄리 가수이자 작곡가였고 125개 노래를 작곡하였다. 음악교육을 받지 않았지만 여러 장르의 노래를 작곡하였다. 심한 우울증으로 술을 많이 마셨고 30세 癸巳년 1953년 1월 자신의 차에서 심장마비로 사망하였다.

巳酉丑 삼합을 모두 가졌고 巳亥 沖한다. 이 구조에도 다양한 물상이 숨어있다. 가수였던 이유는 火氣에 자극받은 金氣가 공명작용으로 水氣에 풀어지기 때문이다. 월주 辛酉에 巳火가 열기를 가하고 대운도 계속 화기로 흘러간다. 화기에 자극받은 辛酉는 자연스럽게 水氣에 풀어져 소리를 낸다. 125개 노래를 작곡하고 다양한 장르의 노래를 한 이유이다.

창조능력도 또한 辛酉의 씨종자 속에 숨겨진 것을 水氣에 풀어내 새로운 것으로 창조하기 때문이다. 金을 水氣에 풀어내면 총명한데 火氣의 자극을 받으면 더욱 총명하다. 우울증의 문제는 癸水가 원하는 乙생기는 없고 살기만 가득하여 삶에 흥미를 느끼지 못하기 때문이다. 癸水는 근본적으로 乙의 성장을 촉진하는 생명수의 역할을 즐기지만, 이 구조처럼 辛酉월에 태어나고 숙살의 에너지가 강하면 삶의 목적이나 의지를 상실한다. 심장마비로 사망한 30세는 辛酉월주의 마지막을 지나던 시기였고

戊午대운 끝자락이었다. 壬辰년에 酉丑辰 삼자조합으로 교통사고 물상을 암시하고 酉亥辰 삼자조합으로 酉金이 辰土와 합하고 亥水가 辰土에 들어가면 辰土 속 乙의 생기가 심하게 상하고 酉金에 잘리면서 戊午대운의 午火, 일지 巳火로 흐르던 피의 흐름에 문제가 생기고 심장마비로 사망했다. 이 구조의 삼합은 살기에 가깝다.

時	日	月	年	女
甲	乙	壬	壬	
申	卯	子	辰	

79	69	59	49	39	29	19	9
甲	乙	丙	丁	戊	己	庚	辛
辰	巳	午	未	申	酉	戌	亥

이 구조는 책에 자주 등장하는 예문이지만 三合 관점에서 살펴보기로 하자. 지지에서 申子辰 삼합이 모두 있고 子卯 刑하고 卯申 암합한다. 년과 월에 壬, 壬子로 방탕, 방랑, 방종의 성향이 강하고 壬子 月을 만났으니 어둡고 비밀스럽다. 이 구조는 申子辰의 개인, 비밀, 유동, 틀을 깨는 행위와 子卯 刑, 그리고 卯申 암합이 연결되어 있다. 만약 卯木이 子卯 刑과, 卯申 암합과 연결되지 않았다면 전혀 다른 구조가 된다.

예로 일주가 乙未라면 묘신암합도 子卯 형도 없지만 일지에 묘목이 있으니 子卯 형과 卯申 암합을 실행하는 당사자는 일주가 분명하다. 특히 시주는 사생활을 암시하고 申 위에 갑이 있으니 남의 남자를 암합으로 끌어오려는 운명이다. 庚戌대운과 庚戌년이 만나는 시기에 유부남과 동거를 시작했다. 이 구조에서 申子辰은 중간에 卯와 반응하여 유부남과의 동거라는 물상을 만들어 냈다.

時	日	月	年	男
戊	庚	戊	壬	
寅	子	申	辰	

75	65	55	45	35	25	15	5
丙	乙	甲	癸	壬	辛	庚	己
辰	卯	寅	丑	子	亥	戌	酉

癸丑대운 53세, 甲申년에 이혼했다. 이 구조에는 申子辰 삼합이 모두 있다. 寅申 沖이 있지만, 중간에 子水가 끼어 충격강도가 약하다. 배우자를 살펴보자. 일지가 子水요 년에 壬水가 있으니 결혼이 불안정하다. 癸丑대운이 오면 일지 子水 속에 있던 계수가 드러나 월간, 시간 戊土와 합한다. 이런 움직임은 배우자가 안방에 있다가 멀리 떠날 것임을 암시한다.

癸丑대운 癸未년에 癸水가 戊癸 합으로 사라지고 未土가 일지 子水를 탁하게 만들어 결혼에 문제가 생기고 그 결과가 甲申년 이혼으로 발현되었다. 사건이나 사고는 절대로 한순간에 발생하는 것이 아니라 시공간의 연속선상에서 결과로 발현되기에 甲申년에 이혼하였다고 반드시 甲申년에 문제가 발생한 것이라 판단하면 안된다. 이 구조는 배우자가 三合과 沖 사이에 끼어서 이혼물상을 만들어낸다.

時	日	月	年	女
戊	乙	乙	辛	
寅	卯	未	亥	

73	63	53	43	33	23	13	3
癸	壬	辛	庚	己	戊	丁	丙
卯	寅	丑	子	亥	戌	酉	申

戊戌대운 癸酉년에 결혼하였다. 천간에서 많은 乙들이 시간 戊土를 향하고 안정을 취한다. 따라서 戊戌대운이 오면 乙은 戊土

를 향하여 안정적인 삶의 터전을 만들려고 할 것이다. 癸酉년이 오면 천간에서 乙癸戊 삼자조합이 일시에서 모이니 사적인 사건이 발생한다. 乙癸戊는 봄날처럼 아지랑이 피는 들판을 뛰어놀고 싶은 성정으로 무지개가 피어나듯 만물이 아름다운 시절이다. 개인적으로 활용하면 사랑에 빠지고 결혼하거나 외도한다.

戊戌대운에 戌土가 일지 묘목과 합한다. 癸酉년이 오면 三合과 六合을 깨서 결혼했다 판단할 수도 있고 乙癸戊 三字조합으로 사랑에 빠져서 결혼했다고 볼 수도 있다. 어떤 식으로 이해하느냐는 개인의 판단에 달렸다. 즉, 三合이나 六合을 충으로 깨서 결혼했다고 할 것인가 아니면 乙癸戊 삼자가 주된 요인이고 酉金은 부수적 요인으로 볼 것인가는 혹은 둘을 모두 종합적으로 활용할 것인가는 개인의 관점에 따라서 달라질 것이다.

時	日	月	年男
戊子	辛酉	丁巳	癸丑

76	66	56	46	36	26	16	6
己酉	庚戌	辛亥	壬子	癸丑	甲寅	乙卯	丙辰

甲寅대운 32세 2004년 甲申년에 사법고시에 합격하였다. 辛일간이 巳酉丑 삼합을 깔았으니 숙살지기가 강하지만 사주에 木이 없으니 사용할 대상이 없고 특히 태어난 월이 丁巳로 화려하게 꽃피는 시절이요 년간 癸水가 무지개처럼 빛을 분산한다. 년과 월에 丁癸 沖으로 법조계 물상이 분명하고 丁火가 辛을 자극하여 丁辛癸, 丁辛壬 3字조합으로 총명하다. 甲寅대운이 와도 癸水와 子水가 있고 巳月이기에 木과 金이 심하게 다투지는 않는다. 또 숙살의 기운을 검경에 활용하면 오히려 그 장점을 더욱 적극적으로 활용할 수 있다. 이 사주에서 木氣가 없기에 더욱

좋은 구조가 되었다.

時	日	月	年	男
庚辰	乙酉	癸丑	丁巳	

75	65	55	45	35	25	15	5
乙巳	丙午	丁未	戊申	己酉	庚戌	辛亥	壬子

庚戌대운에 석탄사업으로 몇 년 사이에 10억 가까이 벌었다. 이 사주와 상기 사주는 丁巳, 癸丑 두 개의 간지가 년과 월에서 동일해도 년, 월이 바뀌었으니 의미는 전혀 다르다. 위 사주는 꽃 피는 巳月이었고 이 사주는 엄동설한 癸丑月이다.

丑月의 시공간에서 필요로 하는 것은 丙火로 巳火에 있고 시간 庚과 乙庚합하니 乙丙庚 3字조합으로 재물을 확장하려는 욕망이 강하다. 특히 巳酉丑 삼합 외에도 酉丑辰 3字조합이 있으니 인생을 살아가는 과정에 한순간 큰돈을 만질 수 있는 에너지를 가지고 있다.

초년 壬子, 辛亥대운은 丑月의 시공간이 필요로 하는 것은 아니다. 특히 성장을 위주로 하는 乙입장에서 부담스러운 운이다. 庚戌대운에 이르면 얼어붙은 땅에 처음으로 손을 녹일 수 있는 난로를 만난다. 동토의 땅 丑土를 刑 하여 땅을 개량하고 乙庚합하고 丁巳로 열매를 키우니 탄광을 개발하여 한순간 10억을 모았다. 이 구조는 巳酉丑 삼합을 가졌지만, 丁巳와 乙庚 合이 가미되어 물질을 추구하는 성향으로 변하였다.

時	日	月	年	男
丙戌	庚午	丁酉	丙寅	

71	61	51	41	31	21	11	1
乙巳	甲辰	癸卯	壬寅	辛丑	庚子	己亥	戊戌

寅午戌 삼합이 모두 있는데 중간에 酉金이 끼어있는 구조다. 대운을 중심으로 삼합의 변화과정을 살펴보자. 기본적으로 寅午戌 삼합은 일정한 틀을 좋아하니 조직, 단체, 공직, 직장에 어울린다. 또 강력한 火氣들이 있으니 더욱 적합해 보인다. 하지만 실상은 전혀 다르다. 이 사람은 46세까지 장사하여 큰돈도 벌었지만, 壬寅대운의 寅대운에 모두 탕진하고 객지로 떠나서 남의 땅에서 농사나 지으면서 여생을 보냈다. 왜 이런 현상을 보이는지 살펴보자.

월주 丁酉로 酉金이 수많은 화기에 자극을 받으면 필연적으로 水氣를 찾을 수밖에 없다. 화기를 견디지 못하는 구조인데 水氣는 없고 木氣만 있으면 살기가 강해지면서 사회에서 생활하기는 힘들고 특수조직, 예로 군대, 경찰, 스님, 용병처럼 특수한 임무를 수행하는 직업에 어울린다. 이 구조는 사주에 水氣가 없어서 경금이 강력한 화기에 타죽을 듯한 모양인데 다행하게 초년부터 대운이 亥子丑으로 흘러가면서 酉金을 자연스럽게 풀어낸다.

金氣의 딱딱함을 水氣에 풀어내니 조직, 단체에서 멀어지고 장사, 사업의 자유업을 택한다. 酉月이니 수확을 완성하는 계절이요 수확하려면 수확할 木氣가 있어야 하는데 년지에 寅이 있으니 조상의 음덕이 있다. 하지만 水氣의 흐름이 끝나고 壬寅 대운의 寅에 이르면 火氣에 날카로워진 庚과 酉는 水氣로 가는 길이 막히면 반드시 寅을 공격하여 문제를 일으킬 것이다. 이런 구조적인 문제 때문에 寅대운에 모든 것을 잃고 년지가 복음 되는 시기에 근본적인 변화를 주고자 멀리 떠나고 객지에서 농사를 지으며 여생을 보냈으니 나름 시공간에 순응하는 삶이다. 이 구조에서 寅午戌은 酉金을 자극하는 용도로 쓰였지만 水대운을 만나 반발이 생기고 장사. 사업하는 물상으로 발현되었다.

時	日	月	年	男	79	69	59	49	39	29	19	9
甲寅	戊午	戊午	戊戌		丙寅	乙丑	甲子	癸亥	壬戌	辛酉	庚申	己未

가난하고 직업도 없다. 辛酉대운의 癸酉년 36세에 남의 돈을 탐하다가 감방에 수감되었다. 이 구조는 寅午戌이 모두 있으니 일반적인 상황으로는 교육, 공직, 직장에 어울린다. 하지만 이 남자는 직업도 없고 사기를 치다가 수감되었으니 그 이유를 살펴보자. 午月에 필요한 壬水가 없고 강력한 火氣를 활용할 金열매가 없으니 땅이 아무리 넓어도 황무지와 같다. 다행한 점은 대운이 庚申, 辛酉로 흐르기에 午月의 시공간에서 열매를 익혀가는 흐름이다.

다만, 사주원국에 있는 甲寅과 충돌이 발생하는 것이 문제다. 甲寅은 넓은 戊土의 땅에서 午月에 열매 맺으려고 준비하는 농작물과 같은데 水氣가 전혀 없으니 가뭄에 말라버렸다. 이런 상황에 처한 甲寅은 戊에게 水氣를 달라고 요구하면서 뚫어버리니 육체가 상하거나 관재구설에 시달린다. 庚申대운에 열매를 익혀서 좋지만, 庚申이 甲寅을 沖하니 殺氣를 견디기 힘든 甲寅은 戊土를 찌른다. 이런 이유로 마땅한 직업도 없다.

辛酉대운에 이르면 寅酉로 살기가 동한다. 수많은 화기에 자극 받은 辛酉도 甲寅을 찔러 寅에서 午火로의 흐름이 막힌다. 癸酉 년이 오면 잔꾀를 부리고 남의 것을 탐하다가 수감되었다. 癸甲 戌 삼자조합으로 살기가 강해지는 해였다. 년지를 기준으로 寅 午戌 삼합운동을 벗어난 癸水는 재살에 해당하고 三合운동을 파괴하려는 저승사자와 같아서 남의 것을 훔치려는 탐욕이 동하 는 해였다. 이 구조에서 寅午戌 삼합은 戊土의 땅을 사막처럼 황폐화하는 작용이다.

時	日	月	年 男
辛卯	辛未	乙亥	甲午

78	68	58	48	38	28	18	8
癸未	壬午	辛巳	庚辰	己卯	戊寅	丁丑	丙子

이 남자는 42세 乙亥년부터 46세 己卯년까지 큰돈을 벌었지만 47세 庚辰년과 48세 辛巳년에 주식으로 20억 손실을 보았다. 亥卯未 3字가 모두 있고 무기력해 보이는 두 개의 辛金이 천간 에 드러났다. 신강 신약을 따지면 재다 신약인지 종격인지를 따 지느라 바쁘지만 재다 신약도 종격도 따질 필요가 없고 사주구 조를 이해하면 그만이다. 월지가 亥月이니 丁火 辛金 亥水가 만 나서 丁辛壬 3字조합을 이루면 시공간에 극히 적절한 조합이다.

년지에 午火가 있고 일간이 辛金이며 午未 合으로 열기를 품었 으니 亥水에 씨종자가 풀어지고 甲乙과 卯木으로 목기를 만들 어낸다. 이렇게 사주팔자를 시간과 공간 흐름으로 살피면 격국 도, 일간의 강약도, 종격도 무의미한 행위라는 것을 깨닫는다. 이 구조의 핵심은 일간 辛金이 분명하다. 아무리 午未로 火氣가 좋고, 목기가 많아도 辛金 씨종자가 없으면 월지 亥水에서 요구하는 시공간 조건을 맞추지 못하기 때문이다. 일간이 월지에서 필요로 한다는 의미는 사회에서 활용가치가 높은 사람이라는 의미다. 주위의 많은 사람들이 일을 성취하려면 반드시 辛을 찾아야하며 월지에서 모두 모이니 사회에서 활용하는 가치이며 개인적인 목적이 아니다. 아쉬운 점은 辛의 위치와 甲乙의 배합이 이곳저곳에 흩어져 산만하다. 그렇다면 왜 42세에서 46세까지 큰돈을 벌었고 47세에서 48세 2년 동안 큰돈을 잃었는지 이유를 살펴보자.

수많은 甲, 乙卯 목기들이 일지 未土에 담기면 辛 일간이 취한다. **墓庫 論**에서 다시 논할 내용이지만 일지에 墓庫를 가졌기에 자신이 취하는 것이며 년지 午火와 합하지만 午火가 未土를 향하는 것이지 未土가 午火를 향하여 나가지 않는다. 이렇게 무엇이 무엇을 향하여 오고 가는가를 살피는 것을 "時間의 方向"이라고 하는데 사주팔자를 분석할 때 매우 중요한 작용이다.

따라서 나이 38~45세 사이에 자신의 창고에 재물을 담을 것이기에 42세 乙亥년부터 46세 己卯년까지 목기를 담아서 큰돈을 벌지만 47세 庚辰년과 48세 辛巳년에 주식으로 20억 손실을 보았다. 그 이유는 47세는 사주팔자 원국의 時間 辛에 이른 시기로 일간 辛이 홀로 취하다가 시간 辛金과 둘이서 재산을 나눠야하는 상황에 처한다.

특히 辛辛으로 경쟁하는 상황에 처하면 자신도 모르게 경쟁, 투기, 한탕주의 심리상태가 동하여 한순간 큰돈을 벌려는 욕망에 휘둘린다. 또 그 시기의 세운이 庚辰, 辛巳년으로 탐욕에 걸려서 큰돈을 날리고 말았다. 이 구조에서 亥卯未 삼합은 큰돈을 만들기도 하지만 또 운에 따라서는 큰돈을 날리는 에너지다.

時	日	月	年	男
乙	己	乙	庚	
丑	巳	酉	子	

71	61	51	41	31	21	11	1
癸巳	壬辰	辛卯	庚寅	己丑	戊子	丁亥	丙戌

己丑대운, 丁丑년 38세에 심각한 손실을 보았다. 이 구조에는 巳酉丑 삼합이 뚜렷하다. 또 酉子丑 퍽치기 조합과 일지에 巳火 년과 월에 乙庚 合으로 乙丙庚 조합이 있으니 재물을 확장하는 데 집중하는 성격이다. 특히 일지 巳火의 시기에 이르면 재물을 크게 늘리려는 욕망이 강해질 것이다. 己丑대운이 오면 己土 일간이 일지를 기준으로 巳酉丑 삼합을 할 것이다.

따라서 巳酉丑 삼합의 당사자는 일간이 분명하며 巳酉丑 삼합으로 무언가를 추진할 것이다. 하지만 문제는 巳火가 乙庚 열매를 확장하려는 시점에 하필 丑土 대운과 巳酉丑 삼합으로 묶이면 巳火도 丑土 겨울의 어둠 속으로 들어가 버린다. 여기게 그치지 않고 년지 子水와 丑土가 酉子丑으로 묶이면서 묘지가 닫히는 현상이 발생하고(아래에 다시 다룰 것이다) 퍽치기 물상대로 갑작스러운 문제가 생긴다. 丁丑년 巳酉丑 삼합이 정확하게 이루어지는 해였다. 巳酉丑 삼합이 사주팔자 원국에 있으니 운에서 와도 삼합을 하지 않는 것이 아니라 사주팔자에 있는 巳酉丑 삼합 구조대로 반응한다는 점을 기억하자.

時	日	月	年	女
己	己	己	庚	
巳	酉	丑	戌	

76	66	56	46	36	26	16	6
辛	壬	癸	甲	乙	丙	丁	戊
巳	午	未	申	酉	戌	亥	子

丁亥대운 辛未년 22세에 지방행정직 시험에 합격하고 임용되었다. 丙戌대운 乙亥년 결혼하고 戊寅년에 IMF 경제위기로 남편이 빚을 못 갚아 자신의 월급이 압류당하고 庚辰년에 해제된 후 매월 5십만 원씩 채권자에게 송금하여 힘들게 살았고 음주운전까지 하여 상급자에게 힐난을 받았다. 시댁에서 자신을 봉으로 생각하고 힘들어서 이혼과 퇴직을 고려 중이다. 남편의 직업은 산불 감시 요원이다.

일지는 酉金으로 년에 庚이 있으며 巳酉丑 삼합으로 묶여 한 번의 결혼으로 끝나지 않는다. 이 사주의 독특한 꼴은 남편을 상징하는 木氣가 없다. 따라서 十神으로 배우자를 따지면 남편이 없는 사주라고 주장하겠지만 단편적이고 황당한 주장이다. 배우자를 살피려면 일지 酉金의 동태를 살피고 十神을 참고하는데 木氣가 없으니 결혼하면 남편의 발전은 어렵다.

남편을 상징하는 木氣는 자라야 하는데 강력한 金氣들이 성장을 방해하기 때문이다. 운에서 木氣가 드러난 乙亥년에 乙庚 합하고 乙丙庚 삼자조합으로 좋은 해에 결혼하였지만 戊寅년에 원국에 없는 寅이 들어와 巳酉丑 삼합과 충돌한다. 이렇게 사주팔자 원국에 巳酉丑 삼합이 있고 木氣가 없는 구조들은 가능한 운에서 木氣와 충돌하지 말아야 하고 충돌하는 상황이라면 水氣가 날카로움을 해소해 주어야만 한다.

時	日	月	年 男
癸未	乙亥	己卯	庚戌

78	68	58	48	38	28	18	8
丁亥	丙戌	乙酉	甲申	癸未	壬午	辛巳	庚辰

庚辰, 辛巳대운 고생이 많았고 壬午, 癸대운 발전하였으나 지방 유지 였다. 未대운에 실패하고 질병으로 고생하다가 申 대운에 사망하였다. 이 구조는 亥卯未 삼합이 모두 있고 卯戌 합하고 멀리서 戌未 刑 한다.

이렇게 원국 구조들을 자세히 살펴야 대운과 세운에서 구조들 사이에서 정확하게 어떤 반응이 발생하는지 이해한다. 계속 강조하지만 아무리 亥卯未 삼합, 戌未 刑, 卯戌 합 물상이 가진 의미를 외워도 소용없는 이유는 사주팔자 구조에 따라 그 물형이 전혀 다르기 때문이다.

사주팔자를 분석할 때는 반드시 순서에 따라야 한다. 첫째 대운과 세운을 살피기 이전에 반드시 사주원국만을 살핀다. 그 이유는 대운과 세운의 변화를 읽어내려면 변화의 기준이 필요한데 그것은 바로 사주팔자 원국이다.

원국구조를 간단하게 살펴보자. 년과 월에서 庚戌과 己卯로 성장해야 할 乙이 卯戌 합으로 묶이고 庚에 묶였으며 癸水의 윤택함이 없으니 卯木은 말라 성장하기 어려운 상황이다. 이 문제를 해결하는 글자는 일지 亥水와 시간 癸水뿐이니 그 시기는 38~45세 그리고 46~53세 사이에 해당한다.

이제 대운을 굵게 살펴보자. 庚辰, 辛巳대운에 고생한 이유는 卯月에 필요한 水氣는 만나지 못하고 金氣가 묘목의 성장을 억제하기 때문이다. 壬午, 癸 대운은 대략 30~42세 사이로 월지에서 요구하는 水氣를 만나 卯木이 발전하였으나 未대운에 이르면 사주원국에서 정해진 대로 未土는 戌土를 刑 하러 가는 과정에 반드시 일지 亥水를 상하게 만들고 卯木은 성장에 문제가 생긴다. 이런 이유로 未대운에 실패할 수밖에 없었고 질병으로 고생하다가 申 대운에 사망하였다.

亥卯未는 성장을 위한 삼합운동이지만 亥月, 卯月, 未月에서 요구하는 시공간 조건은 서로 다르다. 이 구조는 卯月 이니 癸水로 성장을 촉진해야 하는데 년, 월에 없으니 고생하다가 일지 亥水의 시기와 대운에서 水氣를 만날 때 발전하지만 未土가 亥水를 상하게 하는 시기에 탁해지면서 사업에 문제가 생기고 건강도 상했다.

時	日	月	年	男
壬寅	壬午	戊戌	辛丑	

73	63	53	43	33	23	13	3
庚寅	辛卯	壬辰	癸巳	甲午	乙未	丙申	丁酉

甲午대운 丁丑년에 볼링장 사업 한다고 부친의 부동산을 일부 팔고 저당 설정하여 대출받아 시작하였는데 戊寅년에 사업에 실패하여 고통 받았다. 이 구조는 寅午戌 삼합이 있고 戌土와 丑土가 丑戌 刑한다. 또 丑土가 午火와 탕화작용으로 갑작스러운 사건, 사고가 발생할 가능성을 가졌다. 또 丑寅으로 보이지 않는 곳에서 비밀스럽게 무언가를 진행하는 성정도 있다. 이런 구조들은 대운과 세운에 반응할 것이다.

33세부터 甲午대운은 일주 壬午의 시기로 戌土에서 새로운 출발을 위해서 甲을 심으려고 할 것이다. 午火는 寅午戌 삼합하고 년지 丑土와 午丑으로 탕화작용 할 것이다. 丁丑년이 오면 寅午戌 삼합 의지가 뚜렷해지고 丑土와 탕화작용이 동하면서 丑戌 刑 한다. 丑土 도둑이 戌土 창고를 털어버리는 운이다. 사업에 망하고자 돈을 끌어다가 사업을 시작하였지만 1년도 넘지 못하고 망하고 말았다.

時	日	月	年	女
辛	丁	辛	癸	
丑	巳	酉	卯	

79	69	59	49	39	29	19	9
己	戊	丁	丙	乙	甲	癸	壬
巳	辰	卯	寅	丑	子	亥	戌

甲子대운 31세 癸酉년 申월에 아들이 교통사고로 사망하였다. 巳酉丑 삼합이 있고 년지 卯木과 卯酉 沖으로 대치하고 있다. 卯木은 巳火를 향하는 방향을 가졌고 그 과정에 반드시 酉에게 충당하고 상할 것이다. 또, 시지 丑土와 卯丑으로 조합하여 卯木의 확산작용에 문제가 생긴다.

월주 辛酉는 癸水에 풀어지니 살성이 강하지 않지만 卯木을 沖 하는 구조는 의미가 다르다. 언제라도 살기가 강해져 본인이나 주위 사람들이 다치고 상하고 사망할 것이다. 甲子대운은 일주 丁巳에 이른 것으로 丁火가 辛酉에 열기를 가하면 날카로워진 辛酉는 卯木을 자를 것이다. 癸酉년이 오면 酉金은 卯木을 자르니 주위의 생기가 상하는 것은 분명하다.

그렇다면 왜 아들이 교통사고로 죽었을까? 먼저 甲子대운에 子水가 반응하는 곳은 子卯 형과 子酉 파와 子丑 합이다. 또 酉

子丑 퍽치기로 갑작스러운 사건, 사고가 발생할 것임을 암시한다. 癸酉년은 卯酉 충으로 누군가 다칠 것임을 암시하고 그 유자축의 결과물이 모두 시지 丑土에 모이고 그곳에서 癸水가 천간에 드러났으니 時支 궁위가 암시하는 자식에 문제가 생겼다.

時	日	月	年	男
己	辛	丁	辛	
丑	巳	酉	巳	

77	67	57	47	37	27	17	7
己	庚	辛	壬	癸	甲	乙	丙
丑	寅	卯	辰	巳	午	未	子

午대운 37세 丁巳년 丙辰月 복권 1등에 당첨되어 횡재하였다. 그 후 부인이 바람피워서 재물을 탕진하고 癸巳대운 庚申년 40세 甲申월에 교통사고로 사망하였다.

이 사주에는 巳酉丑 삼합이 모두 있는데 沖, 刑은 없다. 하지만 구조를 자세히 보면 몇 가지 특징이 있는데 첫째 일지와 년지가 복음이고 사화가 사축, 사유로 합하니 일지의 움직임이 복잡하다. 둘째 목기가 전혀 없으니 목금이 다투지 않는다. 셋째 수많은 火氣가 金氣를 자극하면 水氣에 풀어져야 하는데 시지 丑土에 癸水가 있으니 54세 이후에 재물을 축적할 개연성을 가졌다.

甲午대운 마지막 丁巳년 丙辰월에 酉丑辰 삼자조합을 이루는 달에 갑자기 복권으로 횡재하였지만 丁巳年 3개의 사화가 중첩되니 부인이 외도하고 재물을 탕진하였고 癸巳대운 庚申년 甲申 월에 날카로워진 금기에 甲이 드러나 충당하여 상하니 교통사고로 사망하였다. 갑자기 감당하지 못할 재물이 들어오면 반드시 문제가 생긴다.

時	日	月	年	男
癸丑	癸巳	己酉	丁亥	

71	61	51	41	31	21	11	1
辛丑	壬寅	癸卯	甲辰	乙巳	丙午	丁未	戊申

乙巳대운 乙丑년 39세에 부인이 바람을 피워서 도망갔다. 巳酉丑 삼합이 모두 있고 일지 사화는 년지 亥水와 巳亥 沖한다. 일지에 巳火, 년에 丁火가 있으니 한 번의 결혼으로 끝나지 않는다. 乙巳대운이 오면 일지 사화와 복음이고 巳亥 沖하는 시공간에 이르렀다. 또 乙丑 년은 일지를 기준으로 巳酉丑 삼합을 이루고 巳亥 沖하니 부인이 도망가고 말았다.

時	日	月	年	男
壬辰	丙戌	甲申	庚子	

74	64	54	44	34	24	14	4
壬辰	辛卯	庚寅	己丑	戊子	丁亥	丙戌	乙酉

소방관으로 戊子대운 1997년 丁丑년(38세) 4월에 화재출동 중 교통사고로 머리를 다쳐 여러 차례 뇌수술을 받았으나 의식이 거의 없는 상태로 14년째 깨어나지 못하고 있음. 부인의 정성스러운 간호로 몸 상태가 많이 좋아졌다. 이 구조는 명확하게 申子辰 삼합이 있고 일지 戌土와 삼합 沖 한다.

戌土의 특징 중에서 가장 중요한 점은 바로 열기를 품었다는 것이다. 그 이유는 寅午戌 삼합운동 과정에 빛을 열로 바꾸어서 丁火 중력에너지 열기를 저장한 창고이기 때문이다. 문제는 이런 열기를 품은 창고가 沖이나 刑 당하거나 戌土 속의 열기가 밖으로 튀어나올 때는 조심하여 살펴야 한다. 사주팔자 원국에서 申子辰 삼합과 沖 하는 시기는 일지로 38~45세 사이가 분명하다. 戊子대운은 일지 戌土가 천간에 드러나고 辰戌 沖할 것임을 알린다. 丁丑년에 이르면 戌土 속의 정화 불똥이 천간에 드러나 沖 한다. 또 丑土는 申丑子로 차량이 차고에 들어가고 子水와 합하여 차고가 닫히는데 辰戌이 沖, 刑하니 교통사고가 발생하였다.

時	日	月	年	女
壬	丙	甲	甲	
辰	午	戌	寅	

78	68	58	48	38	28	18	8
丙	丁	戊	己	庚	辛	壬	癸
寅	卯	辰	巳	午	未	申	酉

모친이 丙辰년에 사망하였다. 寅午戌 삼합이 모두 있고 진토가 辰戌로 沖한다. 구조를 살펴보자. 년, 월간이 甲甲으로 복음이니 부친과의 인연이 길지 않다. 또 년, 월이 寅戌로 살기가 강한 조합이다.

특히 화기가 강할 경우에는 寅木이 말라 戌土를 뚫어버리니 육체손상, 질병, 관재구설, 심하면 사망할 수도 있다. 월지 戌土를 기준으로 辰土가 있고 沖 하니 모친도 한 분 이상이 분명하다. 이제 丙辰년 상황을 살펴보자.

사실 丙辰 년은 특별하게 문제가 보이지는 않는다. 단지, 寅午戌 삼합과 진토가 충하는 문제다. 하지만 위에서 계속 살펴본 것처럼 삼합 충의 위력은 간단하지 않다. 특히 년, 월의 복음구조와 寅戌 조합 그리고 辰戌 충이 만나서 丙辰 년에 모친에게 흉한 일이 발생했다.

時	日	月	年 男
甲子	甲子	甲辰	壬申

71	61	51	41	31	21	11	1
壬子	辛亥	庚戌	己酉	戊申	丁未	丙午	乙巳

庚戌大運 壬戌年에 부인이 사망하였다. 이 구조는 申子辰 삼합이 모두 있고 일지를 기준으로 子子로 복음이고 년에 壬水가 있으니 한 번의 결혼으로 끝나지 않는다. 복음은 동일한 기운이 두 개이니 서로 밀어내려는 에너지 때문에 동일한 행위를 두 번 해야만 한다.

예로 결혼을 두 번 하는 식이거나 그렇지 않다면 도플갱어처럼 누가 진짜 배우자인지 헛갈리고 배우자를 의심한다. 이렇게 어떤 에너지가 단조롭지 못하면 삶이 산만해진다. 여기에 子水가 辰土와 두 번 합하니 여러 번 결혼할 팔자로 정해졌다. 己酉대운과 庚戌大運 교접기(교체기?) 壬戌년에 이르면 申子辰과 戌土가 三合 冲하고 일지 子水가 壬水로 드러나 사라지는 해이기에 부인이 사망하였다.

時	日	月	年 男
甲申	庚子	壬辰	丙午

79	69	59	49	39	29	19	9
庚子	己亥	戊戌	丁酉	丙申	乙未	甲午	癸巳

대학을 졸업하고 공무원으로 재직 중이며 부인과 자식 모두 좋아서 행복한 삶이다. 시지에서 월지까지 申子辰 삼합이 모두 있고 년지 午火와 子午 冲 한다.

월지가 辰月이니 水氣를 필요로 하는데 월간에 壬水가 있고 일지에 子水가 辰月에 필요한 水氣를 공급한다. 壬水와 子水가 丙壬 충하고 子午 沖 하니 년주 丙午에게 흉한 작용처럼 보이지만 진월의 시공간에는 매우 좋은 역할이니 부인 덕이 좋다.

60세 이후에서야 戌土 대운을 만나니 그전에는 무리가 없어 보인다. 이 구조에서 배울 점은 월지 辰土의 시공간에서 원하는 것은 水氣가 분명한데 庚일간은 반드시 丙火 지도자를 만나야 의젓해지니 월지와 일간 사이에 괴리가 존재하는 상황을 이해하는 것이다. 이런 구조를 소위 식신제살로만 이해하려고 하는데 실상은 그리 간단한 문제가 아니다.

庚은 병화에 의해 열매의 부피를 확장하고 丁火로 가치를 결정한 후 가을을 지나 겨울에는 水氣에 풀어져야만 한다. 따라서 자신의 체성을 유지하지 못하고 가치가 변질되고 만다. 진월의 시공간에서는 새싹들이 좌우로 펼치는 움직임을 확장하는 과정이기에 반드시 수기의 도움이 필요하다.

따라서 壬子로 보충하니 좋지만 庚의 체성은 변질되어 나쁘다. 만약 이 사주에 丙午가 없었다면 丙午의 통제를 받을 이유가 없는 庚金은 기술, 예술, 방탕, 유동을 활용하는 자유직업에 종사했을 것이다. 하지만 년주에 丙午가 있기에 壬子로 월지 시공을 맞추고 丙午로 庚金을 의젓하게 다루니 공무원이 되었다.

時	日	月	年	女
戊寅	庚子	戊申	壬辰	

74	64	54	44	34	24	14	4
庚子	辛丑	壬寅	癸卯	甲辰	乙巳	丙午	丁未

이 여인은 정신병 환자다. 상기와 동일하게 申子辰 삼합이 모두 있고 寅申 沖한다. 위 사주와 크게 다를 것도 없어 보이고 戊土도 있으니 좋아 보이는데 정신병 환자다. 왜 이런 차이를 만들까? 월지 시공에서 요구하는 것이 전혀 다르기 때문이다.

申月에 태어났으니 丙火 火氣로 열매를 익혀야 하는데 년에 壬水, 일지에 子水가 있고 申子辰 삼합으로 火氣를 보기 어렵다. 다행하게 초년에는 火운으로 흐르지만 44세 이후 癸卯 대운에 卯木이 水氣에 응결되면서 정신에 문제가 생긴다. 이렇게 동일한 申子辰 삼합이라도 월지 시공간에 따라서 그 쓰임이 전혀 다르다.

時	日	月	年	男
壬	庚	戊	壬	
午	子	申	辰	

75	65	55	45	35	25	15	5
丙	乙	甲	癸	壬	辛	庚	己
辰	卯	寅	丑	子	亥	戌	酉

초등학교를 졸업하고 염색관련 일을 하였는데 癸大運에 크게 발전하다가 丑 大運에 완전히 망해서 남의 사업장에서 신세 지면서 살아간다. 큰아들이 뇌성마비다. 위 사주가 다른 점은 남자, 여자라는 것 외에 時支에 午火가 있어서 申月에서 요구하는 조건을 맞추는 것이다.

아쉬운 것은 午火가 아무리 申金 열매를 익히려 해도 중간에 子水가 끼어 있으니 그 작용이 제한적이다. 하지만 월지 시공간을 맞춰주는 午火가 있고 대운에서 戊癸 합하여 한순간 크게 발전할 수 있었던 것이다. 丑 대운에 申金이 丑土에 들어가고 子水와 합하는 申丑子 조합으로 묶이면서 답답해지고 子丑이

午火와 탕화작용으로 갑작스럽게 폭발하듯 망하고 말았다. 이 구조는 원국에 삼합 충을 가진 조합이다.

時	日	月	年	男
戊申	壬辰	辛亥	壬子	

78	68	58	48	38	28	18	8
己未	戊午	丁巳	丙辰	乙卯	甲寅	癸丑	壬子

자유당 말기 경찰국장, 치안국장을 역임하였는데 丙辰대운 庚子년에 4.19 혁명이 일어나 관직에서 퇴출되었다. 申子辰 삼합이 모두 있고 중간에 亥水가 끼어있다. 월간 辛이 많은 水氣에 미네랄을 공급하여 방탕한 水氣들의 가치를 높여 총명한 사람이다. 辛金 씨종자를 풀어낸 亥水가 일지 辰土에 담으니 결과적으로 사회 궁위에 있는 씨종자를 안방으로 끌어온다. 이것이 이 사람의 명예, 권력, 재물이다.

丙辰대운 庚子년 49세는 시주 戊申에 이른 시기로 戊土 때문에 壬水의 움직임이 답답해지는 시기다. 丙辰대운의 丙火는 월간 辛金을 합하여 미네랄워터를 만들지 못하게 방해하니 자신의 명예, 권력, 재물에 문제가 생긴다. 庚子년에 이르면 년지 子水와 복음이니 터전에 근본적인 변화가 생기고 일지와 시지에서 申子辰 삼합으로 묶이니 답답해졌다.

時	日	月	年	女
壬子	癸亥	戊辰	甲申	

77	67	57	47	37	27	17	7
庚申	辛酉	壬戌	癸亥	甲子	乙丑	丙寅	丁卯

11세 甲午년에 부친이 사망하였다. 1971년 辛亥년에 결혼하였다. 1981년 38세 辛酉년에 남편이 자동차 사고로 사망하였다. 1983년 40세 癸亥년에 재혼하였다. 41세 1984년 甲子년에 모친이 사망하였다. 49세 壬申년에 이혼했다. 1995년 52세 乙亥년에 또 결혼하였다.

이 구조도 申子辰 삼합이 모두 있는데 辰月의 시공간이니 수기가 필요하다. 다행하게 일주와 시주에 水氣가 몰려있다. 따라서 일간은 일지 亥水를 활용하려는 의지가 강하다. 일지 亥水는 辰土를 향하여 나가버린다. 또 亥水와 동일한 오행이 壬子까지 4개 이상이다.

따라서 일지와 동일한 오행이 너무 많으니 여러 번 결혼할 팔자가 분명하다. 또 일간이 월간 戊土와 합하는데 년의 甲이 癸甲戊 삼자조합으로 戊土를 상하게 만든다. 겉으로 보기에는 水氣가 많아서 문제가 없어 보이지만 辰土에 물이 차려면 30세가 넘어야만 가능하다.

실제 발생한 사건들을 중심으로 운을 살펴보자. 11세 甲午년에 사주구조대로 월간 戊土가 상하면서 부친이 사망하였다. 27세 辛亥년에 일지와 동일한 亥水가 들어와 辰土에 水氣를 풀어내고 戊土와 합한다. 해수가 와서 甲이 戊土를 거칠게 다루지 않는 해에 결혼했다.

甲子대운 38세 辛酉년은 사주팔자 일지 亥水에 이른 시기다. 연령으로는 38~45세 사이이고, 남편 궁위다. 辛酉 년에 酉亥辰 삼자조합으로 살기가 강해지고 모든 기운이 월지 辰土에 모이며 그 위에 戊土가 있다.

여러 번 결혼하는 구조로 태어났으니 38세 즈음에 남편과 사별하였다. 40세 癸亥년에 戊癸 합하고 亥水가 辰土에 담기니 재혼하였다. 41세 甲子대운 甲子년은 년간 甲이 戊土를 뚫으니 년과 월에서 누군가 육체가 상할 것임을 암시하고 년지와 월지에서 申子辰 삼합이 중첩하니 모친이 사망했다. 癸亥대운, 乙亥년에 해수가 진토에 담기고 무계 합하니 세 번째 결혼하였다.

時	日	月	年	男
庚辰	庚申	戊子	乙亥	

71	61	51	41	31	21	11	1
庚辰	辛巳	壬午	癸未	甲申	乙酉	丙戌	丁亥

1981년 辛酉년 처가 물에 떠내려가 죽었다. 동생이 국회의원이 되었다. 이 구조는 년과 월에 乙癸戊 삼자조합을 이루지만 子月이니 그 쓰임이 강하지 않다. 또 申子辰 삼합이 모두 있고 년지 亥水와 월지 子水가 申을 지나 辰土에 담긴다. 일지를 기준으로 동일한 오행이 3개이며 십신으로 재성 乙이 년에 있으니 한 번 결혼으로 끝나지 않는다.

46세 즈음 癸未대운에 천간에서 乙癸戊 삼자조합을 이루니 乙의 움직임이 활발해지고 戊土를 향하여 간다. 하지만 辛酉 년을 만나면 乙의 움직임을 공격하고 辛戊乙 삼자조합으로 부인이 사망한다. 또 지지에서는 酉亥辰 삼자조합으로 살기가 강해지는 해였다. 동생이 국회의원이 된 것은 월지를 기준으로 乙癸戊 삼자조합을 이루었고 십신으로 시간 庚 아래에 있는 辰土가 水氣를 담았기 때문이다.

時	日	月	年	男
己未	戊子	壬申	甲辰	

76	66	56	46	36	26	16	6
庚辰	己卯	戊寅	丁丑	丙子	乙亥	甲戌	癸酉

첫 부인은 26세 甲戌대운 己巳년 출산과정에 난산으로 사망하였다. 두 번째 부인과 이혼하고 세 번째 결혼은 丙子대운에 하였다. 이 구조는 申子辰 삼합이 모두 있으며 년지 진토에서 모인다. 또 다른 특징은 시주 己未가 子水를 말리고 열이 오르게 만든다. 천간 구조는 戊己가 壬水를 다툰다. 월지 申月의 입장에서 火氣가 필요한데 월간 壬水와 일지 子水는 오히려 열매를 썩게 만들어버린다.

이런 이유로 부친과 배우자 작용이 좋은 역할을 하지 못한다. 천간에서 년과 시에서 甲己 합하니 그 과정에 壬水가 상할 것이다. 이것이 사주팔자에 정해진 꼴이요 대운과 세운에 꼴대로 반응할 것이다. 甲戌대운은 申子辰과 삼합 沖 하니 문제가 있는 대운이다. 己巳년에 甲己 합하는 과정에 壬水가 상한다.

물론 이것은 첫 부인 壬水에게 문제가 있을 것을 암시하고 또 다른 문제는 시주 己未와 일지 子水의 배합이 흉하다. 여기에 일지 子水와 壬水, 申子辰으로 三合하여 水氣의 중복, 혼잡을 감안하면, 자식을 갖기 어려운 사주가 자식을 낳다가 부인이 사망했다. 丙子대운에 일지와 복음으로 세 번째 결혼했지만 己未를 만나는 운마다 부인과의 고통이 따른다.

時	日	月	年	男
庚寅	丙午	辛巳	庚戌	

73	63	53	43	33	23	13	3
己丑	戊子	丁亥	丙戌	乙酉	甲申	癸未	壬午

이 남자는 세탁소를 운영하지만, 돈도 없고 부인도 없다. 과거에 세 여자를 거쳤다. 지지에 寅午戌 삼합이 모두 있고 중간에 巳火가 끼어 戌土를 향하여 간다. 그 위에는 庚辛이 혼잡하니 산만하다. 일지 午火를 기준으로 巳火 戌土가 있으니 여러 번 결혼할 것이 분명하다.

또 월간 辛과 합하지만 丙火가 원하는 것은 庚이니 辛 너머에 있는 두 개의 庚을 원하지만, 일간이 취하기에는 멀다. 또, 庚과 辛은 일지 午火에 들어오는 것을 원하지 않는다. 불화로에 금속이 녹아나는 이치와 같으니 배우자가 안방에 들어오는 것을 좋아할 리가 없다. 이런 이유로 돈도 없고 부인도 없다. 水氣가 적절하게 배합되지 않으니 火金이 다투고 木氣도 상한다.

時	日	月	年	男
庚戌	壬午	戊寅	庚子	

71	61	51	41	31	21	11	1
丙戌	乙酉	甲申	癸未	壬午	辛巳	庚辰	己卯

교황 레오 13세로 1878년 69세 乙酉대운 戊寅년 교황에 선출되고 1903년 94세 戊子대운 癸卯년 7월 20일에 사망하였다. 사주 원국에 寅午戌 삼합이 순차적으로 흐른다. 寅月의 시공간에 필요한 水氣가 년지에 있고 일간 壬水도 생명수를 사방팔방에

공급하니 희생과 봉사, 공직, 교육에 적합한 구조다. 또 좋은 점은 년지에서 시지까지 시간의 순차적인 흐름이며 월지의 寅이 시간 庚열매로 완성되기에 결과가 좋은 구조다. 또 寅午戌 화기로 庚 열매의 부피를 확장하고 火氣를 축적한 庚은 일간을 향하여 온다. 따라서 시주에서 말년에 좋은 결과를 얻을 것임을 암시한다. 乙酉 대운에 乙丙庚 3字조합을 이루어 발전하였다. 이 구조는 寅午戌 삼합을 흩트리는 대운이 초년에 지나간 뒤로는 안정적인 흐름이다.

時	日	月	年	男
壬	癸	辛	辛	
子	巳	丑	酉	

76	66	56	46	36	26	16	6
癸	甲	乙	丙	丁	戊	己	庚
巳	午	未	申	酉	戌	亥	子

벨기에인으로 신문사 편집인을 하다가 정치에 뛰어들었다. 국회의원, 교육부 장관, 당 대표, 재경부 장관 등을 역임하였다. 1999년 79세 癸巳대운 己卯년 2월 20일 사망하였다.

巳酉丑 삼합이 모두 있고 천간에도 금기가 강하기에 날카로운데 다행하게 사주에 甲乙이나 寅卯가 없으니 木金이 다투는 과정에 殺氣를 만들지는 않는다. 그런데 乙未대운에 천간에서 乙辛 沖하고 지지에서 巳酉丑 삼합 沖 하는데도 문제가 없었던 이유는 무엇일까를 고민해봐야 한다.

일주와 시주가 癸巳와 壬子로 수기가 넉넉하여 金氣가 거칠게 乙을 찌르지는 않는다. 또 월지 丑土가 응결되어 뭉쳐있는데 미토가 충하여 도둑, 강도와 같은 속성을 개선하였다고 읽어도 무리가 없다. 일지 巳火는 丑月의 시공간에 매우 중요한 역할이니 중년 이후에 발전할 것임을 암시한다. 만약 정치를 하지 않고 재물을 추구했다면 결과는 어땠을까? 木氣가 金氣에 잘리고 상하여 문제가 생겼을 것이다.

時	日	月	年	男
庚	戊	壬	壬	
申	戌	寅	午	

76	66	56	46	36	26	16	6
庚	己	戊	丁	丙	乙	甲	癸
戌	酉	申	未	午	巳	辰	卯

1993년 53세, 丁未대운 癸酉년 9월 10일 집에 화재가 일어나 큰 손실을 입었다. 미국 정치인으로 1998년 11월 4일 검찰총장 선거에서 당선되고 1999년 1월 주 검찰총장으로 취임하였다. 寅月의 시공간에 필요한 壬水가 년과 월에 있으며 寅午戌 삼합으로 확장하니 壬甲丙 3字조합의 흐름이다.

또 火氣는 시주 庚申을 자극하고 庚金은 戊土를 지나 壬水를 향하여 간다. 丙庚壬 삼자조합의 흐름과 유사하며 이 흐름을 활용하여 정치인, 검찰로 활용하였다. 丁未대운 癸酉년의 화재이유를 이해하려면 화재가 발생하는 구조를 알아야 한다. 사주에 火氣는 탱천한데 약한 水氣가 있을 경우에 화재가 자주 발생한다.

예로 이 구조는 壬壬으로 水氣가 충분하니 문제가 없지만 丁未대운에 丁壬 합하고 寅午戌 삼합을 戌未 刑으로 자극하고 癸酉년에 癸水가 열기를 자극하면 화재가 발생한다. 즉, 水氣가 줄어들고 약간의 수기가 남았을 때 화재가 발생한 것이다.

時	日	月	年	男
丁巳	戊戌	丙寅	甲午	

77	67	57	47	37	27	17	7
甲戌	癸酉	壬申	辛未	庚午	己巳	戊辰	丁卯

프랑스 남성으로 1993년 1월 8일 39세 庚午대운 壬申년에 부인과 자식 둘을 살해하고 다음 날에 부모도 살해하였다. 이 구조는 한눈에 보아도 水氣가 전혀 없다. 수기는 생명수와 같은데 사주에 없으면 사막처럼 생명체가 살기 어렵다. 이런 구조들은 가능한 특수조직에서 활동하는 것이 좋다.

예로 군인, 경찰, 용병, 종교인과 같은 직업이다. 庚午대운을 만나면 수많은 화기에 자극을 받은 庚은 水氣에 풀어지거나 木氣를 沖할 것이다. 하지만 사주원국과 대운에서 강력한 火氣에 통제받는 庚은 절대로 경거망동하지 못하다가 조건이 갖춰질 때에서야 비로소 동할 수 있다. 壬申년에 뜨거워진 庚金은 壬水를 향하여 축적된 열기를 풀어내려고 총알처럼 튀어 나간다. 화기가 강할수록 튀어 나가는 강도가 강하기에 살기 또한 강해진다. 이런 이유로 壬水에 자극받은 庚金은 甲木과 寅木을 沖 하여 부모와 배우자 자식을 죽였다.

時	日	月	年	男
丁未	壬戌	庚寅	丙午	

71	61	51	41	31	21	11	1
戊戌	丁酉	丙申	乙未	甲午	癸巳	壬辰	辛卯

미국인으로 전문도둑이었다. 辛酉년 1981년 절도죄로 감방에

들어갔고 庚午년 1990년 6월 30일 살인 시도로 10년 형을 선고받았다. 寅午戌 삼합이 모두 있는데 戌未 형하고 있다. 戌未 형은 기본적으로 육체에 문제가 생길 가능성이 높은 조합인데 다행하게 일간 壬水가 생명수를 공급한다.

수많은 火氣가 월간 庚을 자극하면 뜨거움을 해소하고자 壬水를 향한다. 이것이 이 사람의 돈, 명예, 권위, 직책에 해당한다. 달리 표현하면 월간에서 庚을 빠르게 내 것으로 만들려는 욕망을 가진 것이다. 그렇다면 왜 전문도둑에 살인 시도까지 하였을까? 문제가 생긴 辛酉년과 庚午년은 모두 월주 庚寅 16~30세 사이다. 대운은 壬辰과 癸巳로 진토는 寅午戌 삼합과 沖하고 癸巳는 인사 刑 하지만 문제의 핵심은 아니다.

도둑질하는 이유를 저승사자 이론에 응용해보자. 년지 午火를 기준으로 寅午戌 삼합하니 亥子丑은 삼합운동을 벗어난 공간이고 겁살, 재살, 천살에 해당한다. 또 亥子를 천간으로 올리면 겁살과 재살이니 일간 壬水는 기본적으로 남의 것을 빼앗으려는 욕망을 강하게 가지고 있다. 이런 이유로 壬辰, 癸巳대운에 전문도둑에 살인 시도까지 하였다.

時	日	月	年	男
甲戌	甲午	壬寅	丁卯	

78	68	58	48	38	28	18	8
甲午	乙未	丙申	丁酉	戊戌	己亥	庚子	辛丑

미국인 법률가로 판사를 지냈고, 검찰총장을 역임하였다. 1998년에는 마이크로소프트사의 법률팀 대표로 취임하였다. 寅午戌 삼합이 모두 있고 寅月의 시공간에 필요한 壬水가 있으니 壬甲

丙 삼자조합의 흐름에 년, 월에 丁壬 합으로 전문가가 틀림없다. 예로, 의료, 법률, 교육 관련이다. 寅午戌 삼합의 강력한 火氣를 壬水로 풀어내고 寅午戌이 순차적으로 흐르니 좋은 인생을 살았다.

時	日	月	年	男
己	戊	壬	壬	
未	戌	寅	午	

76	66	56	46	36	26	16	6
庚	己	戊	丁	丙	乙	甲	癸
戌	酉	申	未	午	巳	辰	卯

Mike Bloomberg. 사업가로 백만장자며 108대 뉴욕 시장을 역임하였다. 이 구조는 寅午戌 삼합이 모두 있고 寅月의 시공간에 필요한 壬水가 있으니 배합이 좋지만, 일시에서 戌未 刑하니 이혼하였다. 위 사주와 이 사주를 비교해보면 사주팔자에서 일간이 중요한 것이 아니라 월지 시공간에 필요한 조건을 맞추는 것이 훨씬 중요한 것임이 분명하다. 대운까지 감안하면 중년에 강력한 화기로 흐르니 壬甲丙 3字조합이며 일지 戌土에 많은 火氣를 담아 부자였다.

時	日	月	年	男
庚	庚	丙	丙	
辰	子	申	午	

80	70	60	50	40	30	20	10
甲	癸	壬	辛	庚	己	戊	丁
辰	卯	寅	丑	子	亥	戌	酉

프랑스인으로 연쇄강간범이다. 두 여자를 3일 간격으로 강간하였다. 부친은 알코올 중독자였다. 1988년 23세 戊戌대운 戊辰년 8월과 9월 초에 문제를 일으키고 9월 20일 체포되고 8년 형을 받고 수감되었다. 이 구조는 申子辰 삼합이 순차적으로 흐르

고 년지 午火가 子午 沖 한다. 申月의 시공간에 필요한 丙午가 충분하니 년, 월 구조가 좋다. 문제는 火氣에 자극받은 庚申이 子水에 풀어지는 구조인데 하필 子水는 년지 午火를 기준으로 재살 저승사자와 같으니 언제라도 정해진 틀을 깨버리고 불법을 저지르려는 욕망을 가졌다. 戊戌대운이 오면 申子辰 삼합과 午戌 삼합이 충돌할 수 있다. 戊辰년에 이르러 申子辰 삼합과 戌土가 沖하여 전체가 동하면서 정신적으로 문제가 발생하였다.

時	日	月	年	男
乙丑	甲申	甲辰	壬子	

74	64	54	44	34	24	14	4
壬子	辛亥	庚戌	己酉	戊申	丁未	丙午	乙巳

1978년 戊午년 7살 때 계단에서 굴러 머리를 다쳐 반신마비가 되었다. 이 구조는 辰月에 필요한 수기 壬子를 가졌으니 좋은 흐름이다. 戊午년이 오면 申子辰과 子午 충이 동하면서 申子辰 물상 중 하나인 추락의 문제로 반신마비가 되었다. 년지를 기준으로 午火는 재살로 저승사자처럼 申子辰 삼합을 깨트리는 에너지다.

時	日	月	年	女
丙申	丙辰	丁卯	甲寅	

73	63	53	43	33	23	13	3
己未	庚申	辛酉	壬戌	癸亥	甲子	乙丑	丙寅

패션 디자이너이고 甲子대운 甲申年에 남편이 사망하였다. 寅卯辰 木氣를 시지의 申金과 丁火로 수렴하니 패션 디자이너인데 甲子대운 30세 즈음에 子水가 일지와 시지에 있는 申辰과 삼합

을 이루고 甲申년에 정확하게 申子辰 삼합이 이루어지는 해에 남편이 사망하였다. 子水는 년지를 기준으로 寅午戌 삼합을 벗어난 재살, 저승사자에 해당하는 대운이었고 甲申년은 時支 申金이 년지 寅木과 三合 冲이 동한 해였다.

時	日	月	年	女	78	68	58	48	38	28	18	8
壬午	乙亥	癸卯	丁未		辛亥	庚戌	己酉	戊申	丁未	丙午	乙巳	甲辰

48세 甲午년 2014년 상황이다. 이 여인은 홀로 살아온 지 10년째인데 사별한 사람을 소개받았다. 남자에게 남매가 있는데 장모가 길렀다고 한다. 재혼을 해야 하나 걱정이다. 亥卯未 삼합이 모두 있고 일지가 亥水이니 乙木의 활동을 방해하는 에너지다. 일지를 기준으로 壬癸가 모두 있으니 한번 결혼으로 끝나지 않는다. 丙午, 丁未대운의 교체기 癸未년에 일지를 포함하여 亥卯未 삼합을 이루고 未土가 시지 午火와 午未 합하는 과정에 亥水가 未土에 상한다. 일지가 묶이고 상하니 사별하였다.

時	日	月	年	男	71	61	51	41	31	21	11	1
丁卯	己亥	己未	戊午		丁卯	丙寅	乙丑	甲子	癸亥	壬戌	辛酉	庚申

35세 당시의 상황이다. 서울법대를 나와 사법고시에 합격하고 검사가 되어서 정부 주요보직에서 근무하면서 권위를 떨친다. 庚申生 부잣집 딸을 만났다. 亥卯未 삼합이 모두 있고 未月에 필요한 水氣가 일지에 亥水로 있으니 배우자 조력이 좋지만 배

우자 입장에서 살피면 전혀 다르다. 亥水에게 수많은 戊己 토들은 해갈을 위해서 수기를 달라고 요구하기에 亥水는 고갈될 수밖에 없다. 또 언제라도 亥卯未 삼합을 이루면 위태로워진다. 다행한 점은 대운이 계속 水氣로 흘러가고 亥卯未 삼합을 이루는 대운도 70세 이후에서야 들어온다. 구조의 특징 하나는 己土가 丁卯시주를 만나면 군인, 검경에 종사함을 많이 경험한다.

時	日	月	年	男
戊	庚	戊	壬	
寅	子	申	辰	

75	65	55	45	35	25	15	5
丙	乙	甲	癸	壬	辛	庚	己
辰	卯	寅	丑	子	亥	戌	酉

53세 甲申년에 이혼하였다. 申子辰 삼합이 모두 있고 일지 좌우에서 寅申 沖한다. 따라서 운에서 寅申 沖이 동하면 일지 子水는 충의 파동에 영향을 받아서 문제가 생길 것이다. 癸丑대운이 오면 子水가 천간으로 드러나 戊癸 合하니 배우자의 문제가 수면 위로 드러나는 대운이다. 또 子丑 합으로 묶이면 일지가 답답해진다. 이런 상황에서 甲申년이 오면 申金은 申子辰 삼합하고 시지에 있는 寅木을 沖하는 과정에 자수가 상한다. 이런 이유로 寅木의 시기 53세에 이혼하였다.

時	日	月	年	男
辛	辛	乙	癸	
卯	巳	丑	酉	

71	61	51	41	31	21	11	1
丁	戊	己	庚	辛	壬	癸	甲
巳	午	未	申	酉	戌	亥	子

31세 癸巳년에 국회의원에 당선되어 3선 의원이 되었다. 분과위원장을 역임하다가 庚申대운 48세 辛酉년에 위암으로 사망하였

다. 년과 월에 乙, 癸는 주로 교육, 공직을 암시하는 조합이다. 하지만 지지에서 巳酉丑 삼합을 이루니 겉으로는 공직을 추구하고 속에서는 권력을 추구하니 조합을 적절하게 활용하여 국회의원이 되었다. 다만 이 구조의 단점은 乙辛이 沖하고 시지 卯木이 巳酉丑 삼합에 끼어서 木金이 다투는 문제가 있으니 언제라도 乙卯 생기가 상할 수 있다. 시지 卯木은 54세 이후를 암시하는데 하필 庚申 대운에 辛酉년을 만나니 살기가 가득한 금기를 견디지 못하고 사망했다.

제6장   三合을 구성못한 사주의 대세운

위에서는 삼합 세 글자가 모두 있는 구조들이 대운과 세운에 어떤 방식으로 작용하는지를 살폈다. 지금부터는 사주팔자에 삼합을 이루지 못한 구조들이 대운과 세운에 어떻게 반응하는지를 살펴보기로 하자.

時	日	月	年	男
癸未	乙未	乙巳	丁酉	

75	65	55	45	35	25	15	5
丁酉	戊戌	己亥	庚子	辛丑	壬寅	癸卯	甲辰

대학을 졸업하고 유통 사업을 했지만, 재미를 못 보았다. 丑대운 42세 戊寅년에 교통사고가 나서 팔다리가 부러져 쇠를 대는 대수술을 받고 겨우 살아났다. 43세 당시에도 결혼하지 못했다. 이 구조에는 巳酉 두 글자만 있고 丑土가 없다. 辛丑대운에 이르면 巳酉丑 삼합을 이루고 丑未 沖 하려는 의도가 명확하다.

왜 하필 戊寅년에 교통사고가 났을까? 예로 丁丑년의 경우는 巳酉丑 三合 충 하지만 별다른 특징을 찾기 힘들다 천간에서 辛이 乙을 沖 하더라도 乙의 움직임이 강하지 않기에 沖 작용의 충격강도가 강하지 않다. 여기에 癸水도 있으니 辛의 살기를 풀어낸다. 그렇다면 왜 戊寅년일까? 무인년에 이르면 乙과 癸는

戊土와 乙癸戊 3字조합을 이루고자 바쁘게 움직이기 시작한다. 辛은 계속 乙을 노리고 있지만 乙의 움직임이 둔하기에 공격하지 못하는데 戊寅년에 戊土를 만난 乙이 바쁘게 움직이며 戊土를 향하면 辛은 총을 빼 들고 조준하여 乙을 冲한다. 이런 에너지 반응을 辛戊乙 3字조합이라 부른다. 지지의 寅은 巳酉丑 삼합과 충돌하는 과정에 생기가 상하였다.

時	日	月	年 男
乙	丁	丙	辛
巳	丑	申	亥

79	69	59	49	39	29	19	9
戊	己	庚	辛	壬	癸	甲	乙
子	丑	寅	卯	辰	巳	午	未

월지 申을 일지 丑土에 담는 흐름이다. 申金 위에 丙火가 있으니 남의 배우자를 취하거나 부모가 소개한 배우자이다. 일지를 기준으로 酉金이 빠진 巳丑이 합하고 있다. 甲午대운 말 23세 癸酉년에 巳酉丑 삼합하던 해에 결혼하였다.

위에서 계속 살펴본 것처럼 三合을 이루면 대부분 이혼, 사별, 별거의 문제가 발생하였는데 이 사주는 巳酉丑 삼합으로 결혼하였다. 따라서 삼합이라고 무조건 이혼한다고 판단하면 안 된다. 그 이유는 이렇다. 만약 결혼 전에 三合을 이루면 합하려는 에너지가 강해지면서 결혼한다. 하지만 결혼 후에 삼합을 이루면 묶여 답답해지면서 그 존재가 사라진다. 따라서 이혼, 사별, 별거하는 것이다. 이렇게 삼합은 시공간에 따라서 合의 물상대로 반응하기도 하고 때로는 합에 묶여서 그 존재에 문제가 발생하는 물상으로 반응하니 잘 살펴서 판단해야 한다.

時	日	月	年	女
甲辰	丁亥	癸未	乙未	

74	64	54	44	34	24	14	4
辛卯	庚寅	己丑	戊子	丁亥	丙戌	乙酉	甲申

丙대운 27세 辛酉년에 결혼했고 30세 甲子년에 딸 낳고 어렵게 살다가 丁亥대운 37세 辛未년에 이혼하였다. 미월에 필요한 수기가 일지에 있고 亥水는 시지 辰土를 향하여 나가며 두 개의 未土에 상하니 불안정하다. 丁亥대운이 오면 일주와 복음이니 둘 중 하나를 밀어낼 것이다.

辛未년이 오면 대운과 세운이 亥未로 반응하면서 亥水가 미토의 열기와 탁함을 견디지 못하고 도망가고 말았다. 일지 해수와 동일한 오행이 월간에 癸水로 있으니 한번 결혼으로 끝날 구조가 아니다. 이 구조는 일지 배우자가 좋은 작용을 하지만 배우자를 불편하게 만드는 인자들이 많으니 해로하기 힘든 것이다.

時	日	月	年	男
甲寅	戊辰	戊戌	丙申	

74	64	54	44	34	24	14	4
丙午	乙巳	甲辰	癸卯	壬寅	辛丑	庚子	己亥

庚午년 타인의 운전과실로 아들이 사망하였다. 이 구조는 어지럽다. 申辰과 寅戌이 엇갈려 辰戌 沖하고 寅申 沖 한다. 辛丑대운 壬寅대운 교체기 庚午년에 아들이 사망한 이유를 살펴보자. 庚午년은 寅午戌 삼합하려는 과정에 일지 辰土와 沖 할 수밖에 없다. 그런데 왜 하필 자식의 사망인가?

庚午년 寅午戌 삼합으로 庚이 화기에 자극받으면 甲을 沖할 것이다. 강력한 화기에 통제받는 庚은 절대로 경거망동하지 않지만 水氣를 만나는 순간 전혀 다른 태도를 보인다. 뜨거움을 해소하고자 총알처럼 튕겨 나가는 과정에 甲을 沖할 것이다. 壬寅 대운 庚午년에 천간에서 자식 궁위에 있는 甲木을 충하고 지지에서 寅午戌 삼합 沖 하니 아들이 사망했다.

時	日	月	年	女
丙戌	庚申	壬午	乙未	

73	63	53	43	33	23	13	3
庚寅	己丑	戊子	丁亥	丙戌	乙酉	甲申	癸未

54세에 시작되는 戊子대운 56세 庚寅년 己丑월 庚辰일에 남편이 간암으로 사망하였다. 이 구조에는 삼합이 없다. 다만 午未 합과 午戌 합이 있다. 戊子대운이 오면 일지와 申子 합하고 子午 충한다. 庚寅년이 오면 원국에 없었던 寅午戌 삼합을 이루는 과정에 일지 申 남편과 충돌하면서 상할 것이다. 또 대운과 子午 沖하니 삼합과 충 사이에서 남편이 견디지 못하고 간암으로 사망하였다.

時	日	月	年	男
乙卯	戊戌	丙辰	癸巳	

73	63	53	43	33	23	13	3
戊申	己酉	庚戌	辛亥	壬子	癸丑	甲寅	乙卯

壬子대운까지 개인택시를 하면서 자녀를 키우며 잘 살았지만, 辛亥대운 戊寅年에 부인이 외도하고 본인은 가산을 탕진하고 자녀로부터 버림받아 힘들게 살아간다. 이 구조에는 삼합이 없

다. 巳酉丑, 申子辰, 寅午戌, 亥卯未 각각의 글자들로 구성되었다. 진월에 필요한 수기가 대운에서 들어오니 문제없이 살다가 辛亥대운이 오면 일지 戌土 속에 있는 辛이 천간에 드러나 월간 丙火와 합하여 사라진다. 이것이 이혼, 사별, 외도, 별거 물상이다. 戊寅년에 이르면 천간에서 乙癸戊 삼자조합을 이루는 과정에 대운 辛은 바쁘게 움직이는 乙을 沖 한다. 위에서 계속 살펴보았던 辛戊乙 삼자조합이 동한 해였다.

배우자 동태를 살펴보자. 배우자 궁위 일지 戌土가 진토와 沖하니 戌土의 시기에 배우자와의 관계가 불안정해질 것이다. 십신으로 살피면 년간 癸水가 멀리 있고 일지 戌土에 들어오는 것을 꺼린다. 구조를 종합하여 분석해보면 부인이 떠난 이유를 이해한다.

時	日	月	年	男
丙	甲	癸	壬	
寅	戌	丑	辰	

74	64	54	44	34	24	14	4
辛	庚	己	戊	丁	丙	乙	甲
酉	申	未	午	巳	辰	卯	寅

첫 부인과 이혼하고, 둘째 부인은 자살했고, 셋째 부인은 불임이다. 왜 배우자와의 관계가 이토록 불안정할까? 일지를 기준으로 寅戌조합이고 午火가 빠져있다. 술토와 동일한 토가 3개인데다 丑戌 刑하고 辰戌 沖 하니 3번 결혼하였고 배우자와 문제가 심각하다. 24세 丙辰대운에는 일지와 충하여 문제였고 34세 丁巳대운에는 술토 속의 丁火가 천간에 드러나 丁壬 합으로 사라져 문제이고 44세 戊午대운은 寅午戌 삼합 沖하고 刑하니 문제였다. 日과 時의 寅戌 조합은 살기가 강하기에 자식 寅이 상하기 쉽다. 이 구조는 사주원국에 삼합이 없지만 다양한 충, 형

과 대운에서 삼합을 이루는 시기에 문제가 발생했다.

時	日	月	年 女	78	68	58	48	38	28	18	8
辛	丁	己	癸	丁	丙	乙	甲	癸	壬	辛	庚
丑	亥	未	亥	卯	寅	丑	子	亥	戌	酉	申

辛대운에 일찍 결혼했으나 酉대운에 남편이 사망하고 酉대운 庚寅년에 아들이 없는 11년 연상과 결혼하여 壬辰년에 첫아들 낳고 아들 셋, 딸 하나 낳고 살다 乙대운에 남편이 또 죽어서 혼자 살아간다. 辛酉대운에 남편이 죽었으니 辛酉를 기준으로 생극을 따지면서 남편의 사망원인을 분석하려고 노력한다. 이런 시도는 사실 근본적인 원인을 이해하지 못한 것이다.

계속 주장하지만, 사주팔자 구조를 벗어날 수 있는 명리이론은 단언컨대 없다. 아무리 대단한 사주이론도 사주구조에 수렴되는 것이다. 달리 표현하면 아무리 많은 이론을 알아도 사주구조를 읽어내지 못하면 무용지물이다. 일지 亥水를 기준으로 년에 癸亥가 있으니 한번 결혼으로 끝나지 않는다. 여기에 卯木이 빠진 亥未가 조합하니 해수는 대운과 세운에서 亥卯未 삼합하거나 丑未 충에 치이면 상하면서 남편에게 문제가 발생할 것이다.

時	日	月	年 男	76	66	56	46	36	26	16	6
己	辛	辛	丙	己	戊	丁	丙	乙	甲	癸	壬
亥	巳	卯	申	亥	戌	酉	申	未	午	巳	辰

乙未대운 1995년 乙亥년 여자 문제로 사람을 구타하여 수일간

구류되었다가 합의로 풀려났으나 이때부터 가정이 쇠퇴하여 망했다. 辛巳년에 중풍을 앓았다. 2003년에 丙申대운으로 바뀌고 甲申년 병세가 호전되었다. 乙未대운은 일주 辛巳를 지나고 있다. 이 대운 천간에서 乙辛 沖하고 지지에서 亥卯未 삼합과정에 巳亥 沖 한다. 천간에서 乙辛 충은 신금 혼자가 아니라 두 개의 辛金이 乙을 沖 하니 경쟁, 투기, 호전, 도박과 같은 물상이다.

여기에 十神을 참고하면 乙木 재성이니 구타이유를 이해할 수 있다. 특히 亥卯未 삼합과정에 巳亥 沖하니 삼합, 충형으로 배우자 궁위가 극히 불안정해진다. 이런 흐름이 乙 대운 내내 이어지기에 가정이 쇠퇴하고 망했다. 乙未 대운에 乙辛 충으로 피의 흐름에 문제가 생길 가능성을 암시하다가 乙卯가 丙火와 巳火로 가는 辛巳년에 피가 막히면서 중풍이 왔다.

時	日	月	年	男
丁	乙	丁	癸	
丑	巳	巳	丑	

71	61	51	41	31	21	11	1
己	庚	辛	壬	癸	甲	乙	丙
酉	戌	亥	子	丑	寅	卯	辰

94년 甲戌년 22세에 장사하다 크게 망하고 98년 戊寅년과 99년 己卯년에 하급공무원을 하였다. 2001년 辛巳년, 2002년 壬午년에 정신병에 걸렸고 2004년 32세 甲申년에 수술하고 돈을 많이 낭비하고 교통사고도 발생하였으나 다치지는 않았다. 이 구조는 년과 월에서 丁癸 충하고 巳酉丑 삼합하니 법조계나 공무원에 어울린다. 甲寅대운에는 乙木은 甲寅을 타고 오르려는 경쟁심리가 동하여 재물에 대한 욕망이 강해지지만 甲戌년에 寅戌, 巳戌, 丑戌로 복잡하게 얽히면서 망했다. 辛巳년과 壬午년에는 강력한 화기에 자극받은 辛이 乙을 찌르니 좌우로 펼치려

는 움직임에 문제가 생기면 뇌로 공급하는 산소가 부족해져 정신병에 걸렸다. 이 구조의 가장 큰 문제는 火金의 속성이 강한데 乙이 중간에 끼어 수시로 生氣가 상하는 것이다.

時	日	月	年	男
壬子	癸巳	辛酉	戊戌	

79	69	59	49	39	29	19	9
己巳	戊辰	丁卯	丙寅	乙丑	甲子	癸亥	壬戌

乙丑대운 2003년 癸未년 46세 丑月에 고생하며 모은 피와 같은 돈을 도둑맞았다. 이 구조에는 巳酉만 있다가 乙丑 대운에 巳酉丑 삼합하고 丑戌 刑 한다. 癸未년에 巳酉丑 삼합이 丑未 충하고 丑戌未 삼형을 만나 불안정하다.

년지 戌土를 기준으로 寅午戌 삼합을 벗어난 壬癸, 子는 모두 겁살, 재살에 해당하며 乙丑 대운의 丑土도 천살이니 저승사자들이 모두 모였다. 뺏고 빼앗기는 전투가 발생하고 도둑질할 것인가 도둑맞을 것인가 사주팔자 구조에 따라 달라진다. 丑土는 도둑, 강도와 같아서 항상 조심해야하는 에너지다.

제7장 원진귀문과 六合이 조합한 구조

지금부터는 귀문이라 부르는 조합과 육합이 만날 경우에 발현되는 독특한 현상에 대해 살펴보기로 하자. 보통 원진, 귀문으로 부르는 조합의 대부분은 三合의 왕지와 왕지의 묘지가 만나는 조합들이다.

위에서 살펴보았던 午丑, 子未, 酉辰, 卯戌 조합들이다. 그 외에도 寅未, 巳戌, 申丑, 亥辰처럼 亥卯未 삼합과정에 寅木이 未土 묘지를 만나고, 寅午戌 삼합과정에 巳火가 戌土 묘지를 만나고, 巳酉丑 삼합과정에 申金이 丑土 묘지를 만나고, 申子辰 삼합과정에 亥水가 辰土 묘지를 만나서 원진, 귀문이라는 조합을 만들어낸다. 이런 조합들을 설명하기를 인간관계에 문제가 생기거나 까다롭거나 변태적인 성정을 가졌다고 설명한다.

하지만 인간의 성정에만 집중하면 원진, 귀문이 가진 독특한 물상이나 다양한 원리들을 확장하지 못한다. 만약 六合을 원진, 귀문에 조합하면 어떻게 될까? 예로 午丑子, 子午未, 酉辰과 卯戌은 자체가 육합인데 여기에 巳戌과 亥辰을 합하면 卯巳戌, 酉亥辰, 3字조합이며 다시 寅未午, 申丑子 조합들이다. 이런 독특한 조합들은 기존의 명리 이론에는 없지만 모두 時空學에서 새롭게 정립한 이론들이다.

~ 午丑子 : 午火가 子丑 합에 심하게 상한다. 가스폭발과 같

은 폭발력을 갖는다.
~ 子午未 : 子水가 午未 합에 심하게 상한다. 자수 생명수가 상하면서 육체, 정신에 문제가 발생한다.
~ 卯巳戌 : 卯木이 戌土에 들어가 생기가 상하는데 巳火도 戌土에 들어가니 卯木은 생기를 잃고 건조해진다.
~ 酉亥辰 : 酉金이 辰土에 들어가고 亥水도 辰土에 들어가니 辰土 속에 있는 乙木이 응결되고 酉金의 딱딱한 체성도 변질된다.
~ 寅未午 : 寅木이 미토 묘지에 들어가 무기력해지고 午火 육합에 묶이면서 생기를 잃는다.
~ 申丑子 : 申金이 丑土에 들어가고 子水 六合에 묶이면 딱딱한 金氣가 썩는다. 申丑子와 유사한 조합인 酉丑子 조합은 酉金이 丑土에서 심하게 변질되어 문제가 발생한다.

그 외에도, 庫地가 六合과 합하는 구조들도 살펴볼 필요가 있다. 예로 卯未午 조합, 午戌卯 조합, 子辰酉 조합, 酉丑子 펀치기 조합들이다. 이 조합들은 큰 변화를 만들어내는 에너지들이 분명하다. 여기에서는 酉亥辰, 卯巳戌, 申子丑, 酉子丑 조합들을 집중적으로 살펴보기로 하자.

제 1절 酉亥辰 三字조합

酉亥辰 삼자조합은 酉辰 육합과 亥辰 원진이 세 글자로 조합한 것이다. 酉金은 巳酉丑 삼합운동을 하는데 丑土에 辛을 저장하였다가 寅月에 꺼내서 생명체 甲으로 육체를 얻는다. 자연의 이치로 살피면 金이 水의 도움으로 땅에 뿌리를 내리는 이치다. 卯月에 이르면 땅 밖으로 싹이 나오면서 내부에 감춰졌던 씨종자 酉金은 辰月에 酉辰 합으로 가치를 상실한다. 다만 酉金의

입장에서 辰土와 합하면 쓰임을 상실하지만 辰土 입장에서 酉金이 씨종자 역할을 해주기에 金을 木으로 활용할 수 있다. 酉辰 合의 근원적인 문제는 이것이다. 대부분 六合을 매우 친근한 관계처럼 생각하지만 酉金이 辰土와 합하면 辰土의 지장간에 있는 乙이 상한다. 여기에 亥辰으로 亥水가 辰土에 담겨서 열기에 탁해지면서 열이 오른다. 따라서 酉亥辰 삼자가 만나면 어떤 문제를 일으키는지 사주예문으로 살펴보자. 墓庫論에서 확장하여 살펴볼 것이다.

時	日	月	年	女
辛	丁	戊	甲	
亥	酉	辰	寅	

77	67	57	47	37	27	17	7
庚	辛	壬	癸	甲	乙	丙	丁
申	酉	戌	亥	子	丑	寅	卯

태어날 때부터 지능이 낮고 말을 잘 못 하는 장애인이다. 지능이 낮은 이유는 피가 돌지 않기 때문이며 말을 못 하는 이유는 계수의 사고방식을 乙木이 적절하게 표현하지 못하기 때문이다. 辰土 속에 乙木이 있는데 辰酉 합하고 亥水가 辰土에 담긴다. 따라서 진토의 지장간 乙의 활동이 극도로 위축되면서 문제가 생기고 결과적으로 지능이 낮고 말을 못 한다. 또 다른 문제는 甲寅이 戊土를 극하니 육체가 상한다. 두 가지 문제를 종합해보면 이 여인의 문제를 이해한다.

時	日	月	年	男
癸	癸	甲	癸	
亥	酉	子	酉	

79	69	59	49	39	29	19	9
丙	丁	戊	己	庚	辛	壬	癸
辰	巳	午	未	申	酉	戌	亥

庚辰년에 아들 때문에 스트레스를 받던 중 교통사고로 머리를 다쳐 뇌출혈로 사망하였다. 이 구조는 酉亥가 있지만 辰土는 없다. 庚辰년에 庚이 월간 甲을 沖하니 머리 부위가 상할 수 있다. 辰土가 酉亥辰 삼자조합을 이루면서 진토 속의 乙木 피의 흐름에 문제가 생긴다. 또 酉辰, 酉丑, 酉丑辰은 교통사고 조합이며 두 요인이 더해져 머리를 다치고 뇌출혈로 사망하였다. 이렇게 酉亥辰 3字조합은 겉으로 보기에 그 특징이 잘 드러나지 않지만, 그 속에 굉장히 강한 殺氣를 가진 조합이다.

時	日	月	年	女
辛	壬	丁	辛	
亥	辰	酉	未	

71	61	51	41	31	21	11	1
乙	甲	癸	壬	辛	庚	己	戊
巳	辰	卯	寅	丑	子	亥	戌

丁酉월주이니 丁火가 酉金에 열기를 자극하고 壬水에 풀어지는 丁辛壬 3字조합이다. 좋은 집안에서 태어나 부모덕으로 대학교를 졸업하고 27세 戊戌年에 庚午년 남자와 결혼했다. 일지 辰土와 월지 酉金이 辰酉 합하니 진토의 지장간 乙이 상할 수 있다. 여기에 時支 亥水도 辰土에 담기니 乙이 더욱 상한다. 따라서 壬寅大運 丙辰年에 남편이 죽어 과부가 되었다. 辰土와 복음이고 일지에 이르는 시기에 남편이 사망하고 말았다. 이 구조도 결과적으로 酉亥辰 3字조합의 殺氣에 남편이 사망한 것이다.

時	日	月	年	男
辛	戊	丁	乙	
酉	辰	亥	卯	

73	63	53	43	33	23	13	3
己	庚	辛	壬	癸	甲	乙	丙
卯	辰	巳	午	未	申	酉	戌

甲午年이 오면, 亥水 속에 있던 甲이 드러났다. 십신으로 살펴보면 원국에 乙木 正官이 있는데 偏官 甲까지 드러나니, 사람이나 물건의 변동, 변화를 암시한다. 하지만 이런 판단은 너무도 단조롭다. 亥月에 태어난 戊土이니 적절하지 않은 시공간을 만났고 甲午年에 亥水가 甲을 타고 오르기에 새로운 출발을 시도한다. 따라서 하던 일을 그만두고 丁卯 月에 절에 들어가 수도하고 있다.

이 구조도 酉亥辰 삼자조합이 뚜렷하다. 亥水가 일지 辰土에 담기고 유금이 辰酉 합하면 진토 속의 乙의 움직임에 문제가 생긴다. 乙이 상한다는 의미는 사주팔자에 殺氣가 강해지는 것으로 인간은 스스로 이런 문제를 느끼고 살기를 상쇄하려는 움직임을 보인다. 자신도 모르게 종교, 철학, 명리에 관심을 갖고 결과적으로 생기를 보충하고자 스님이 되었다.

時	日	月	年	女
癸	癸	癸	戊	
丑	酉	亥	辰	

77	67	57	47	37	27	17	7
乙	丙	丁	戊	己	庚	辛	壬
卯	辰	巳	午	未	申	酉	戌

이 여인은 아들 낳고 남편과 4번 사별하였다. 왜 4번씩이나 남편이 죽어 나갔는지 살펴보자. 사주팔자에 특별한 특징이 보이지 않지만 일지 酉金은 월지 亥水에 풀어지고 결과적으로 년지 辰土에 담겨진다. 辰土 위에 戊土가 있으며 세 개의 癸水와 합한다. 또 다른 특징은 년간에 戊土가 있으니 첫 남편과 이혼, 사별하는 구조가 분명하다. 여기에 酉亥辰 3字조합이요 酉丑辰 삼자조합으로 癸水가 키워야할 辰土 속의 乙木은 수많은 金水에 응결되어 극도로 위축된다. 戊辰 남편이 발전하려면 반드시

乙癸戊 삼자조합으로 乙이 戊土를 장식해야 하는데 원국에도 무력하고 대운에서도 오지 않는다. 酉亥辰 살기가 가득하니 4명의 남편이 사망했다.

時	日	月	年	男
庚辰	庚辰	己酉	壬午	

74	64	54	44	34	24	14	4
丁巳	甲辰	乙卯	甲寅	癸丑	壬子	辛亥	庚戌

부모덕으로 편하게 살아왔으며 甲寅대운 부친의 큰 사업체를 인수받았다. 乙亥년 54세에 납품관계인 대기업 사장에게 십억 넘는 뇌물을 준 것이 발각되어 감방에 들어갔다. 54세는 時柱 庚辰의 시기요 대운은 甲寅과 乙卯대운 교체기다. 원국 구조를 살펴보자. 년과 월에서 丁辛壬(午酉壬) 3字조합으로 부친이 부자다. 문제는 丙火가 천간에 드러나지 않았으니 庚을 다스릴 지도자가 없고 午火를 제외하고 모두 습하다. 구조가 탁하면 성정과 행위도 탁할 수밖에 없다.

특히 酉丑辰 辰酉 丑辰 조합은 한탕을 노리기에 운이 좋을 때는 남들과 비교가 되지 않을 정도의 큰돈을 벌지만 잘못되면 한번에 날리고 감방에 들어갈 수 있다. 특히 일지와 시지가 辰辰으로 살기가 강하고 乙亥년에 酉亥辰 삼자조합으로 진토 속의 乙木의 움직임이 극도로 응결되면서 뇌물 문제로 수감되었다. 酉亥辰 살기가 감방에 수감되는 것으로 발현되었다.

時	日	月	年	女
戊寅	庚辰	癸丑	壬辰	

77	67	57	47	37	27	17	7
乙巳	丙午	丁未	戊申	己酉	庚戌	辛亥	壬子

중국의 유명한 가수다. 15세 丁未년 가수활동을 시작하였으며, 22세 甲寅년 일본에서 "Airport"가 히트하였다. 32세 甲子년부터 37세 己巳년까지 전성기였다. 43세 乙亥년 5월 8일 태국에서 갑자기 심장마비로 사망했다. 이 구조는 전체적으로 습하다. 庚壬을 예술, 기술로 활용하여 어려서부터 가수로 활동하였고 천간에서 戊癸 합으로 火氣를 만들어낼 수 있다는 점이 좋다. 火金水 조합은 성악, 가수 물상이다.

火氣에 자극받은 金氣가 水氣에 풀려 아름다운 소리를 낸다. 己酉대운에 酉丑辰 삼자조합을 이룬다. 또 乙亥년에는 酉亥辰 삼자가 조합하고 진토 속의 乙의 움직임에 문제가 생긴다. 乙木이 잘못되면 뇌출혈이나 심장마비가 발생한다. 습한 냉기에 乙 피의 흐름이 응결되어 갑자기 심장마비로 사망하였다.

時	日	月	年	男
戊戌	辛酉	辛亥	壬辰	

78	68	58	48	38	28	18	8
己未	戊午	丁巳	丙辰	乙卯	甲寅	癸丑	壬子

乙卯 대운 상황으로 단전호흡 강사다. 甲寅, 乙卯대운에 고생이 심했다. 庚辛은 화기를 만나야 바른 지도자를 따라 방정해진다. 이 구조처럼 壬亥로 水氣만 강하면 방탕하고 방향을 잡지 못한

다. 이 구조도 酉亥辰 삼자조합이 있고 그 위에 壬水가 있다. 따라서 일지 酉金이 亥水에 풀어져 辰土에 모이면 그 속에 있는 乙木 생기가 상한다. 이런 문제를 해결하고자 자신도 모르게 살기를 상쇄하려는 행동을 하는데 그중 하나가 단전호흡이다. 殺氣를 生氣로 바꾸려는 노력을 하는 것이다.

時	日	月	年 女
辛巳	庚辰	庚子	辛亥

75	65	55	45	35	25	15	5
戊申	丁未	丙午	乙巳	甲辰	癸卯	壬寅	辛丑

이 여자는 丁丑년부터 세무 공무원이었다. 위 구조와 다른 점은 시지에 巳火가 있어서 지도자가 있고 亥子가 辰土에 들어오니 金氣를 품은 정보들을 辰土에 담아 분석하니 세무 공무원이다. 다행하게 酉金이 없으니 진토의 乙木이 상하지 않는다. 만약 운에서 酉金이 오면 酉亥辰 삼자조합으로 상할 것인데 대운에서 보이지 않는다.

時	日	月	年 男
庚戌	丁卯	丙辰	癸亥

71	61	51	41	31	21	11	1
戊申	己酉	庚戌	辛亥	壬子	癸丑	甲寅	乙卯

癸丑대운 甲申년(22세) 국세청 간부를 모집했는데 합격하였다. 이 구조는 위 사주보다 훨씬 밝다. 병화 빛이 있으면 기본적으로 공명정대하다. 월간 丙火는 亥水가 辰土에 담긴 정보들을 빛으로 밝혀낸다.

이런 조합들은 대부분 정보, 통신 분야의 기술 계통에 어울린다. 이 구조도 酉金이 없으니 酉亥辰 삼자조합의 살기는 없고 亥辰으로 모으고 분석하고 병화로 밝히려는 에너지가 강하여 국세청에서 일한다.

時	日	月	年	男
庚	丁	癸	戊	
戌	酉	亥	戌	

77	67	57	47	37	27	17	7
辛	庚	己	戊	丁	丙	乙	甲
未	午	巳	辰	卯	寅	丑	子

38세 丁卯대운 43세 2000년 庚辰년 음력 4월 교통사고로 머리를 다쳐 식물인간이 되었고 壬午년 죽었다. 왜 이런 흉한 일이 생겼을까? 43세는 일주 丁酉의 시기를 지나고 있다. 대운은 丁卯의 卯 대운에 이르렀다. 사주팔자 원국에 甲乙 생기가 드러나지 않았다. 亥水에 甲이 있으나 밖으로 나오면 수많은 금기에 상할 것이니 드러나지 않는 것이 좋다. 일주 丁酉의 시기에 이르러 酉金이 丁火에 자극받아 월지 亥水를 향하여 튀어 나간다. 따라서 亥水 속에서 성장하려는 甲이 상할 수 있다. 丁酉와 대운 丁卯가 만나 卯酉 沖으로 생기가 상한다. 庚辰년에 酉亥辰 삼자조합이 동하여 酉金과 亥水가 辰土에 들어가 甲乙이 상하고 두 개의 戌土와 辰戌 沖 한다. 따라서 진토 속의 乙은 더욱 상하고 결과적으로 식물인간이 되었다.

時	日	月	年	女
壬	丙	壬	丁	
辰	寅	寅	酉	

74	64	54	44	34	24	14	4
庚	己	戊	丁	丙	乙	甲	癸
戌	酉	申	未	午	巳	辰	卯

고등학교 교사였고 자식이 없었다. 38세 즈음 1995년 乙亥年 남편이 운전하다 충돌사고로 이 여인만 사망하였다. 년과 월에 丁壬 합과 寅酉가 조합하였다. 따라서 인유의 살기를 가졌는데 寅月에 필요한 壬水가 월간에 있고 丁酉壬으로 丁辛壬 삼자조합을 이루기에 년, 월 조합이 좋다. 일간 丙火가 壬甲丙 삼자조합으로 장기교육, 공직, 의료, 법조계에 어울린다. 일지를 기준으로 배우자 동태를 살펴보자. 寅寅으로 복음이니 한번 결혼으로 끝나지 않는다. 十神으로 살펴도 월간과 시간에 壬水가 있으니 한 번으로 끝나지 않는다.

丙午 대운에 일간 丙午가 寅午합하고 酉金을 자극하면 酉金은 水氣에 열기를 풀려 할 것이다. 乙亥년이 오면 酉金이 총알처럼 튀어 나가면서 寅木을 상하고 酉亥辰 삼자가 조합하면서 乙이 상한다. 丙火로 직접 연결되어 있는 寅과 진토 속의 乙이 상하면 丙火로 가는 피가 막히고 사망하였다.

時	日	月	年	男
丙	癸	丁	庚	
辰	酉	亥	辰	

74	64	54	44	34	24	14	4
乙	甲	癸	壬	辛	庚	己	戊
未	午	巳	辰	卯	寅	丑	子

부인은 젊어서부터 건강이 나빴고 허리뼈에 문제가 생겨서 몇 년 동안 침대에서 일어나지 못했다. 이 남자는 군대에서 근무하다 나중에 교사로 일하다가 결국 바다에 나가 장사하여 巳대운에 부자가 되었으나 순식간에 재물이 사라졌다. 두 명의 애인이 있고 甲午대운 2006년 丙戌년에 2억 가까이 투자하였으나 庚寅년에 무용지물이 되고 말았다. 이 사주에는 酉亥辰 삼자가 모두 있으니 살기가 강하다.

癸水의 가치는 乙의 성장을 촉진하는 것인데 辰土 속의 乙뿐이다. 또 亥水를 담고 酉金과 합한 辰土 속의 乙은 심하게 응결되어 좌우확산 작용이 무기력하다. 이런 문제를 만들어내는 근원적인 궁위는 일지 酉金으로 이 사람의 인생을 결정하는 주요한 인자다. 酉金이 亥水에 풀어지고 辰土에 쓰임을 상실하고 또 월간 丁火가 무기력하니 부인은 젊어서부터 건강이 나빴고 몇 년 동안 누워 지냈다.

월간 丁亥간지의 뜻은 쓸쓸한 바닷가에서 등대를 비추는 물상이니 교육, 바다낚시, 또 사회에서 멀리 떨어진 군대에서 근무하였다. 巳 대운은 巳酉辰으로 원국에서 가진 辰酉 合으로 한순간 큰돈을 벌어들일 에너지를 가지고 있다가 巳火가 보충되어서 큰돈을 벌었으나 辰土 속의 乙이 견디지 못하니 사라지고 말았다. 만약 돈을 지켰다면 심장마비, 뇌출혈로 건강이 나빠지거나 사망할 수도 있다.

時	日	月	年	男
壬辰	辛酉	庚寅	丙戌	

76	66	56	46	36	26	16	6
戊戌	丁酉	丙申	乙未	甲午	癸巳	壬辰	辛卯

62세 丙申대운 丁亥년 丁未월 辛酉일 아침에 갑자기 심근경색으로 사망하였다. 이 구조에는 寅戌, 寅酉, 酉辰 살기가 있다. 다행하게 시간에 壬水가 있으니 金氣를 풀어내고 화기들이 금기를 통제하니, 마치 丁辛壬 삼자조합처럼 난동을 부리지는 않는다. 초년부터 木氣를 직접 가격하는 운은 오지 않다가 丙申대운에 처음으로 寅申 沖하여 寅이 상할 가능성을 암시한다. 丁亥년이 오면 시주에 酉亥辰 3字 조합을 이루고 辰土 속의 乙이 상

할 것이다. 결과적으로 대운과 세운, 월운의 丙丁과 辰土 속의 乙의 흐름에 문제가 생기면서 갑자기 심근경색으로 사망하고 말았다. 이렇게 酉亥辰 삼자조합의 살기는 생각보다 강하니 주의를 요한다.

時	日	月	年	男
辛酉	癸亥	辛卯	丙辰	

77	67	57	47	37	27	17	7
己亥	戊戌	丁酉	丙申	乙未	甲午	癸巳	壬辰

1989년 14세, 壬辰대운 己巳년 11월 18일 집에서 추락하여 장롱 모서리에 부딪혀 사망하였다. 이 구조는 癸水가 가장 좋아하는 卯月을 만났지만 卯木의 상태가 편하지 않다. 辛卯로 상하고 亥水와 합하여 응결되고 酉金이 沖 한다. 또 酉金이 亥水에 풀어져 金氣를 머금은 후 년지 辰土를 향하는 과정에 卯木이 상할 수밖에 없다. 따라서 월지 卯木과 辰土 속의 乙은 운에 따라 반응하고 상할 것이다. 壬辰대운은 辰土가 왔고 천간에서 丙辛합을 깨면서 빛이 어둠 속으로 잠긴다. 또 辰土는 酉金과 亥水를 받아들이는 과정에 乙이 상하면서 乙과 丙의 흐름에 문제가 생긴다. 비록 추락으로 문제가 생겼지만 이런 조합들은 대부분 심장마비와 뇌출혈 물상이다.

時	日	月	年	女
辛亥	壬辰	丁酉	辛未	

71	61	51	41	31	21	11	1
乙巳	甲辰	癸卯	壬寅	辛丑	庚子	己亥	戊戌

좋은 가정에서 태어나 부모덕으로 좋은 학교도 졸업하고 27세

戊戌년에 庚午생과 결혼했으나 자주 다투고 재미없게 살다가 壬寅대운 丙辰년 46세에 남편이 사망했다. 이 구조도 酉亥辰 3字조합으로 辰土가 일지에 있으니 乙 생기가 상하기에 본인이나 배우자에게 문제가 발생한다. 壬寅대운은 일지 辰土의 시기에 이르렀고 문제가 생길 것임을 암시하는데 壬水가 辰土에 담기면 乙은 응결될 것이다. 丙辰년에 일지와 복음으로 남편이나 본인의 문제임이 분명하고 酉亥辰과 辰辰의 살기를 견디지 못하고 남편이 사망했다.

時	日	月	年	男
己	己	庚	乙	
巳	未	辰	巳	

80	70	60	50	40	30	20	10
壬	癸	甲	乙	丙	丁	戊	己
申	酉	戌	亥	子	丑	寅	卯

이 남자는 감방을 집 드나들 듯 살아왔다. 乙亥대운 丁酉년 戊申월 戊寅일 심장마비로 사망하였다. 년과 월에 辰巳 지망이 있다. 저승과 이승을 연결하는 공간인데 구조에 따라서 사망할 수도, 이 사주처럼 감방에 묶일 수도 있다. 辰月에 필요한 수기가 없고 강력한 화기들이 庚을 자극하면 년간 乙과 합한다.

이것이 乙 法을 庚으로 희롱하는 것이다. 또 未辰으로 실제보다 과장하는 성격이고 火氣가 강하니 다혈질이다. 乙亥대운은 시주 己巳에 이르렀고 사주구조대로 乙庚 합하고 亥水가 辰土에 들어간다. 丁酉년에 酉亥辰 삼자조합을 이루고 진토 속 乙의 움직임에 문제가 생기고 乙木이 丙丁으로 향하는 흐름에 문제가 생기면서 갑작스럽게 심장마비로 사망했다.

時	日	月	年	男
辛	丁	壬	辛	
亥	巳	辰	酉	

71	61	51	41	31	21	11	1
甲	乙	丙	丁	戊	己	庚	辛
申	酉	戌	亥	子	丑	寅	卯

미국인이다. 19세 庚寅대운 己卯년 1999년 4월 20일 친구와 고등학교에서 총을 난사하고 폭탄을 터뜨려 많은 학생들을 희생시켰다. 약 2천 명의 학생들이 혼란에 빠지고 15명을 죽이고 많은 사람들에게 부상을 입히고 자살했다.

왜 이런 행위를 했는지 분석해보자. 년주 辛酉가 辰土와 합하고, 시지 亥水가 진토에 담기는 과정에 반드시 巳亥 沖하면서 지나간다. 따라서 밝은 빛을 상징하는 巳火가 亥水에 어두워진다. 밝음이 순식간에 어둠으로 잠기는 것처럼 그 성격이나 행동도 급변하고 변덕이 심하다. 발랄하다가 갑자기 어두워지기를 반복한다. 19세는 월간 壬水의 시기로 년주 辛酉 씨종자가 어둠 속에서 풀어지는 과정이다.

庚寅대운의 寅木에 이르면 寅酉, 寅巳로 살기가 강해진다. 또 己卯년이 오면 辛酉는 卯木을 자를 것이다. 이때 문제는 년지 酉金을 기준으로 巳酉丑 삼합을 벗어난 寅卯辰이 원국, 대운, 세운에서 모두 만나니 겁살, 재살, 천살의 저승사자들이 난동을 부린다. 씨종자를 뺏고 빼앗는 전쟁이 벌어진 것이다. 저승사자 이론을 이해해야만 겁살, 재살, 천살에서 이루어지는 심각한 전쟁 상황을 이해한다.

제 2절 卯巳戌 三字조합

卯木은 亥卯未 삼합운동 하는데 未土에 乙이 저장되면 申月에 꺼내서 卯申이 乙庚 합하여 열매 맺은 후 酉月에 열매를 완성하여 씨종자로 떨어지기에 乙의 좌우확산 작용은 쓰임을 상실한다. 戌月에 卯戌 합하면 卯木의 가치는 완전히 상실된다. 자연에서 이루어지는 卯戌 合 작용은 의미가 사뭇 다르다. 씨종자가 떨어져 戌土에 저장되고 그 위에 마른 卯 낙엽이 떨어져 씨종자를 보호하며 戌土 속 씨종자에게 보온역할을 해주니 술토 내부에 열기를 유지하는 것이다.

이제 巳戌의 관계를 살펴보자. 巳火는 봄날의 화려한 꽃을 피우는 공간인데 戌土에 들어가면 빛을 잃어버린다. 따라서 巳亥 沖이나 巳丑처럼 밝았다가 갑자기 어둠 속으로 빨려 들어가면 혼란이 온다. 이런 작용들은 巳戌 뿐만 아니라 寅未, 亥辰, 申丑도 유사한 속성을 갖는다. 물론 글자 의미에 따라서 의미가 달라지지만, 기본적으로 인사신해가 가지고 있는 출발하고 확장하는 에너지가 갑자기 辰戌丑未 속으로 들어가 시공간이 답답해지고 좁은 공간에 집착하여 판단에 문제가 생긴다.

이 상태에서 卯木이 戌土와 육합하면 巳火는 戌土에서 빠져나오지 못하고 빛을 잃으며 卯木은 생기를 상실한다. 결과적으로 卯巳戌은 戌土에서 卯木과 巳火가 그 작용을 상실하는데 卯木 생기가 상하니 육체에 문제가 생기고 巳火 빛을 잃으니 어둠 속으로 빨려 들어간다. 종합하면 卯巳戌 조합은 생기와 빛이 상하며 卯酉戌 삼자 조합은 그 정도가 더욱 심하다. 사주예문을 살펴보자.

時	日	月	年	女
癸	癸	庚	丁	
丑	卯	戌	巳	

78	68	58	48	38	28	18	8
戊	丁	丙	乙	甲	癸	壬	辛
午	巳	辰	卯	寅	丑	子	亥

33세 2009년 癸丑대운 己丑년 상황이다. 의사인데 직업에 흥미를 잃고 다른 생각으로 고통에 시달리고 있다. 천직이 무엇인지 알고 싶다. 첫 아이를 임신 중이다.

월지가 戌土로 년과 월에서 월지 시공간에서 필요로 하는 조건을 충족해주지만 일간 癸水 입장에서 戌月은 자신이 가장 원하는 乙卯를 적절하게 키우기 어렵다. 일지가 卯木으로 癸水가 가장 좋아하는 에너지를 가졌음에도 卯木이 戌土와 합하고 巳火를 향하는 방향성을 가졌고 언제라도 丑戌 刑으로 상할 가능성이 높다.

癸丑대운이 오면 월지 戌土를 刑하기에 기존의 직업을 바꾸려는 생각이 강해진다. 여기에 己丑 년이 오면 卯丑으로 卯木이 위축되고 丑戌 刑하면서 방황할 수밖에 없다. 癸水는 卯木을 키우는 것인데 卯木이 상하면 삶의 방향과 삶의 목적에 혼선이 오는 것이다. 묘목을 향하던 마음이 왜곡되고 비틀리면서 내가 하는 행동이 맞나? 하는 의구심이 생기는 것이다.

이 구조의 卯巳戌은 나쁘지 않지만, 일주 癸卯 입장에서는 타인들에게 이용당한다는 피해 의식이 생길 수 있다. 의사가 된 이유는 卯巳戌이 가진 살기를 상쇄하고 丑戌 刑으로 상한 卯木을 구하기 위해서이다.

時	日	月	年	女
모름	乙卯	己巳	甲戌	

77	67	57	47	37	27	17	7
辛酉	壬戌	癸亥	甲子	乙丑	丙寅	丁卯	戊辰

2013년 20세, 丁卯대운 癸巳년 9월 7일 선수단과 함께 이동 중에 교통사고로 왼쪽 다리가 절단되었고 2014년 3월 국제농구연맹 홍보대사로 위촉되었고 4월에 재단을 설립하였다. 이 구조는 巳月의 시공간에 필요한 癸水가 없고 甲이 己巳와 합하여 마르고 비틀린다. 년주와 월주에서 甲己 합하고 巳戌과 卯巳戌로 모든 생기들이 戌土에 들어가 마른다.

丁卯대운 丁火는 戌土 속에 품었던 강렬한 열기가 튀어나온 것이다. 열기를 품은 戌土에서 丁火 불꽃이 튀어나올 때는 주의하여 살펴야 한다. 총알, 탄약, 화재, 날카로운 칼처럼 위험하기 때문이다. 丁卯의 묘목은 卯巳戌로 戌土에 들어가 생기를 잃어버린다. 특히 癸巳년에는 卯巳戌이 모두 만나고 강렬한 불꽃 丁火와 癸水가 沖하여 교통사고로 다리를 잃었다.

時	日	月	年	女
癸卯	丁巳	癸卯	壬戌	

79	69	59	49	39	29	19	9
乙未	丙申	丁酉	戊戌	己亥	庚子	辛丑	壬寅

辛丑대운 乙酉년 辛丑월 교통사고로 남편이 사망하였다. 卯月의 시공간에 필요한 수기가 년, 월에 있으니 좋아 보인다. 다만, 丁火일간 입장에서 壬癸가 모두 있으니 丁壬 합하고 丁癸 沖 하

여 중력에너지 丁火가 상한다. 지지에서 卯戌 합과 巳戌 사이에 卯木이 끼었고 卯木은 巳火를 향하여 간다. 辛丑대운이 오면 卯丑조합으로 卯木의 움직임에 문제가 생기고 丑戌 刑으로 戌土가 동하여 卯戌 합이 불안정해진다.

乙酉 년이 오면 천간에서 乙辛 沖하면서 생기가 잘릴 것임을 암시한다. 地支는 일지 巳火와 대운, 세운이 巳酉丑 삼합하고 辛丑 월에 戌土와 刑 하면서 卯木이 심하게 찌그러진다. 酉丑 교통사고 물상에 巳戌은 차량이 戌土에 들어가 멈춘 상태에서 丑戌刑하니 교통사고 조합이 분명하다. 결론적으로 卯木이 상하고 巳火를 향하던 피의 흐름이 일시적으로 막히면서 남편이 사망했다. 卯巳戌의 殺氣는 강하지 않지만 운에서 반응하면서 남편이 사망했다.

時	日	月	年	女
癸	丁	壬	戊	
卯	巳	戌	申	

71	61	51	41	31	21	11	1
甲	乙	丙	丁	戊	己	庚	辛
寅	卯	辰	巳	午	未	申	酉

丁巳대운 48세 2015년 乙未년 상황이다. 두 번 이혼한 후 결혼 상대자를 구하기 힘들다. 이 구조에도 卯巳戌이 모두 있다. 戌月의 시공간에 필요한 수기는 약해야 하는데 壬水와 癸水로 섞여 있다. 일지를 기준으로 남편의 동태를 살펴보자. 巳火는 언제라도 戌土를 향하고 년지 申을 향하여 나갈 것이다.

丁巳대운이 오면 巳火는 戌土 墓地로 들어가고 申金과 巳申 합하러 나간다. 십신으로 살피면 월간 壬水는 巳火에서 자신의 에너지를 적절하게 활용할 수 없으니 일지에 들어오는 것을 원하지 않는다. 일간 丁火 입장에서 丁壬 합, 丁癸 충으로 결혼 생활이 불안정하다. 이 구조에서 卯巳戌은 강력한 살기를 뜻하지는 않지만, 구조적인 문제로 두 번 이혼했다.

時	日	月	年	男
戊午	癸卯	乙巳	壬戌	

75	65	55	45	35	25	15	5
癸丑	壬子	辛亥	庚戌	己酉	戊申	丁未	丙午

공직자인데 범죄자를 구인하는 과정에 문제가 생겨 송사가 발생하였고 1심에서 승소하였으나 상대편 범죄자가 己酉대운 戊戌년 乙卯월에 항소하였다. 卯巳戌 삼자가 모두 있고 巳月에 필요한 癸水가 일간이며 乙癸戊 삼자조합을 이루니 교육, 공직에 어울린다. 따라서 이 구조의 卯巳戌은 살기를 뜻하지는 않는다.

己酉대운이 오면 卯酉戌이 조합하고 卯酉 沖으로 癸水의 움직임을 대변하는 卯木이 심하게 상할 수 있다. 戊戌년이 오면 천간에서 戊癸 합으로 답답해지고 卯巳戌로 癸水가 좋아하는 卯木과 巳火가 모두 戌土를 향하여 나가버리고 그 위에 壬水가 있는데 법적인 상대자로 壬水는 巳月에 필요한 에너지가 아니다. 己酉대운에 원국에 미약하던 살기가 강해지면서 癸水가 卯木의 성장을 촉진하려는 의지를 꺾는다.

時	日	月	年	男
己卯	乙巳	辛巳	庚戌	

74	64	54	44	34	24	14	4
己丑	戊子	丁亥	丙戌	乙酉	甲申	癸未	壬午

癸未대운 1986 丙寅年에 깡패 짓 하다가 체포되어 감방에 들어갔다. 卯巳戌이 모두 있고 水氣가 전혀 없으니 乙辛이 모두 마르고 날카로워진다. 하지만 년, 월의 庚辛이 날카롭다고 해도 水氣가 전혀 없으니 난동을 부리지는 않는다. 그 이유는 火氣에 통제받는 庚辛은 절제력이 있기 때문이다.

다만, 庚辛은 언제라도 乙을 찌를 수 있는 구조들은 그 성정이 조급하고 날카로워 소위 깡이 좋으니 구조에 따라서 조직폭력배로 빠질 가능성이 높다. 癸未 대운이 오면 가장 큰 문제는 庚辛이 癸水를 보고 뜨거운 열기를 해소하고자 튀어 나가는 과정에 乙을 찌른다는 점이다.

이런 상황에 처하면 乙은 殺氣를 몸으로 견디면서 거칠게 반응한다. 丙寅년이 오면 丙火를 활용하여 庚辛과 대적하려는 태도를 보인다. 庚辛은 년과 월에 있으니 국가, 사회에서 나를 통제하는 것이므로 법, 사회기강과 같은데 丙火로 막다가 수감된 것이다. 이 구조에서 卯巳戌은 조급함을 양산하는 에너지들로 결과적으로 감방에 들어가게 만들었다.

時	日	月	年	男
乙	丁	戊	壬	
巳	卯	申	戌	

79	69	59	49	39	29	19	9
丙	乙	甲	癸	壬	辛	庚	己
辰	卯	寅	丑	子	亥	戌	酉

己酉대운과 庚戌대운 17세 戊寅년에서 22세 癸未년까지 해마다 사람을 구타하여 구설이 생기고 벌금형에 처해졌다. 이 구조의 나쁜 점은 일간이 년간 壬水와 丁壬 합하는데 중간에 戊土가 끼어 임수를 가격한다.

이렇게 슴훤이 동시에 발생하면 그 강도가 훨씬 강하다. 즉, 戊土가 중간에 없는 丁壬 合은 합이 자연스럽기에 특별한 문제가 없지만, 년간과 일간이 합하는 중간에서 합을 방해하면 壬水가 戊土에 상하는 강도가 전혀 다르다.

고무줄에 비유하면 戊土가 없는 丁壬 合은 거리가 가까우니 탄성이 약하기에 운에서 戊土가 合을 깨더라도 강도가 약하다. 하지만 이 사주처럼 戊土가 중간에 끼어있으면 丁壬 合하느라 고무줄이 두 배로 늘어나 탄성이 두 배로 강한 상태에서 戊土가 壬水에게 카운터펀치를 날린다. 戊土는 월간으로 16~23세 사이에 발생하는 일이다. 지지를 살펴보면 卯巳戌 삼자가 모두 있고 卯戌 합하는 과정에 卯木이 申金에 상하는 구조다.

시간의 방향으로 살펴도, 卯木이 戊土와 六合하러 가는 과정에 반드시 申金을 지나야 하므로 그 과정에 날카로운 申에 상한 후에서야 비로소 戊土 묘지에 들어간다. 또 己酉 대운과 庚戌 대운에 卯酉戌, 卯巳戌 3字조합으로 卯木 생기가 상하면서 殺氣가 강해진다. 구조를 종합해보면 왜 이 사람이 17세에서 22세 사이에 매년 폭력을 행사했는지 이해한다.

사주팔자 구조에 우선하는 명리이론은 존재하지 않는다. 격국, 용신, 조후, 왕쇠, 강약, 생극을 그럴싸하게 포장해도 시공간 변화에 반응하는 에너지의 움직임을 이해하지 못하고 사주구조를 읽지 못하면 무용지물이다. 이 사주를 격국으로 용신으로 조후로 왕쇠로 강약으로 통관으로 기타 방법으로 이해해봐야 왜 매년 사람들을 구타했는지 설명하지 못하면 모든 이론들은 무용지물이다.

時	日	月	年	女
乙卯	癸巳	庚戌	壬辰	

72	62	52	42	32	22	12	2
壬寅	癸卯	甲辰	乙巳	丙午	丁未	戊申	己酉

戊申대운 壬子년에 망상, 불면증, 조울증에 시달렸다. 이 구조는 卯巳戌이 모두 있고 년과 월에서 辰戌 충 한다. 戌月의 시공간이니 수기가 많으면 좋지 않은데 아쉽게도 년주 壬辰이 필요 없는 수기를 공급하고 戌土와 沖한다. 따라서 辰戌 沖으로 불안정해지는 시기에 심리적으로도 불안정해진다. 戊申대운은 10대로 卯申과 巳申으로 卯木 생기가 상할 수 있다. 壬子년이 오면 년지 에서 申子辰 삼합하고 辰戌 沖 하는 시공간에 이르러 망상, 불면증, 조울증에 시달렸다.

정리하면, 일간 癸水가 가장 좋아하는 乙卯의 움직임이 巳火를 향하고 戌土 묘지에 들어가 답답해지는데 申子辰 삼합한 辰土가 戌土를 沖해버리니 卯木의 움직임이 심하게 비틀리면서 乙卯의 생기발랄한 에너지가 왜곡되었다. 卯와 申신이 만나면 卯申암합이라 부르는데 이 조합도 卯木 생기가 심하게 상하면서 정신적으로 문제가 발생한다.

時	日	月	年	男
癸卯	壬子	辛巳	庚戌	

72	62	52	42	32	22	12	2
己丑	戊子	丁亥	丙戌	乙酉	甲申	癸未	壬午

교육자 가정에서 태어났지만, 초년에 조폭 계에서 활동하다가

감방에 들어갔고 결혼도 못 했다. 직장에서 3년 지나 책임자가 되었지만, 발전이 없어서 십 년 후에 독학으로 공인중개사를 따서 부동산 중개업을 한다. 이 구조도 卯巳戌이 모두 있는데 卯木이 巳火를 향하는 과정에 子水와 子卯 형으로 상한다. 지금까지 살펴본 것처럼 卯木이 상하는 방법은 사주팔자 구조에 따라 다르기에 발현되는 물상도 전혀 다르다.

초년에 조폭에 가담한 이유는 년과 월에 금기만 가득하여 살기가 강하기 때문이다. 또 다른 특징은 년지 戌土를 기준으로 壬子, 癸로 저승사자들이 많아 戌土 속의 丁火를 빼앗으려 하기 때문이다. 여기에 卯木이 巳戌을 향하면서 반드시 壬子를 건너야 하므로 저승사자를 만나는 이치와 같고 이런 이유로 卯木의 움직임에 문제가 생기고 감방에 갇혔다. 질병으로 육체가 상하거나, 사망하거나, 감방에 들어가 자유를 억압받는 물형들은 달라 보이지만 모두 生氣가 상할 때 발현되는 현상들이다.

時	日	月	年	女
癸	辛	戊	辛	
巳	卯	戌	丑	

75	65	55	45	35	25	15	5
丙	乙	甲	癸	壬	辛	庚	己
午	巳	辰	卯	寅	丑	子	亥

49세 당시의 상황이다. 壬寅대운 乙酉년에 뇌출혈로 수술하고 2번 더 재수술하여 말이 어눌하다. 이 구조에도 卯巳戌이 모두 있고 일지 卯木과 丑土가 만나면 생기가 상하고 卯戌로 합하는데 丑戌 刑하면 卯木에 문제가 생긴다. 壬寅대운에 卯巳戌로 火氣를 머금은 辛이 壬水를 향하여 튕겨 나가면 卯木이 상할 수 있다. 乙酉년에 천간에서 乙辛 沖하고 대운과 寅酉로 조합하여 살기가 생긴다. 또 卯酉戌, 卯巳戌 삼자조합에 巳酉丑 삼합

- 248 -

으로 卯木이 심하게 상하면 巳火로 가는 피의 흐름에 문제가 생겨서 뇌출혈로 수술하였다. 그 시기는 일지 卯木으로 38~45세사이다. 乙酉 년은 천간에서 辛戊乙 삼자조합이 동하는 해였다. 辛은 대운에서 壬水를 만나 총알처럼 튀어나가는데 乙酉년에 乙木이 戊土를 향하여 움직일 때 辛이 乙을 沖 하여 뇌출혈이 발생했다.

時	日	月	年	女
乙	丁	壬	壬	
巳	卯	寅	戌	

72	62	52	42	32	22	12	2
甲	乙	丙	丁	戊	己	庚	辛
午	未	申	酉	戌	亥	子	丑

己亥대운 28세 2009년 己丑년 10월 말에 투신자살하였다. 寅月에 필요한 壬水가 년과 월에 있고 시지에 巳火가 있으니 壬甲丙 삼자조합으로 흐름이 좋다. 년, 월에 寅戌로 寅酉처럼 살기를 가진 조합이고 卯巳戌 삼자가 모두 보인다. 묘목이 사화를 향하고 사화가 戊土를 향하는 과정에 寅木을 지나면서 刑한 후에 戊土에 들어간다. 己亥 대운이 오면 특별하게 흉해 보이지 않는다. 寅亥 합하여 인목이 어두워지고 亥卯 합으로 卯木 활동이 응결되는 정도다.

하지만 己丑년이 오면 조금 달라진다. 일지에서 卯丑으로 卯木의 활동이 응결되고 卯戌, 巳戌로 목화를 담은 戊土를 刑한다. 하지만 이 정도로는 자살 이유를 이해하기 어렵다. 여기에 저승사자 이론을 대입해보자. 년지 戌土이니 寅午戌 삼합을 기준으로 亥子丑은 겁살, 재살, 천살이고 亥水가 천간에 壬水로 뜨면 겁살에 해당하며 戌土 속에 있는 丁火 중력에너지를 훔칠 것이다. 己亥대운이 오면 저승사자가 땅으로 내려오는 것과 같다.

己丑년 卯丑으로 생기를 잃고 삶의 의욕을 잃으니 저승사자가 데려가는 꼴이다.

時	日	月	年	男
己	己	乙	戊	
巳	丑	卯	戌	

77	67	57	47	37	27	17	7
癸亥	壬戌	辛酉	庚申	己未	戊午	丁巳	丙辰

庚申대운 己丑년에 친형이 간암으로 사망하였다. 이 구조도 卯 巳戌이 모두 있다. 또 卯丑으로 생기가 상한다. 월지 卯木은 戌 土와 합하고 丑戌 刑 한다. 또 卯木은 시지에 있는 巳火를 향하는 과정에 丑土에 응결될 것이다. 또 卯木은 丑戌 刑 사이에 끼어서 상하기에 대운, 세운에서 그 문제가 발현될 것이다. 庚申 대운에 이르면 월주 乙卯와 천간과 지지에서 합한다. 卯申 합으로 묶인 묘목은 움직임이 답답해진다. 己丑 년이 오면 卯丑과 丑戌 刑으로 卯木이 더욱 상하고 卯에 상응하는 물상인 간암으로 사망하였다. 참고로 형제는 반드시 월지를 기준으로 살펴야 한다. 월지는 모친궁위며 모친만이 유일하게 형제를 낳을 수 있기 때문이다.

時	日	月	年	女
丁	甲	庚	丁	
卯	辰	戌	巳	

78	68	58	48	38	28	18	8
戊午	丁巳	丙辰	乙卯	甲寅	癸丑	壬子	辛亥

亥子대운에 가정이 빈곤하였고 子대운에 접대부가 되었다. 돈벌이가 좋아서 동생의 학비를 대며 癸丑 운까지 활동하였다. 년, 월에 丁巳, 庚戌로 戌月의 시공간에 필요한 화기들이 충분하여

조합이 좋지만 일간 甲 입장에서는 화기에 자극받은 庚이 甲을 沖 하니 상할 수 있다. 이렇게 庚이 년, 월에 있는 甲은 구조에 따라서 일찍 사회에 진출하여 쓴맛을 봐야 한다. 하지만 문제는 따로 있다. 戌月에는 화기를 필요로 하며 약간의 수기만 필요한데 일지 진토가 술토를 충하며 대운 흐름이 壬子, 癸丑으로 수기가 너무 강해지면서 술토 난로가 위태롭다. 壬子대운은 丁壬 합하고 子卯 刑 하는데 그 반응이 시주에서 발생하니 적절한 사회활동이 아니며 甲, 丁卯로 육체를 활용하는 직업이 분명하다.

時	日	月	年 男
癸巳	丙戌	癸卯	丁未

75	65	55	45	35	25	15	5
乙未	丙申	丁酉	戊戌	己亥	庚子	辛丑	壬寅

1989년 23세 辛丑대운 己巳년 6월에 결혼하였다. 1992년 26세 壬申년 6월 23일 술에 취하여 부인을 강간하고 깊은 잠에 빠졌다. 부인은 그의 성기를 잘라버렸고 새벽에 병원에 가서 봉합 수술하였다. 1996년 30세 庚子대운 丙子년에 갑자기 식당에서 神을 보았다며 성경을 읽기 시작하였고 12월에 교회 목사로 안수받았다. 2002년 36세, 庚子대운 壬午년에 재혼하였으나 2개월 후 부인을 구타하여 감방에 수감되었다.

이 남자의 끊임없는 구타행위의 원인을 알아보자. 卯巳戌이 모두 있고 년, 월에 丁癸 충이다. 겉으로 보면 크게 문제될 것 없으며 여자를 구타하는 이유도 보이지 않는다. 하지만 몇 가지 구조를 정리하면 폭력성향을 이해한다. 첫째는 卯巳戌이 모두 있으니 卯木의 움직임이 자유롭지 않다. 이 의미는 항상 두 가지로 살펴야 하는데 일간이 제약 당하는지 아니면 상대를 제약하는지에 따라 다르다. 예로 깡패라면 사람들을 제약하고 내가 구타당하면 정반대 입장이다. 卯木은 겉으로 무리가 없어 보이지만 시간의 방향으로 살피면 반드시 일지 戌土에 들어가 좌우 확산 움직임이 답답해진다. 또 未土와 戌土 중간에 끼어 戌未 刑 할 때마다 문제가 생긴다. 卯木의 움직임을 통제하는 글자가 일지 배우자이며 卯木을 답답하게 만드는 인자를 제거하려는 욕망에 사로잡힌다. 이것이 배우자를 구타하는 이유다.

辛丑대운 卯木의 움직임이 丑戌未 三刑과 卯丑으로 더욱 답답해지고 庚子대운 丙子년에 子卯 刑으로 卯木이 응결되던 해에 피의 흐름에 문제가 생기고 丙火와 巳火로 가던 피가 역류할 때 정신병이 생기고 갑자기 神을 보았다고 성경을 읽기 시작했다. 이 모든 것은 피의 흐름에 문제가 생겨서 발생하는 이상 현상들이다.

時	日	月	年	男
戊	辛	辛	庚	
子	卯	巳	戌	

78	68	58	48	38	28	18	8
己	戊	丁	丙	乙	甲	癸	壬
丑	子	亥	戌	酉	申	未	午

중학교를 졸업하고 분양회사에 비정규직으로 근무했으나 그만둔 후로는 일하지 않았고 丁亥年 대장암 3기로 丙午月에 수술하였다. 생활력이 약하고 돈 벌 생각을 하지 않는다.

위에서 庚戌과 辛巳 조합이 살기를 가졌음을 살펴보았다. 일지에 卯木이 巳火를 향하고 戌土에 들어가 상한다. 또 천간에 수많은 金들은 卯木을 찌르니 무기력해지고 움직임이 둔화된다. 甲申대운에 卯申으로 卯木이 더욱 상하니 丙戌년에 묘목에 문제가 생기고 丁亥 년에 대장암 수술을 하였다. 생활력이 약하고 돈 벌 생각을 하지 않는 이유는 모두 활동에너지 卯木이 상하기 때문이다.

時	日	月	年	男
戊	乙	辛	辛	
寅	卯	卯	巳	

71	61	51	41	31	21	11	1
癸	甲	乙	丙	丁	戊	己	庚
未	申	酉	戌	亥	子	丑	寅

丙戌대운 戌대운에 큰돈을 벌어 사업을 크게 확장하였다. 사업을 확장하기 전 몇 명의 유명한 역술인들과 상담하였는데 모두들 좋다고 하여 확장하였다. 술 대운 몇 년 동안 큰돈을 벌었으니 무서울 것이 없고 유명하다는 사람들이 좋다고 하였으니 기고만장 사업을 확장하였으나 酉운에 크게 망하여 처와 자식은 물론 집조차 빼앗겨 거리로 쫓겨나고 3억 부도를 내고 법의 심판을 받아야 했다. 현재도 빚생이에 시달리며 가족과 생이별하여 이곳저곳 새우잠을 자는 신세다.

이 구조는 사주원국에 戌土가 없다가 운에서 온 경우다. 戌土의 시기 46~53세는 사주원국의 시간 戊土를 지난다. 乙이 처음으로 안정적인 터전 戊土를 만나던 시기였다. 하지만 乙酉대운에 천간에서 乙辛 沖으로 상하고, 지지에서 卯酉 沖으로 상하니 움직임이 좋을 리 없다. 기억할 점은 卯巳戌이라고 무조건 살기가 강한 것은 아니라는 것이다. 또 대운을 살피기 전에 반드시 원국 궁위를 감안한 후 대운을 살피는 습관을 길러야 한다.

時	日	月	年	男
丁卯	己巳	丙辰	戊子	

77	67	57	47	37	27	17	7
甲子	癸亥	壬戌	辛酉	庚申	己未	戊午	丁巳

64세 2011년 辛卯년 12월 상황이다. 11월만 해도 열심히 일하였는데 갑자기 간암으로 2개월 시한부 판정을 받았다. 간이 터져서 지혈은 했는데 길어야 두 달이라고 한다. 사업도 한창이고 기술도 좋고 재주 많은데 아쉬운 상황이다. 64세는 시주를 지났다. 壬戌 대운은 卯巳戌 삼자가 조합하고 卯木이 巳火를 향하고 戌土에 들어가 상한다. 辛卯 年에 戌土 속에 있던 辛金이 천간에 드러나고 묘목이 복음으로 문제가 생길 것임을 암시한다. 또 묘목이 卯戌로 합하고 진술 충하는 세운이니 생기가 상하는 것이 분명하다.

時	日	月	年	男
丁卯	甲戌	辛亥	丁巳	

72	62	52	42	32	22	12	2
癸卯	甲辰	乙巳	丙午	丁未	戊申	己酉	庚戌

대만인이다. 고집이 세고 비열하다. 어려서부터 타인을 구타하고 싸움에 대적할 사람이 없었다. 24세 戊申대운 庚辰년 甲申월 壬戌일 오후 6시경 피해자를 기다리고 있다가 칼로 20여 차례 찔러 그 자리에서 사망하였다. 다음날 체포되었고 사형 집행 유예 판결을 받았으며 무기징역에 처해졌다. 사건의 원인은 여자였다. 卯巳戌이 모두 있고 卯木이 戌土를 향하고 巳火는 戌土를 향하는 과정에 亥水와 沖 한다. 甲, 丁卯로 육체가 강하고

색을 탐한다. 년, 월에서 丁辛壬 삼자조합이 있으니 좋아 보여도 타인을 구타하고 싸움하는 이유는 卯巳戌, 甲, 丁卯로 살기가 강하기 때문이다. 戊申대운에 卯申 합하면 卯木이 답답해진다. 庚辰년 甲庚 沖하면 殺氣는 강해지고 잘못된 것을 반드시 고치고 말겠다는 고집이 생겨난다.

庚이 甲을 沖 하면 甲은 이에 상응하는 반응을 보이는데 바로 잘못된 행위를 고치려는 생각에 사로잡혀 집착한다. 즉, 자신이 잘못했다는 생각은 못 하고 타인의 행위가 잘못되었다는 강박관념에 사로잡힌다. 아무리 잘못을 저질렀다 해도 칼로 20번을 찌를 정도로 잘못한 일이 있겠는가? 이 모든 것은 사주팔자에 卯巳戌로 살기가 강하기 때문이다.

時	日	月	年	男
乙卯	戊戌	丙辰	癸巳	

73	63	53	43	33	23	13	3
戊申	己酉	庚戌	辛亥	壬子	癸丑	甲寅	乙卯

壬子대운까지 개인택시하면 대도시에서 자녀 두 명을 키우며 살았지만, 辛亥대운 戊寅年에 부인이 외도하고 본인은 가산을 탕진하고 자녀로부터 버림받아 힘들게 살아간다. 위에서 살펴보았던 사주다. 卯巳戌 조합으로 의미를 살펴보자.

卯木은 戌土에 들어가고 巳火도 戌土를 향하고 결과적으로 辰戌 沖 한다. 이때 辰戌 沖으로 戌土가 상하는 것은 일반적인 辰戌 沖과는 의미가 좀 다르다. 戌土는 巳火, 丙火, 卯木을 담았기에 화기를 가득 담았는데 亥水를 담은 辰土가 沖 해버리면 불을 가득담은 화로가 엎어지는 이치와 같다. 자식도 모두 떠난 이유는 辛亥의 살기를 견디기 힘든 乙卯 자식들이 戊土를 멀리 하기 때문이다. 즉, 원래 戊戌과 乙卯는 그 관계가 매우 좋으며 乙卯는 반드시 戊土 터전 위에서 성장한다. 하지만 辛亥 대운이 오면 일과 시의 천간에서 辛戊乙 삼자조합을 이루고 乙木이 戊土를 향하는 움직임을 辛이 沖 하여 방해해버린다. 戊土의 살기를 느낀 乙卯 자식들은 戊土 부친을 피해 도망가버린 것이다. 에너지 파동은 이렇게 신비롭다.

時	日	月	年	女
乙巳	丁卯	戊午	癸亥	

80	70	60	50	40	30	20	10
丙寅	乙丑	甲子	癸亥	壬戌	辛酉	庚申	己未

丙戌년 乙未월 戊申일 찜질방에서 성추행당하고 고소하였다. 丙戌 년은 卯巳戌이 모두 만나는 해다. 卯木이 사화를 향하고 戊土를 향하니 卯木의 움직임에 문제가 생긴다. 乙未 월 戊未 刑 하고 戊申 일에 戊癸 합하는 과정에 癸水와 접촉이 일어나고 구설시비가 생겨났다. 다만, 근원적인 문제는 일지 卯木이 戊土에 들어가 움직임에 문제가 생긴 것이고 乙未월에 년, 월에서 乙癸戊 삼자조합을 이룰 때 乙木이 戊土를 향하고 癸水와 접촉하면서 성추행 문제로 발현되었다.

時	日	月	年	女
壬戌	癸亥	乙丑	癸卯	

77	67	57	47	37	27	17	7
癸酉	壬申	辛未	庚午	己巳	戊辰	丁卯	丙寅

삼십 대 초반에 이혼하고 자식은 없다. 41세에 어린이집과 인연

하여 42세에 월급제 원장이 되었다. 아이들을 좋아하며 잘 가르친다. 丙戌년에 선생들과 갈등이 심화되면서 자신의 뜻과 무관하게 원장직에서 물러나게 되었다. 己巳대운에 卯巳戌 삼자가 조합한다. 묘목이 사화를 향하고 술토를 향하는 과정에 묘목은 반드시 丑土를 지나고 亥水를 지나면서 응결된다. 따라서 좌우로 펼치는 에너지에 문제가 생기고 인간관계를 결정하는 乙卯가 상하면서 이상하게 선생들과 갈등하는 문제가 생겼다.

時	日	月	年	男
乙	己	辛	庚	
亥	丑	巳	戌	

79	69	59	49	39	29	19	9
己	戊	丁	丙	乙	甲	癸	壬
丑	子	亥	戌	酉	申	未	午

2011년 辛卯년 상황이다. 인테리어 계통인데 일도 막히고 별거 중이며 생각은 급해지고 부동산 사무실에 나가는데 실적도 없고 막막하다. 8년째 신경정신과 약을 복용중인데 공황장애다. 스트레스가 독이라는데 몸에 마비 증세도 느껴지고 답답하다.

乙酉대운 천간에서 辛이 乙을 沖 한다. 피의 흐름이 막히니 마비 증세가 생긴다. 다만 천간이기에 크게 반응하지는 않는다. 하지만 辛卯년에 이르면 상황이 달라진다. 대운에서 巳酉丑 삼합하고 卯木과 卯巳戌, 卯丑으로 卯木의 움직임이 극도로 위축되고 丑戌 형으로 심하게 상한다. 묘목이 답답해지면 피의 흐름도, 일도 막히고 인간관계에도 문제가 발생한다.

時	日	月	年	男
辛	庚	戊	丁	
巳	戌	申	未	

72	62	52	42	32	22	12	2
庚	辛	壬	癸	甲	乙	丙	丁
子	丑	寅	卯	辰	巳	午	未

35~37세 甲辰대운 辛巳年, 壬午年, 癸未年의 3년간 심한 공황 증세를 겪었다. 원국의 구조를 살펴보자. 일지의 시기에 이르면 戌未 형하고 巳戌로 사화가 戌土에 담긴다. 甲辰 대운에 화기에 자극받은 庚이 甲을 沖 하면 머리에 이상 현상이 생기고 피의 흐름에 문제가 생기면서 심각한 공황증세가 발생한다. 辛巳년, 壬午년, 癸未년은 水氣를 만난 경금의 탄성이 강해져 튀어 나가는 과정에 甲을 충하는 강도가 더욱 강해져 심한 공황장애로 고생했다.

제 3절 申丑子, 酉丑子 三字조합

마지막으로 申丑子 삼자조합과 유사한 酉丑子 조합을 함께 살펴보자. 이 구조는 두 개로 나누어 살펴야 한다. 첫째 申은 丑土 묘지에 들어간다. 천간으로 살피면 庚이 丑土를 만나 묘지에 담긴다. 축토에 담긴 申은 딱딱한 체성을 유지하지 못하고 축토 속의 癸水에 폭발하면서 물형이 변질된다.

여기에 子水가 합하여 丑土를 묶으면 묘지에 담긴 申의 움직임은 더욱 답답해지고 체성이 변질되어 상한다. 또 다른 문제는 세 글자 모두 극히 어둡고 습하다. 어두운 감방과 같은 곳에서 申 열매가 썩어간다. 子丑은 寅午戌 삼합을 벗어난 저승길과 같고 윤회과정이기에 인간이 꺼리는 시공간이다.

이런 특징이 더욱 뚜렷한 것이 酉丑子 조합이다. 酉金 씨종자가 子水에 破당하고 丑土에 담겨 딱딱했던 씨종자가 어둠 속에서 폭발하여 변질된다. 윤회하려면 반드시 씨종자를 亥子丑에 담아서 새로운 목기로 내놔야 하므로 씨종자는 상할 수밖에 없다. 이런 조합을 時空學 에서는 **"퍽치기"** 조합이라고 명명하였다.

酉子로 씨종자를 破시키고 丑土에 넣고 새로운 영혼과 육체를 부여받은 후 寅木에서 재탄생한다. 따라서 酉金은 갑자기 子水에 破 당하는데 이런 작용이 마치 밤에 길을 가는데 뒤에서 갑작스럽게 퍽치기 당하는 이치와 같다. 사주팔자 예문을 통하여 그 물상을 살펴보자.

時	日	月	年	女
辛	戊	壬	己	
酉	子	申	丑	

74	64	54	44	34	24	14	4
庚	己	戊	丁	丙	乙	甲	癸
辰	卯	寅	丑	子	亥	戌	酉

이 여인은 神氣가 있고 꿈과 예감이 잘 맞고 심리변화가 잦고 귀신이 보여 내림굿을 한 후 무속인이 되었다. 申丑子, 酉子丑 삼자조합이 모두 있다. 또 丙火가 전혀 없으니 어두운 밤길을 걷는 것처럼 암흑세계다.

사주팔자가 어두우면 저승길을 걷는 것과 같고 귀신들이 놀기 좋은 시공간이다. 또 辛酉 씨종자가 수기에 풀어지는 과정이 어둡고 바르지 않으니 정신에 문제가 생기기 쉽다. 이런 이유로 변덕이 심하고 감정기복이 심하며 귀신이 보이고 무속인이 되었다. 만약 무속인이 되지 않았다면 정신병에 걸리거나 육체에 문제가 생겨서 단명하였을 것이다.

時	日	月	年	男
丁丑	庚申	丁卯	甲寅	

75	65	55	45	35	25	15	5
乙亥	甲戌	癸酉	壬申	辛未	庚午	己巳	戊辰

己巳대운 丙子년 23세 丁酉월에 운전하다 과실로 정면충돌하여 사망하였다. 이 구조에는 寅申 沖, 卯申 암합, 申丑, 卯丑이 있다. 己巳대운이 오면 甲己 합하고 寅巳申 삼형이 동하면서 甲寅 생기가 상한다. 특히 寅巳申 三刑 과정에 중간에 끼인 卯木 생기가 상할 것이다. 丙子년이 오면 申丑子 조합이 동하고 丁酉년에 酉子丑 삼자조합도 동하여 갑작스러운 사건, 사고를 암시한다. 酉月에 이르러 卯酉 沖으로 생기가 잘리면서 갑작스럽게 사망했다.

時	日	月	年	男
丁丑	庚申	丁巳	戊寅	

73	63	53	43	33	23	13	3
乙丑	甲子	癸亥	壬戌	辛酉	庚申	己未	戊午

癸亥대운 丙子년 59세 폐암으로 사망하였다. 이 구조는 특별한 문제가 없어 보이지만 시주 丁丑에 이르고 庚申이 丑土에 들어가 체성이 변질되고 丙子년에 子丑 합으로 경신이 더욱 상하여 폐암으로 사망하였다. 겉에서는 보이지 않지만 申金이 丑土에 담기고 六合으로 묶이니 그 속에서 탈출하지 못하고 꼼짝없이 당하는 것이다.

時	日	月	年	女
辛卯	丙申	甲申	庚子	

79	69	59	49	39	29	19	9
丙子	丁丑	戊寅	己卯	庚辰	辛巳	壬午	癸未

己丑대운 50세 己丑년에 상사가 미워하고 시비하여 스트레스를 받다가 퇴사하고 말았다. 50세는 시주 辛卯에 이르렀다. 己丑대운에 월간 甲과 甲己 합하니 사회 궁에서 새로운 출발을 요구한다. 또 甲己 합을 庚이 沖하니 변화과정이 순탄하지 않다. 다시 己丑 년이 오면 卯木이 卯丑으로 조합하여 인간관계에 문제가 생기고 움직임이 둔화된다. 월지와 일지 申은 丑土에 담기고 子丑 合으로 묶이니 결과적으로 퇴사하고 말았다. 丑土의 속성은 도둑, 강도와 같아서 당하는 사람들 입장에서는 억울한 심정이 분명하다.

時	日	月	年	女
己酉	壬申	丙子	己丑	

80	70	60	50	40	30	20	10
甲申	癸未	壬午	辛巳	庚辰	己卯	戊寅	丁丑

辛巳대운 51세 己卯년에 남자를 만나 동거하며 일억 오천만 원을 빌려주었는데 사기 치고 도망가버렸다. 이 구조에는 申丑子, 酉子丑이 모두 있지만, 월간 丙火가 있으니 어둠을 비추고 밝히니 다행이다. 51세는 시주 己酉의 시기로 辛巳대운에 巳酉丑 삼합과정에 巳火 빛이 어두워진다. 己卯년에 수많은 金氣에 卯木 생기가 상하면서 문제가 발생한다. 己卯의 卯木은 재살로 저승사자와 같은 성정을 가진 己土 남자가 내 돈을 탐하여 도둑질

하러 온 것이 분명하다. 그 시기는 酉子丑 펑치기 속성이 동하는 시공간이었다.

時	日	月	年	男
戊申	壬子	丁丑	己丑	

73	63	53	43	33	23	13	3
己巳	庚午	辛未	壬申	癸酉	甲戌	乙亥	丙子

이 구조는 申丑子 삼자가 모두 있다. 1981년 32세, 甲戌대운 辛酉년 7월 18일 00시 45분에 카지노 슬롯머신에서 백만 불 잭팟을 터트렸다. 32세는 일주 임자를 지나는 시기다. 대운은 甲戌이니 임수가 戊己 토에 甲을 심을 것이다.

또 축토의 어둡고 도둑과 같은 속성을 戊丑으로 刑하여 땅의 쓰임을 개선하는 운이다. 따라서 甲戌 대운은 좋은 작용하는 운이 분명하다. 여기에 辛酉 년이 오면 申丑子, 酉子丑 펑치기 삼자조합이 이루어진다. 또 천간에서는 丁辛壬 삼자조합으로 辛酉 열매가 일간을 향하여 온다. 酉子丑 펑치기 삼자조합이 대운에서 丑土를 개량하여 좋은 땅으로 바꿔주었기에 흉에서 길로 바뀌어 한순간 펑치기 하듯 큰돈을 벌었다.

時	日	月	年	女
丙辰	癸亥	辛卯	辛丑	

72	62	52	42	32	22	12	2
己亥	戊戌	丁酉	丙申	乙未	甲午	癸巳	壬辰

이 여인은 申대운 戊子년 48세에 유방암에 걸려서 6개월 정도 절제수술과 항암치료를 받았다. 상담자가 申이 용신이라고 정하

고 건강했던 사람이 용신 대운에 왜 유방암에 걸렸는지 문의한 예문이다. 용신과 生死는 전혀 다른 문제다. 卯木을 기준으로 봄날에 새싹이 돋아나듯 생기발랄하다가 申酉戌 공간에서 벼를 수확하듯 낫질하면 생기는 사라지는 것이다. 따라서 申이 용신이라고 주장해도 구조에 따라 물질로는 좋을 수 있으나 육체적으로는 흉하다. 특히 癸水 일간이 卯月에 태어나 생기의 성장을 촉진하는데 丙申대운의 申 대운에 卯申 합으로 묶이고 戊子 년에 申丑子로 수많은 수기에 卯木이 응결되었는데 어찌 육체가 상하지 않겠는가? 사주팔자 이론이 황당하기 짝이 없다. 용신을 만병통치약처럼 과장하면 결과적으로 사이비 소리만 들을 뿐이다.

사주팔자 용신은 시공간 변화에 따라서 시시각각 변하는데 사주 상담자 맘대로 용신을 정한다고 한들 옳을 리가 없다. 용신은 존재하지 않을뿐더러 존재한다고 해도 2시간 단위로 바뀌니 용신을 정하는 행위는 무의미하다.

時	日	月	年	男
辛	辛	壬	甲	
卯	丑	申	辰	

76	66	56	46	36	26	16	6
庚	己	戊	丁	丙	乙	甲	癸
辰	卯	寅	丑	子	亥	戌	酉

丙子대운 甲申년에 이혼하였다. 월지 申을 일지 丑土에 담는다. 일간 辛 입장에서 좋은 작용을 할 리가 없다. 왜냐면 묘축으로 卯木 생기가 상하는데 申金까지 담겨서 殺氣만 강해지기 때문이다. 丙子대운이 오면 申金을 담은 丑土와 子丑 합으로 묶어 축토가 극히 답답해진다. 甲申년에 그 작용이 뚜렷해지고 申子辰 삼합하고 丑辰 파하는 시기에 이혼했다.

- 263 -

時	日	月	年	男
戊辰	己酉	辛丑	丙子	

74	64	54	44	34	24	14	4
己酉	戊申	丁未	丙午	乙巳	甲辰	癸卯	壬寅

프랑스 목사다. 1992년 57세, 丁未대운 壬申년 2월에 두 명의 강도에게 피살당하였다. 8달러도 되지 않은 돈을 훔치고 살인을 저질렀다. 이 구조는 몇 가지 특징이 있다. 년, 월에 丙辛 合으로 종교, 명리, 철학과 인연이 깊고 부모와 인연은 박하다. 또 酉子丑 퍽치기 삼자조합이 모두 있고 酉丑辰 삼자조합도 있다. 丁未대운에 丑土 어둠을 沖하니 나쁠 이유가 없다. 하지만 壬申년에 이르면 丙火를 沖하여 어둠 속에 잠긴다. 지지는 申子辰 삼합과정에 어둡고 습한 글자들이 동한다. 사주구조대로 酉子丑, 申丑子 어둡고 습한 조합들에 당하고 말았다.

時	日	月	年	男
己丑	辛酉	己酉	壬子	

74	64	54	44	34	24	14	4
丁巳	丙辰	乙卯	甲寅	癸丑	壬子	辛亥	庚戌

壬子대운에 수십억 재산을 불렸고 辛巳년에 체포되어 壬午년에 무기징역에 처해졌으나 상소했다. 사주팔자에 火氣가 전혀 없고 酉丑으로 물질을 한순간에 부풀리려는 욕망이 강하고 丑土 물상 대로 불법, 비리를 저지르며 돈을 탐한다. 辛巳년 巳酉丑 삼합으로 묶이니 체포되고 재산은 몰수되며 무기징역에 처해졌다. 이 구조도 酉子丑 3字조합이 있다. 이런 에너지가 있으니 壬子대운 수십억 재산을 모았으나 辛巳년에 잡혀서 많은 돈은 무용

지물이 되었다. 酉子丑은 밤길에 퍽치기당하는 것처럼 자신이 퍽치기를 하거나 퍽치기 행위에 당한다. 이 사람은 두 가지 모두를 활용한 경우다. 이와 유사한 조합이 酉丑辰이다.

時	日	月	年	男
己	辛	壬	壬	
丑	酉	子	辰	

73	63	53	43	33	23	13	3
庚	己	戊	丁	丙	乙	甲	癸
申	未	午	巳	辰	卯	寅	丑

고서에 나오는 예문이다. 글을 읽으면 모두 외웠고 반수에서 공부하고 甲寅, 乙卯운에는 가업이 크게 늘어났다. 丙辰대운에 질환을 얻었고 丙寅년에 죽었다. 사주팔자에 酉子丑이 모두 있고 丙辰 대운에 丙火가 드러나 壬水에 상하는데 丙寅년에 빛이 어둠 속으로 사라져 사망했다. 단명한 이유 중 하나는 사주원국에 酉子丑이 모두 있기 때문이다.

時	日	月	年	男
丁	庚	戊	乙	
丑	辰	子	未	

77	67	57	47	37	27	17	7
庚	辛	壬	癸	甲	乙	丙	丁
辰	巳	午	未	申	酉	戌	亥

고서에 나오는 예문이다. 丙대운에 반수에 들어 공부하고 乙대운 癸酉년 辛酉월에 재앙이 발생하여 죽었다. 癸酉년에 이르면 酉丑辰과 酉子丑이 조합하고 辛酉월에 乙이 심하게 상하여 단명하고 말았다. 사망원인의 근본이유는 酉子丑 삼자조합에 있지만, 년과 월에서 대운과 세운이 乙癸戊 조합으로 발전하던 시기였는데 하필 辛酉월을 만나 辛戊乙 3字조합으로 乙이 심하게 상하면서 흉사하였다.

時	日	月	年	男
甲子	己丑	庚辰	庚子	

72	62	52	42	32	22	12	2
戊子	丁亥	丙戌	乙酉	甲申	癸未	壬午	辛巳

乙酉대운과 丙戌대운 교체기 50세 己丑년과 51세 庚寅년에 사업장에서 부하직원이 사고로 사망하여 큰 곤욕을 당했다. 50세는 시주 甲子를 지나는 시기로 甲己 합하고 甲庚 沖 하니 문제가 생길 것임을 암시한다. 乙酉 대운에 酉丑辰, 酉子丑 삼자조합이 동하여 갑작스러운 사건, 사고를 암시한다. 庚寅년에 이르면 원국에 정해진 구조대로 甲己 合하고 甲庚 沖하여 생기가 상하는 문제가 발생하였다.

時	日	月	年	女
丙子	乙酉	戊申	丁巳	

79	69	59	49	39	29	19	9
丙辰	乙卯	甲寅	癸丑	壬子	辛亥	庚戌	己酉

55세 癸丑대운 辛亥년에 갑자기 췌장이 터져 복막염까지 겹쳐서 창자를 50cm나 잘라내는 대수술을 했다. 의사들이 살 가망이 없다고 하였으나 기적적으로 살아났다. 이후 의사들은 3년 정도 살 것이라 하였으나 25년여를 더 생존하여 80세 丙辰대운 丙子년에 사망했다. 55세는 시지 子水에 이르렀고 酉子 破가 동한다. 癸丑대운에 이르면 酉子丑, 申丑子 삼자조합이 모두 동하니 갑작스러운 사건, 사고가 발생할 것이다. 辛亥년에 천간에서 辛戊乙 3字조합이 이루어진다. 갑작스럽게 췌장이 터지고 문제가 생겼다. 시공간에 정확하게 반응하니 신기할 따름이다.

時	日	月	年	男
己	丙	乙	乙	
丑	辰	酉	丑	

72	62	52	42	32	22	12	2
丁	戊	己	庚	辛	壬	癸	甲
丑	寅	卯	辰	巳	午	未	申

고려대에 합격하고도 서울교대에 진학해 교사의 길을 택했다. 丁亥년 초등교사 임용고시에 합격했다. 24세 戊子년 갑자기 여자에 미쳐서 나이트클럽 등을 전전하며 놀았고 소비가 심했다. 25세 己丑년 2009년에 극심한 재물갈등까지 겪었다.

28세 壬辰년에 5000만 원을 대출하여 형님과 주식에 투자했다가 상장 폐지되면서 휴지가 되었고 부친이 개입하여 해결하였으나 형님과 사이가 틀어졌다. 무자년 상황을 살펴보자. 戊子와 乙이 乙癸戊 삼자조합을 이룬다. 봄날처럼 사랑을 느끼는 시공간이다. 지지에서는 酉子丑 삼자조합으로 밤길을 어슬렁거리며 돌아다녔다. 여기에는 壬午대운도 한 몫 하였는데 乙乙이 壬水를 만나 방탕, 방랑하기 때문이다. 또 午火가 酉金을 자극하고 酉金이 子水에 풀리면 성욕이 강해지는 丁辛壬 삼자조합을 만나는 대운이었다. 壬辰년은 丙火의 빛을 잃어버리는 세운인데 酉丑辰으로 한탕으로 노리다가 고통을 받았다.

時	日	月	年	女
辛	庚	癸	丁	
巳	子	丑	酉	

74	64	54	44	34	24	14	4
辛	庚	己	戊	丁	丙	乙	甲
酉	申	未	午	巳	辰	卯	寅

이 여인의 사주에 酉子丑이 모두 있다. 보따리 장사꾼으로서 어

린이 수십 명을 꾀어 팔고, 己丑년 53세 12월에 경찰에 잡혀서 사형 집행유예에 처해졌다. 53세는 시주 辛巳의 시기에 이르렀고 戊午 대운이다. 己丑년이 오면 子丑에 중력에너지 午火가 심하게 상하면서 결과적으로 감방에 수감되었다.

왜 어린이들을 팔아먹었을까? 그 이유는 사주팔자에 生氣를 보호하려는 에너지가 전혀 없는 저승사자와 같기 때문이다. 비록 亥子丑이 겁살, 재살, 천살에 해당되는 것은 아니지만 사주팔자가 너무도 어두워 어둠의 행위를 좋아할 수밖에 없다. 그나마 있던 巳火도 己丑년에 巳酉丑 삼합으로 어둠 속으로 사라지고 酉子丑 퍽치기로 갑작스럽게 잡혀서 수감된 것이다.

時	日	月	年	女
丙	庚	癸	己	
子	子	酉	亥	

77	67	57	47	37	27	17	7
辛	庚	己	戊	丁	丙	乙	甲
巳	辰	卯	午	丑	子	亥	戌

집근처에서 대중목욕탕을 시작하여 수입이 나쁘지 않았다. 1999년 41세, 丁丑대운 己卯년 12월에 목욕탕에서 비참하게 죽었지만, 진상이 밝혀지지 않았다. 41세는 일주 庚子의 시기에 이르렀고 酉子 破하는 시기다. 대운은 丁丑으로 酉子丑 퍽치기 조합을 이룬다. 갑작스런 사건, 사고가 발생할 것임을 암시한다. 己卯년에 卯丑과, 卯酉 충으로 生氣가 심하게 상한다. 酉子丑 삼자조합의 흉함이 강해지는 12월에 저승사자들이 생기를 빼앗듯 갑작스럽게 사망하였다.

時	日	月	年	男
戊子	辛丑	丙申	辛巳	

74	64	54	44	34	24	14	4
戊子	己丑	庚寅	辛卯	壬辰	癸巳	甲午	乙未

午대운 고등학교를 졸업하고 장학생으로 은행에 입사하였는데 39세 辰대운 辛酉년에 금융사고로 퇴직하였다. 이 구조는 申丑子 조합이다. 壬辰대운에 丙辛 합이 깨지면서 丙火 빛이 사라진다. 辰土 대운 辛酉년에는 酉丑辰, 酉子丑 삼자조합으로 갑작스러운 사건, 사고에 휘말리고 결과적으로 금융사고로 퇴직하였다.

時	日	月	年	男
모름	乙酉	庚子	辛丑	

73	63	53	43	33	23	13	3
壬辰	癸巳	甲午	乙未	丙申	丁酉	戊戌	己亥

미국 헤지펀드 third point의 설립자, 최고경영자 daniel loeb로, 무려 3조 원의 재산가다. 이 구조에도 酉子丑 삼자조합을 가졌는데 헤지펀드로 퍽치기하듯 어마어마한 재산을 모을 수 있는 에너지를 가지고 있다. 따라서 酉子丑이라고 무조건 나쁘다고 판단할 것이 아니라 뺏기고 빼앗는 에너지를 활용하여 엄청난 재물을 축적할 수도 있다는 것을 기억하자.

時	日	月	年	男
丁丑	乙酉	壬子	壬寅	

78	68	58	48	38	28	18	8
庚申	己未	戊午	丁巳	丙辰	乙卯	甲寅	癸丑

45세 당시의 상황이다. 7세에 절에 들어갔다가 탈속하고 다시 스님이 되었으나 역술에 심취되어 있다. 22세 癸亥년에 군에서 사고로 한쪽 다리를 절단하여 의족하고 결혼 3개월 만에 이혼하였다. 이 구조도 酉子丑이 모두 있고 乙 생기가 심하게 상하는 구조다. 시간에 丁火가 있으나 丁壬 합하고 丁癸 沖하는 癸亥년에 군대에서 다리를 절단하고 말았다. 이렇게 酉子丑은 예상하기 어려운 갑작스러운 사건, 사고를 암시한다.

時	日	月	年	女
戊申	丁丑	庚子	辛亥	

76	66	56	46	36	26	16	6
戊申	丁未	丙午	乙巳	甲辰	癸卯	壬寅	辛丑

甲辰대운 44세 甲午년 봄에 이사한 후 시어머니와 남편을 잃고 악몽을 꾸며 딸이 이름 모를 병에 시달린다. 이 구조에 申丑子 조합은 의미가 조금 다르다. 먼저 년지 亥水를 기준으로 庚申, 辛은 겁살, 재살에 해당하니 저승사자가 가득하다.

금기들이 일지 축토에 모여들고 시주 자식 자리에 있는 신금도 일지에 들어와 체성을 상실한다. 甲辰대운, 甲午년 사주팔자 원국에 없던 생기 갑이 들어와 甲庚 沖으로 상한다. 저승사자들이 甲을 沖 하여 목숨을 빼앗는다.

甲午년의 午火도 子丑에 상하면서 정신과 육체에 이상이 생긴다. 악몽에 시달리고 딸은 이름 모를 병에 시달린다. 눈으로는 보이지 않는 귀신들의 장난질에 휘둘리는 것이다.

제3부
三合과 刑冲破害

제1장　　三合과 沖

명리서적에서 三合의 설명은 단조롭다. 三合은 사회적 합이요, 方合은 육친 합이라는 설명 때문에 마치 三合하면 사회적으로 좋다는 편견에 사로잡히지만, 위에서 계속 살펴본 것처럼 합을 이루면 대부분 흉한 일이 발생한다. 三合은 물질을 만들어가는 순차적인 시공간 흐름인데 세 글자가 삼합으로 묶이면 외부 영향에 크게 흔들리거나 본래의 공간 속성이 변질된다.

예로 寅午戌 三合의 경우, 寅申 沖, 子午 沖, 辰戌 沖으로 어느 한 글자라도 沖하거나 寅巳 형, 午丑, 戌未 등으로 반응하는 운에는 三合이 추구하던 방향이 변형되면서 비틀리고 추진과정에 문제가 생기면서 문제가 발생한다. 三合이 외부요인에 반응하는 현상들을 살펴보자.

三合 沖은 삼합이 沖을 만나는 것으로 그 종류는 세 가지다. 生地가 沖하는 경우, 旺地가 沖하는 경우, 墓地가 충하는 경우다. 예로 生地가 沖하면 三合운동의 출발점에 변화가 오고, 旺地가 沖하면 삼합운동의 가장 중요한 중심을 沖하며, 墓地를 沖하는 것은 陽氣의 墓地, 陰氣의 庫地가 沖으로 변질된다.

時	日	月	年	女
丙寅	甲戌	庚午	甲辰	

71	61	51	41	31	21	11	1
壬戌	癸亥	甲子	乙丑	丙寅	丁卯	戊辰	己巳

유관순 열사의 사주라고 한다. 甲庚은 庚이 甲의 존재를 부정하면서 잘못된 부분을 고쳐나가는 혁명의 성정이 강하다. 다만 寅午戌 삼합으로 열기에 자극받은 庚金은 언제라도 강개의 기상을 드러내고 틀린 것을 고치려 할 것이다. 그 시기는 16~23세 庚金의 시기다. 더 큰 문제는 원국에 寅午戌 삼합과 辰戌 沖하기에 전체적으로 살기가 강하다. 戊辰대운 辰土의 시기에 진술 沖하였다.

時	日	月	年	男
甲寅	戊戌	庚辰	庚午	

76	66	56	46	36	26	16	6
戊子	丁亥	丙戌	乙酉	甲申	癸未	壬午	辛巳

이 남자는 자신의 아들에게 구박당하고 아들이 술을 먹으면 함부로 욕하며 칼을 들고 죽인다고 협박하고 구타하여 고통받는다. 寅午戌 삼합에 辰戌 沖하고 있다. 아들 甲寅 입장에서 이 사주를 살펴보자. 寅午戌 삼합으로 火氣가 년, 월의 庚金을 자극하면 庚은 水氣가 없기에 시주 甲寅을 공격하여 상하게 할 것이다. 庚의 공격을 받은 甲寅은 반드시 戊土를 찌를 것인데 문제는 戊戌의 땅에 水氣가 있느냐 없느냐에 따라 무토의 상황이 달라진다.

水氣가 충분하면 戊土는 己土처럼 甲의 성장을 촉진하지만 水氣가 없으면 甲은 戊土를 사막으로 만들 것이다. 이런 구조적인 문제 때문에 아들이 부친에게 생명수를 달라고 협박한다. 이 구조의 근원적인 문제는 辰月의 시공간에 水氣가 필요함에도 없으며 三合 沖으로 火氣가 난동을 부리는 것이다.

時	日	月	年	女
庚午	甲寅	丙寅	甲子	

71	61	51	41	31	21	11	1
戊午	己未	庚申	辛酉	壬戌	癸亥	甲子	乙丑

壬戌대운 41세 甲辰년에 남편을 잃었다. 寅月에 필요한 水氣가 년지에 있고 壬甲丙 3字조합을 이룬다. 다만, 일지를 기준으로 寅寅甲甲으로 여러 번 결혼하는 구조다. 寅午丙으로 火氣가 시간에 있는 庚金을 자극하면 甲을 칠 것이다. 이런 조합은 남편의 외도, 관재구설, 남편의 구타와 같은 물상으로 드러난다. 壬戌 대운 일주의 시기에 일시와 寅午戌 삼합하고 甲辰년에 삼합 沖하는 해에 남편이 사망했다.

時	日	月	年	女
壬辰	辛酉	乙未	丙子	

80	70	60	50	40	30	20	10
丁亥	戊子	己丑	庚寅	辛卯	壬辰	癸巳	甲午

壬辰대운 33세 戊申년에 남편을 잃었다. 15세 庚寅년에 모친이 사망하고 29세 甲辰년에 부친이 사망하였다. 26세 辛丑년에 결혼하여 1남 3녀를 두었다. 壬辰대운에 申子辰 삼합하고 辰酉합하여 일지 배우자궁이 답답해진다. 또 년의 丙火가 일간 辛과

합하다가 壬水에 충당하고 합에서 분리되면서 丙火가 상한다. 丙火는 일지 酉金에 들어오지 못하기에 첫 남편과 인연이 길지 못하다. 戊申년에 천간에서 辛戊乙 삼자조합을 이루니 乙생기에 문제가 발생하고 丙火로 향하던 흐름이 막히면 丙火에 문제가 발생한다. 이런 구조들은 대부분 심장마비, 뇌출혈 물상으로 발현된다.

時	日	月	年	女
戊申	丁未	乙巳	丁亥	

73	63	53	43	33	23	13	3
癸丑	壬子	辛亥	庚戌	己酉	戊申	丁未	丙午

29세 乙卯년에 남편이 타살되었다. 년주 丁亥, 일주 丁未로 천간은 동일하지만 지지는 다르고 년지에 있는 亥水가 일지 未土에 들어오는 과정에 巳火와 沖하고 未土에 상한다. 년지와 일지는 卯木이 빠져 있다가 乙卯 년에 亥卯未 삼합을 이루는 과정에 三合 沖하면서 亥水 남편에게 문제가 생겼다.

時	日	月	年	女
丁酉	丙辰	丁未	丁亥	

71	61	51	41	31	21	11	1
乙卯	甲寅	癸丑	壬子	辛亥	庚戌	己酉	戊申

성격이 거칠어 절제할 수 없고 음란하다. 첫 남자에게 버림받고 결혼 후 불화하여 庚戌대운 29세 乙卯년에 이혼했다. 남편은 일지 辰土로 辰酉 합하여 辰土 속의 乙이 상한다. 따라서 남편은 상하거나 떠나거나 사회적으로 발전하지 못할 수 있다. 十神으로 살피면 년지 亥水가 남편으로 일지 辰土를 향하는 과정에

월지 미토에 상한다. 29세 乙卯년 亥卯未 삼합으로 묶이고 戌未 형, 辰戌 沖하는 해에 남편과 이혼했다. 성격이 거친 이유는 辰酉로 생기를 자르려는 욕망이 강하고 酉亥辰 3字조합의 殺氣 때문이다.

時	日	月	年	男
癸	癸	庚	辛	
亥	未	子	卯	

71	61	51	41	31	21	11	1
壬	癸	甲	乙	丙	丁	戊	己
辰	巳	午	未	申	酉	戌	亥

저능아다. 어려서 집밖에서 놀다가 집을 찾지 못해 부모와 이별했다. 이 구조는 亥卯未 세 글자가 모두 있지만, 순서가 바르지 않고 卯木이 未土를 향하는 과정에 子卯 刑 한다. 또 다른 문제는 子月에 년지 묘목이 庚辛에 포위되어 卯木의 움직임이 위축되면서 저능아가 되었다.

時	日	月	年	男
乙	甲	甲	壬	
丑	申	辰	子	

74	64	54	44	34	24	14	4
壬	辛	庚	己	戊	丁	丙	乙
子	亥	戌	酉	申	未	午	巳

이미 살펴본 사주예문이다. 7세 1978년 戊午년 계단에서 굴러 머리를 다쳐 반신마비가 되었다. 申子辰은 水氣가 낙하하는 문제다. 戊午년에 삼합 沖 하여 문제가 발생한다. 壬子의 추락과 三合 沖으로 큰 문제가 발생했다. 시간에 있는 乙木은 좌우로 펼치는 기운인데 乙丑에 답답하고 많은 금기들에 상한다. 이런 문제들이 복합적으로 사고를 만들었다.

時	日	月	年	男
乙卯	戊寅	庚戌	壬戌	

75	65	55	45	35	25	15	5
戊午	丁巳	丙辰	乙卯	甲寅	癸丑	壬子	辛亥

壬午년 2002년 戊申월에 교통사고로 사망하였다. 寅戌로 살기를 가졌지만 심각하지는 않다. 하지만 壬子대운 壬午년에 이르면 상황이 달라진다. 壬子 대운은 戌月의 시공간에 필요 없는 水氣가 매우 강해졌고 壬午년에 寅午戌 삼합을 이루는 과정에 子午 沖한다. 년지 戌土를 기준으로 壬子는 겁살, 재살이며 저승사자와 같아서 교통사고로 사망했다.

時	日	月	年	男
甲寅	戊戌	丙辰	戊午	

80	70	60	50	40	30	20	10
甲子	癸亥	壬戌	辛酉	庚申	己未	戊午	丁巳

31세 2008년 戊子년 상황이다. 몇 년 전부터 폐를 심하게 앓고 아무것도 못 하고 있다. 약혼녀와 연락도 끊어져 비관하고 있다. 이 구조는 寅午戌 삼합하고 辰戌 沖 한다. 辰月에 水氣가 필요한데 없고 대운도 火氣로만 흐른다. 辰土 속의 水氣가 마르면 甲寅은 물을 달라고 戊戌을 공격한다.

위에서 살펴보았던 아들이 부친을 공격하는 사주구조와 일주와 시주가 동일하다. 戊子년은 31세로 월지 辰土의 시기 24~30세를 넘어오면서 수기가 증발되어 상하기 시작하였다. 폐의 문제는 火氣에 너무 건조하거나 습기가 너무 강할 경우에 발생한다. 이 구조는 너무 건조한 경우에 해당한다.

時	日	月	年	男
癸	癸	辛	辛	
亥	酉	丑	巳	

74	64	54	44	34	24	14	4
癸	甲	乙	丙	丁	戊	己	庚
巳	午	未	申	酉	戌	亥	子

기술도 없고 폐가 약하고 교통사고까지 당하여 다리도 절고 있다. 평생 아무것도 이루지 못했고 부인이 벌어서 생활하였다. 계수는 乙을 키우는 것을 목적으로 하는데 없고 巳酉丑 삼합만 강하기에 삶의 의지나 목적이 없는 것과 같다. 乙은 생기를 뜻하는데 살기만 강하여 아무것도 이루지 못하고 육체만 상했다. 巳酉丑 三合이 亥水와 巳亥 沖하면서 사화 빛도 어둠 속으로 빨려 들어가 버렸다. 대운조차도 도와주지 않는다.

時	日	月	年	女
庚	戊	戊	戊	
申	寅	午	戌	

78	68	58	48	38	28	18	8
庚	辛	壬	癸	甲	乙	丙	丁
戌	亥	子	丑	寅	卯	辰	巳

자식이 없고 남편과 불화한다. 여동생의 아이를 입양하였다. 경제활동으로 돈을 번다. 이 구조는 寅午戌 삼합의 출발점 寅木을 沖한다. 午月에 필요한 壬水가 없고 시지의 申 속에 암장되어 寅申 沖으로 사용한다. 따라서 三合 沖으로 일지가 불안정해질 수밖에 없고 金氣에 상한 寅은 씨종자를 생산하지 못해 자식이 없고 남편과 불화한다.

時	日	月	年	男
庚	丙	庚	丙	
寅	戌	子	子	

72	62	52	42	32	22	12	2
戊	丁	丙	乙	甲	癸	壬	辛
申	未	午	巳	辰	卯	寅	丑

부친이 일찍 사망하고 고생을 많이 했지만, 서울대 졸업하고 교직에 있다가 결혼 후 처가의 도움으로 甲대운에 학원을 설립하여 乙巳, 丙대운까지 10억을 모았다. 午대운에 학원을 폐업하고 선배와 사업하다 많은 재산을 날렸다. 그 후 학원 선생을 하였다. 이 구조도 삼합의 작용이 명확하다. 午 대운에 일지를 포함하여 寅午戌 삼합하고 子午 沖 하니 모든 재산을 날리고 말았다.

時	日	月	年	男
庚	辛	戊	戊	
寅	巳	午	寅	

76	66	56	46	36	26	16	6
丙	乙	甲	癸	壬	辛	庚	己
寅	丑	子	亥	戌	酉	申	未

壬戌대운 甲子년 47세에 자식이 큰 교통사고를 당했다. 일지를 기준으로 寅巳 刑하고 巳午의 강한 火氣들은 庚辛 금기를 자극하여 내부에 화기가 쌓인다. 이때 水氣를 만나면 金氣들은 탄성을 받아서 총알처럼 튀어 나간다. 이 과정에 木氣가 있으면 殺氣에 당할 수밖에 없다. 壬戌대운에 이르러 水氣를 본 庚辛은 壬水로 튀어 나갈 것이다. 또 寅木을 칠 것이다. 壬戌대운, 寅午戌 삼합을 이루지만 문제가 없다가 子年에 삼합 沖하는 해에 자식에게 문제가 발생했다.

時	日	月	年	男
庚午	甲寅	丙午	壬戌	

77	67	57	47	37	27	17	7
甲寅	癸丑	壬子	辛亥	庚戌	己酉	戊申	丁未

亥대운 丙辰년(55세) 辰월에 전화를 받고 집을 나간 후, 30년이 넘도록 집에 돌아오지 않는다. 고등학교 교사로 근무하다가 술집을 개업했었다. 寅午戌 삼합이 모두 있고 시간 庚이 火氣에 자극받다가 언제라도 甲을 공격할 것이다. 水氣가 없을 때에는 난동을 부리지 않다가 辛亥 대운, 亥대운에 庚은 방탕하기 시작하여 풀어지면서 甲을 沖 한다. 특히 丙辰 년은 寅午戌 삼합 沖 하는 해에 문제가 생겼다.

時	日	月	年	男
庚戌	壬辰	壬寅	壬午	

78	68	58	48	38	28	18	8
庚戌	己酉	戊申	丁未	丙午	乙巳	甲辰	癸卯

어릴 때 아버지 사망하고 부산대 화공과를 졸업하였다. 군인 스타일이다. 자식들은 모두 외국에 살고 아들은 대기업 지사로 근무한다. 금성사, 엘지반도체 대기업 부사장으로 초고속 승진하였다. 정미대운에 부사장까지 승승장구하였다. 戊申대운에 퇴직하고 고문으로 지낸다.

이 구조는 몇 가지 연구할 가치가 있다. 첫째 寅午戌 삼합하고 辰戌 沖 함에도 큰 문제가 없다. 그 이유는 寅月의 시공간에서 필요한 壬水가 연월일 세 개로 충분하다.

둘째 壬水의 근원지 庚은 寅午戌 火氣의 자극을 받아서 壬水에 풀어진다. 乙巳, 丙午, 丁未로 대운이 흐를 때 초고속 승진하고 발전한 이유는 강력한 화기가 時間 庚을 자극하여 일간 壬水를 향하기 때문이다.

時	日	月	年	女
丙戌	庚戌	甲寅	戊午	

74	64	54	44	34	24	14	4
丙午	丁未	戊申	己酉	庚戌	辛亥	壬子	癸丑

평범한 가정주부인데 2012년 壬辰년 유부남 애인이 생겼다. 너무도 사랑하여 이혼하고 재혼하고자 한다. 寅午戌 삼합과 丙火가 庚을 단련시키고 있다. 庚은 화기에 철저하게 통제받아서 반발력이라고는 전혀 없다. 하지만 水氣를 만나면 언제라도 튕겨 나갈 것이다. 庚戌 대운에 이르면 庚金은 화기에 뜨거워진다. 壬辰년에 뜨거움을 참지 못하고 壬水를 향하여 방탕을 시작한다. 일지 辰土를 沖하고 寅午戌 삼합과 충돌하면서 일탈을 감행했다. 이 구조는 삼합, 沖이 연애로 발현되었다.

時	日	月	年	男
丁未	丁亥	己卯	乙酉	

74	64	54	44	34	24	14	4
辛未	壬申	癸酉	甲戌	乙亥	丙子	丁丑	戊寅

亥卯未 세 글자가 모두 있고 년지와 월지에서 卯酉 沖한다. 일지 亥水로 卯의 성장을 촉진하고 酉金이 卯木을 沖하는 문제를 해소하여 좋아 보인다.

하지만 대운이 丁丑 丙子로 흐르니 卯木이 답답해진다. 丁丑대운 丑土가 酉丑 합하고 卯丑으로 卯木의 성장이 극도로 위축되는 운이다. 丑土의 습함과 유금이 卯木 생기에 상해를 입히고 酉丑은 감옥 물상이기에 1969년 己酉년 卯酉 沖이 재차 발생하는 해에 18건의 연쇄살인 사건으로 기소되고 1992년 사형집행 당했다.

죄명은 67명의 게이들을 살해한 혐의였다. 亥卯未는 성장에너지요 생기발랄한데 卯木이 生氣를 자르면 문제가 심각하다. 특히 卯木이 丑土를 만나 피의 흐름에 문제가 생기면 사고방식도 거꾸로 역류하듯 비틀린다. 이것이 게이들을 집중적으로 살해한 이유다. 동성연애, 변태성욕, 독특한 성적 취향을 갖게 하는 조합 중 하나가 卯丑이다. 수십 명의 살해혐의에 연루된 가장 큰 이유는 亥卯未 三合 沖때문이다.

時	日	月	年	男
戊	壬	戊	戊	
申	辰	午	辰	

76	66	56	46	36	26	16	6
丙	乙	甲	癸	壬	辛	庚	己
寅	丑	子	亥	戌	酉	申	未

庚申대운에 일류대학을 졸업하고 辛酉大運에 언론계에서 이름을 날리기 시작했다. 甲子大運 丁卯年에 술자리에서 쓰러져 뇌혈관 질환을 앓아 반신불수가 되고 戊辰年에 신원보증을 섰다가 큰돈을 잃었다. 월지가 午月로 壬水가 필요한 시공간이다. 壬水는 유일하게 일간 뿐이기에 쓰임이 매우 좋지만 수많은 토들에 물을 제공하느라 바쁘다. 다행한 점은 庚申, 辛酉를 지나는 과정에 午火가 금기를 자극하면 금기는 유일한 수기 壬水에 풀어지기에 명성을 얻었다.

일지와 시지가 申辰으로 子水가 빠져 있다가 甲子대운에 申子辰 삼합을 이루고 월지 午火와 沖 하는 시기에 문제가 생겼다. 丁卯년 卯木 생기에 문제가 생기면서 피의 흐름이 둔해지고 반신불수가 되었다.

時	日	月	年	男
壬辰	丙子	戊戌	丙申	

71	61	51	41	31	21	11	1
丙午	乙巳	甲辰	癸卯	壬寅	辛丑	庚子	己亥

壬寅대운 39세 甲戌年 조모, 부친, 모친이 함께 유람선 관광하다가 대형사고가 발생했다. 申子辰 삼합이 충으로 충돌하는 甲戌년에 월지 戌土가 申子辰에 상하면서 월주를 둘러싼 육친들에 문제가 생겼다. 이 모든 현상들은 모두 삼합한 상태에서 沖 하는 시기에 발생한다.

時	日	月	年	男
己酉	壬辰	庚申	戊子	

71	61	51	41	31	21	11	1
戊辰	丁卯	丙寅	乙丑	甲子	癸亥	壬戌	辛酉

미국인으로 1958년 11세, 辛酉대운 戊戌년 6월 4일에 이웃의 정신병자에게 유괴되어 사망하였다. 차 트렁크에 죽은 채로 발견하였다. 申子辰이 모두 있고 辰酉 합으로 묶이면서 辰土 속 乙木 생기가 상한다. 辛酉 대운은 재차 辰酉 합이 발생하면서 금기와 수기에 乙木이 더욱 심하게 상하는 대운이었고 戊戌년에는 申子辰 三合 沖까지 동하는 해였다. 삼합, 충 문제 외에도 辰酉 살기가 강한 사주다.

時	日	月	年	女
庚戌	壬申	甲辰	壬子	

76	66	56	46	36	26	16	6
丙申	丁酉	戊戌	己亥	庚子	辛丑	壬寅	癸卯

미국인으로 1933년 22세 癸酉년에 결혼하고 1950년 39세 庚子 대운 庚寅년에 남편이 사망하였다. 1955년 44세 乙未년에 재혼하여 1972년 61세 戊戌대운 壬子년에 남편이 사망하였다. 申子辰 삼합이 있는데 월간 甲이 수기에 떠내려갈 가능성이 있는 구조다. 戊土와 三合, 沖까지 이루어지고 庚이 언제라도 甲을 충하여 생기가 상할 것이다.

庚子대운은 申子辰 삼합 충하고 庚이 甲木 생기를 자르려는 의도다. 庚寅년에 일지까지 沖 하니 남편이 사망했다. 戊戌대운에는 申子辰과 沖 하는데 壬子년 申子辰 삼합을 이루고 재차 충돌하니 두 번째 남편도 사망했다.

時	日	月	年	男
甲子	甲辰	丙申	丙午	

74	64	54	44	34	24	14	4
甲辰	癸卯	壬寅	辛丑	庚子	己亥	戊戌	丁酉

미국인 살인자다. 1947년 42세 庚子대운 丁亥년부터 1952년 47세 辛丑대운 壬辰년 사이에 15구 이상의 사체들을 도굴하여 장식품을 만들었다. 辛丑대운 49세 甲午년과 52세 丁酉년에 각 1명씩 2명의 여자를 살해하였다. 申子辰 삼합과 子午 충한다. 일지 辰土의 시기에 申子辰 삼합을 이루고 子午 충하고 丁亥년

亥水가 辰土에 담기면 辰土 속 乙 생기가 심하게 상한다. 이렇게 피의 흐름을 결정하는 乙에 문제가 생기면 정신에 이상이 오거나 기존과는 전혀 다른 행동을 하거나 변태 성욕자로 바뀐다. 이런 이유로 사체들을 도굴하였고 특히 庚子대운 丁亥년부터 辛丑대운 壬辰년은 년지 寅午戌 삼합을 벗어난 亥子丑 겁살, 재살, 천살 저승사자와 같은 작용을 하기에 이상한 행위를 하였고 甲午년에는 三合, 沖하여 살인하고 丁酉년에는 酉子丑 퍽치기와 申丑子 삼자조합으로 살인도 하였다.

時	日	月	年	男
己	辛	丁	己	
亥	巳	丑	酉	

73	63	53	43	33	23	13	3
己	庚	辛	壬	癸	甲	乙	丙
巳	午	未	申	酉	戌	亥	子

나치 전범으로 1949년에 전범 재판소에서 형을 받고, 2년 후 석방되었다. 1952년 43세 癸酉대운 壬辰년 3월 31일 암으로 사망하였다. 巳酉丑 삼합으로 살기가 강하다. 亥水가 삼합 충하는 시기는 38~45세 사이이다. 癸酉대운에 巳酉丑 삼합을 이루고 壬辰년에 천간에서는 丁壬癸 삼자로 육체를 상징하는 丁火가 심하게 상하고 지지에서 巳亥 沖 하는 해에 사망하였다. 이 해는 酉亥辰 삼자 조합을 이루는 해로 殺氣가 강해졌다.

時	日	月	年	女
丙	庚	戊	甲	
戌	子	辰	申	

71	61	51	41	31	21	11	1
庚	辛	壬	癸	甲	乙	丙	丁
申	酉	戌	亥	子	丑	寅	卯

중학교 교사로 재직하다가 연애 결혼하였다. 남편은 사업한다고

미국으로 건너가 다른 여자와 결혼하여 살았다. 이혼하고 癸亥 대운 재미교포와 재혼하였다. 申子辰 삼합에 戌土가 沖한다. 살펴야 할 점은 申子辰 세 글자가 있지만 구조는 모두 다르다. 따라서 三合, 沖 하더라고 구조가 다를 때 어떤 반응을 보이는지 주의 깊게 살펴야 한다.

이 여인의 일지는 子水요 남편을 상징하는 십신은 시간의 병화다. 두 개의 동태를 살펴보자. 일지는 辰戌 沖 사이에 끼어서 찌그러질 것이다. 죽기 싫은 남편은 반드시 도망갈 수밖에 없다. 子水의 폭발력으로 미국으로 도망간 남편은 다른 여자와 결혼하고 사라졌다.

時	日	月	年	男
庚	辛	丁	庚	
寅	未	亥	辰	

74	64	54	44	34	24	14	4
乙	甲	癸	壬	辛	庚	己	戊
未	午	巳	辰	卯	寅	丑	子

庚寅대운부터 전기기술로 생계가 안정되었으나 辛卯대운에 부인이 가출하여 다른 남자를 만나 이혼했다. 丁巳年 38세에 재혼하였으나 辛酉年 42세에 재물을 탕진하였고 부인이 외도했다. 육체적으로 질병이 생기고 다리가 오그라져 절름발이가 되었다. 辛卯대운은 일지를 포함하여 亥卯未 삼합을 이루는 해다. 따라서 부인과 이혼, 사별, 별거하는 운이다. 부인이 가출하고 재혼하였으나 삼합 충이 동하는 辛酉년에 부인이 또 떠나고 말았다.

時	日	月	年	男
癸	癸	乙	己	
丑	卯	亥	丑	

71	61	51	41	31	21	11	1
丁	戊	己	庚	辛	壬	癸	甲
卯	辰	巳	午	未	申	酉	戌

37세 乙丑年 부부싸움이 잦다가 38세 丙寅年 부인이 도망가 버렸다. 일지를 포함하여 亥卯로 합하는데 未土는 없다. 辛未대운에 亥卯未 삼합하고 丑未 沖 하는 해에 부인과 심하게 다투고 결과적으로 丙寅년에 도망가고 말았다. 위에서 살펴보는 것처럼 동일한 삼합 충도 삼합의 의미에 따라 다른 물형으로 발현되는 것을 알 수 있다. 따라서 申子辰, 寅午戌, 亥卯未, 巳酉丑 삼합 물상을 충실하게 학습해야 三合 沖으로 발생하는 물형을 읽어낸다.

時	日	月	年	女
癸	癸	癸	癸	
亥	酉	亥	未	

78	68	58	48	38	28	18	8
辛	庚	己	戊	丁	丙	乙	甲
未	午	巳	辰	卯	寅	丑	子

공부도 잘하고, 인기도 있었고 욕심 많고 좋은 친구였는데 불행한 삶을 살다가 갔다. 乙대운까지는 공부도 잘하고 전도유망한 대학생이었는데 불행하게 졸업도 못 하고 丑대운에 결혼하였는데 유부남이라는 것을 나중에 깨달았다. 자식은 없었으며, 28세에 헤어지고 미장원을 운영하더니 33세 乙卯년에 딸 하나를 두었으나 누구의 자식인지 모른다. 丁卯대운 교통사고로 사망하고 딸아이는 자식 없는 사람이 데려다 키운다. 亥卯未 삼합과 酉金이 다투는 구조다. 癸水는 乙의 성장을 위해 존재하는데 亥月이

니 乙木을 적절하게 키우지 못한다. 일지 酉金은 문제를 더욱 악화시키는 역할이기에 남편 복이 없다. 丁卯대운에 亥卯未 삼합과 酉金이 沖하는 시기에 교통사고로 사망하였다. 이렇게 亥卯未가 상하면 인간관계에 문제가 생기거나 육체가 상하기 쉽다.

時	日	月	年	男
辛	丁	乙	癸	
丑	未	卯	亥	

79	69	59	49	39	29	19	9
丁	戊	己	庚	辛	壬	癸	甲
未	申	酉	戌	亥	子	丑	寅

1987년 65세, 丁未년 子月에 교통사고로 사망하였다. 亥卯未 삼합을 이루고 시지 丑土와 丑未 沖 한다. 따라서 언제라도 三合, 沖의 문제가 발현될 것이다. 己酉 대운에 亥卯未 삼합을 酉金으로 충 하는데 丁未 년은 丑未 沖까지 동하니 삼합, 충의 문제가 심각해졌다. 卯酉 沖은 기본적으로 살기가 강하여 육체가 상하기 쉽다.

時	日	月	年	男
己	辛	乙	癸	
丑	酉	卯	亥	

79	69	59	49	39	29	19	9
丁	戊	己	庚	辛	壬	癸	甲
未	申	酉	戌	亥	子	丑	寅

9세 甲寅대운 1991년 辛未年에 다치고 불구가 되었다. 乙卯와 辛酉가 직접 만나고 亥卯로 있다가 辛未년에 亥卯未 三合, 沖이 발생하여 불구가 되었다. 亥卯未 성장에너지가 辛酉에 잘리면 육체가 상한다.

時	日	月	年	女
乙	己	辛	辛	
亥	未	卯	丑	

72	62	52	42	32	22	12	2
己	戊	丁	丙	乙	甲	癸	壬
亥	戌	酉	申	未	午	巳	辰

甲子년 24세에 불륜을 저질렀고 乙丑년에 남편이 불륜을 알고 칼부림하므로 정부 따라 가출하였다. 丙寅년에 재혼하였으나 2년 뒤 이혼하였다. 亥卯未가 모두 있고, 일지를 기준으로 丑未 沖 한다. 十神으로 살피면 월지 卯木이 남편인데 두 개의 辛에 상하고 丑未 沖 사이에 끼어서 24~30세 사이에 남편이 상할 수밖에 없다. 이런 이유로 甲子년에 子卯 刑으로 불륜이 동하고, 乙丑년에 卯木 생기를 보전하고자 도망갔으나 30세까지의 삶은 불안정할 수밖에 없다.

時	日	月	年	女
乙	己	癸	乙	
亥	卯	未	未	

77	67	57	47	37	27	17	7
辛	庚	己	戊	丁	丙	乙	甲
卯	寅	丑	子	亥	戌	酉	申

부잣집 딸로 태어나 공부도 잘하더니 대학 시절에 가난한 학생과 연애하여 부모님의 극심한 반대로 동거하며 고생하더니 자식 낳고 이혼하고 친정으로 들어가 살았다. 戌대운 31세 乙丑 년에 자식 있는 부자와 재혼하여 내조 잘하고 산다. 다만, 두고 온 자식으로 정신 치료받으며, 고생이 심하며 우울증으로 고생한다. 亥卯未 삼합이 모두 있는데 일지를 기준으로 卯木이 세 개 이상이니 결혼이 불안정할 수밖에 없다. 乙酉대운에 삼합 충을 깨기에 사고방식에 문제가 생기고 고집만 강해져 결과적으로 자

식 낳고 이혼하였다. 丙戌대운 일지 卯木과 戌土가 합하고 乙丑 년에 일지 묘목이 반응하고 卯戌 合을 刑하는 시점에 재혼하였 다. 우울증 문제는 亥卯未 삼합의 특징 때문이다. 亥卯未는 성 장 에너지인데 三合과정에 문제가 생기면 성장에 문제가 발생하 고 심리상태도 불안정해진다. 戌대운은 일지와 卯戌 합하여 재 혼하였으나 卯木에 문제가 생겨 우울증세가 심해졌다.

時	日	月	年	男
辛卯	辛卯	丁亥	乙未	

75	65	55	45	35	25	15	5
己卯	庚辰	辛巳	壬午	癸未	甲申	乙酉	丙戌

24세 乙酉대운 戊午년에 구속되고 27세 甲申대운 辛酉년 戊戌 월에 다시 구속되었다. 亥卯未 삼합이 모두 있는데 두 개의 辛 이 성장의 기세를 장악하여 殺氣가 강해진다. 월간 丁火가 辛金 을 자극하면 辛金은 卯木을 찌르려고 동하는데 월지에 亥水도 있으니 충동적인 성정이다. 乙酉대운 성장에너지에 문제가 생기 고 생기가 상하여 감방에 수감되었다. 감방에 갇히는 물상도 성 장에 문제가 생기는 것이다. 辛酉년에 다시 살기가 강해져 卯木 을 자르니 성장에 문제가 생기고 재차 감방에 들어갔다. 이렇게 卯木이 충당하면 육체가 상하거나 감방에 들어가 육체가 구속당 한다.

時	日	月	年	女
丁卯	己未	丁亥	乙卯	

79	69	59	49	39	29	19	9
乙未	甲午	癸巳	壬辰	辛卯	庚寅	己丑	戊子

己丑대운 23세 丁丑년 수감되었다. 己丑대운에 卯木의 활동이 극도로 위축되는데 丁丑년에 재차 丑土가 卯丑 조합으로 乙卯의 좌우확산 에너지에 문제가 생기면서 감옥에 들어갔다. 卯木의 자유로운 행동이 丑土에 구속당하는 것이다. 卯丑이 조합을 이룰 때는 亥卯未 성장에너지 상태를 잘 살펴야 한다.

時	日	月	年	男
癸酉	己卯	癸亥	癸卯	

78	68	58	48	38	28	18	8
乙卯	丙辰	丁巳	戊午	己未	庚申	辛酉	壬戌

己未대운 40세 2002년 壬午년 壬子월 壬戌일 丁未시에 교통사고로 사망하였다. 亥卯가 합하고 일시에서 卯酉 沖하니 38~45세 사이에 문제가 생길 가능성이 있다. 하필 己未 대운을 만나면 亥卯未 삼합 沖할 수밖에 없다. 亥水는 卯酉 충을 해소하는데 未土가 亥水의 흐름을 막아버리면 열기에 자극받은 酉金은 卯木을 쉽게 수확한다. 팔자원국에 정해진 대로 사망하고 말았다.

時	日	月	年	女
壬辰	丙午	庚戌	壬辰	

76	66	56	46	36	26	16	6
壬寅	癸卯	甲辰	乙巳	丙午	丁未	戊申	己酉

30세 辛酉년에 결혼했는데 35세 丙寅년에 이혼하고 자식도 낳지 못하고 혼자 살고 있다. 일지를 포함하여 寅午戌 삼합을 이루고 辰戌 沖하는 해에 이혼하고 말았다.

제2장   三合과 刑

지금까지 三合이 沖을 만났을 때 다양한 사례들을 살펴보았다. 이 章에서는 4종류의 삼합이 刑을 만났을 때 어떤 물형변화가 발생하는지 살펴보자. 기억할 점은 삼합운동의 기본특징을 숙지해야 응용이 가능하다. 다양한 의미들을 기억하기 어렵다면 가장 기초개념만이라도 기억해야 한다. 예로, 亥卯未 삼합은 성장, 巳酉丑 삼합은 수렴, 申子辰은 삼합은 순환과 윤회, 寅午戌 삼합은 분산, 확장에너지라는 것만이라도 기억해야 한다. 지금부터는 삼합운동과정에 刑破로 시공간에 변화가 오면 물형이 어떻게 왜곡되는지 살펴보자.

時	日	月	年	女
丁	戊	丁	己	
巳	戌	丑	酉	

75	65	55	45	35	25	15	5
乙	甲	癸	壬	辛	庚	己	戊
酉	申	未	午	巳	辰	卯	寅

37세 2005년 乙酉년 상황이다. 68년생 남편과 사진업을 하는데 항상 불안하다. 이유 없이 남편이 싫고 잠자리도 않는다. 헤어지고 싶은데 애 때문에 묶여있다. 이 구조는 의도가 명확하다. 순서는 바르지 않지만 숙살기운 巳酉丑 삼합 세 글자가 모두 있고 월지와 일지가 丑戌 刑한다. 따라서 삼합과 형이 공존하여 시공간 변화에 따라서 물형에 변화가 올 것이다. 戊土 일간이

丑月에 태어나 시절이 적절하지 않고 일지 戌土 남편을 기준으로 동일한 토 오행이 많아서 이혼 가능성이 높은데 丑戌 刑까지 있지만 월지 丑土의 문제를 일지 戌土가 刑으로 해소하기에 남편의 쓰임이 좋다. 이 사주의 문제는 남편을 상징하는 十神이 없고 남편과 좋은 사이를 유지할 수 있는 木 에너지가 없다. 37세는 원국의 戊戌 일주의 시기에 이르렀고 辛巳대운이니 丑, 戌 刑이 시작되어 불안정해지고 辛巳로 巳酉丑 三合, 刑이 공존하여 殺氣만 강해지니 이유도 없이 남편이 싫고 잠자리도 거부하는 것이다.

時	日	月	年	女
壬	壬	甲	癸	
寅	申	子	酉	

71	61	51	41	31	21	11	1
壬	辛	庚	己	戊	丁	丙	乙
申	未	午	巳	辰	卯	寅	丑

26세 戊戌년 결혼했고 31세 癸卯년에 아들 낳고 己巳대운 43세 丙辰년에 남편이 사망했다. 일지를 기준으로 申子 두 글자가 있는데 戊辰 대운 申子辰 삼합을 이루면 남편에게 문제가 생길 가능성이 높아지고 38~45세 사이이다.

다만, 申子辰 삼합을 하더라도 특별하게 심각한 문제가 발생하지 않는 이유가 寅申 충을 해소해주는 水氣가 많기 때문이다. 이런 이유로 戊辰대운에는 남편에게 문제가 생길 것임을 암시만 하다가 己巳대운에 일지를 기준으로 寅巳申 三刑을 이루고 申子辰 삼합하는 丙辰년에 남편이 사망했다. 즉, 寅申 沖으로는 부족한데 巳火가 추가되어 三刑과 三合을 이루는 丙辰년에 사망하였다.

時	日	月	年	男
丙	甲	乙	庚	
寅	午	酉	戌	

79	69	59	49	39	29	19	9
癸	壬	辛	庚	己	戊	丁	丙
巳	辰	卯	寅	丑	子	亥	戌

죽으려고 네 번이나 자살을 시도했는데 실패했다. 직장을 다니면 3개월을 넘기지 못하고, 빚도 많이 져서 자살하려고 했다. 자살의 이유를 十神으로 분석하려는 것은 현명하지 않다. 자연의 이치가 있고 인간도 그 이치를 따르며 살아간다. 자연의 행위는 크게 두 가지로 성장과 죽음이다.

성장하려면 亥卯未와 寅午戌 삼합을 활용하고, 죽음과정에는 巳酉丑과 申子辰 삼합운동이 개입된다. 그 외에 이 사주처럼 생기를 만들어내는 생명수가 전혀 없고 木氣가 가을에 수많은 金氣에 위협당하고 火氣들이 금기를 자극하면 생기가 상하면서 살려는 의욕이 사라질 수밖에 없다.

十神으로 인성이 없어서 자살을 시도했다거나 財星이 무력하다는 식의 해설들은 무의미하다. 生氣를 지칭하는 에너지들이 심하게 상한 것이 핵심이다. 살기를 견디지 못하면 인간은 자살하거나 자학하거나 남을 학대하거나 정신에 문제가 생긴다.

寅午戌 삼합과정에 酉金이 개입되어 殺氣가 강해지고 운에서 충, 형을 만날 때 더욱 격해진다. 水氣로 흐를 때는 酉金을 풀어서 살기를 해소할 것으로 생각하지만 木氣와 金氣가 싸우기에 水氣에 탄력 받은 金氣가 튀어 나가는 과정에 木을 친다. 이 사람이 느끼는 자살충동의 원인이다.

時	日	月	年	男
乙未	丙戌	戊寅	庚午	

79	69	59	49	39	29	19	9
丙戌	乙酉	甲申	癸未	壬午	辛巳	庚辰	己卯

庚午년 61세 未月에 교통사고로 뇌수술 받고 사망하였다. 여관을 운영했고 권리금 합의가 여의치 못하여 지연되는 과정에 사고를 당했다. 水氣가 전혀 없고 寅午戌 삼합 戌未 刑이 공존한다. 61세는 원국에서 戌未 刑이 동하는 시기이고 甲申대운에 천간에서 甲庚 沖, 지지에서 寅申 沖이 동하면서 甲寅 생기가 심하게 상하였다. 三合과 刑, 그리고 水氣가 전혀 없으니 그 충격을 해소하지 못하고 교통사고로 사망했다.

時	日	月	年	女
辛卯	辛亥	壬戌	戊午	

77	67	57	47	37	27	17	7
甲寅	乙卯	丙辰	丁巳	戊午	己未	庚申	辛酉

두 번 결혼하였으나 모두 이혼하였다. 寅午戌 삼합 두 글자와 亥卯未 삼합 두 글자만 있다가 己未 대운에 복잡한 구조가 형성된다. 첫째는 일지를 포함하여 亥卯未 삼합으로 배우자가 사라지는 운이다. 여기에 戌未 刑까지 가미되면 의미가 더욱 뚜렷해진다. 또 다른 문제는 일지 亥水와 동일한 오행이 월간 壬水로 드러났고 배우자를 상징하는 십신 午火가 년지에 있으니 사이가 너무 멀다. 또 午火가 亥水를 반길 수 없으니 일지에 들어오는 것을 꺼린다. 이런 이유로 두 번 이혼했다.

時	日	月	年	男
壬午	乙卯	癸未	庚戌	

71	61	51	41	31	21	11	1
辛卯	庚寅	己丑	戊子	丁亥	丙戌	乙酉	甲申

34세 2003년 2월 발생한 대구 지하철 화재 사고로 사망하였다. 戌未 刑만 있고 별다른 특징이 없다가 丁亥 대운을 만나면 戌土와 未土 속에 있던 불꽃이 戌未 형 하면서 밖으로 튀어나오니 화상의 문제가 있다. 특히 戌土는 내부에 열기를 저장하여 지장간에 있는 丁火가 튀어나오면 화상, 폭발, 총탄사고, 교통사고, 화재와 같은 물상으로 발현된다. 여기에 亥水가 亥卯未 삼합하고 癸未년에 三合, 刑이 동하면서 지하철 화재로 사망했다.

時	日	月	年	男
丙寅	甲午	甲戌	己丑	

77	67	57	47	37	27	17	7
丙寅	丁卯	戊辰	己巳	庚午	辛未	壬申	癸酉

36세 1984년 辛未대운 甲子년 8월 27일 기차와 충돌하고 간신히 살았으나 뇌에 심한 후유증을 남겼다. 몇 년 동안 의식이 없었다. 43세 1991년 辛未년 10월에 재판으로 보상비 백만 달러를 받았다. 장기간 기억이 없어졌고, 불안정하고 변덕스러운 성격이 되었다. 寅午戌과 丑戌 刑 조합이 명확하다. 水氣가 전혀 없어서 불안정해 보인다. 辛未대운은 년과 월에서 丑戌未 삼형이 동하고 甲子년은 寅午戌 삼합이 沖 하는 해였다.

제3장   三合, 破, 害, 원진과 귀문

이번 장에서는 삼합과 破害 그리고 원진, 귀문이나 기타 조합들이 조합할 경우의 물상들을 살펴보기로 하자.

時	日	月	年	男
癸	戊	辛	辛	
丑	子	丑	巳	

79	69	59	49	39	29	19	9
癸	甲	乙	丙	丁	戊	己	庚
巳	午	未	申	酉	戌	亥	子

미국인 프로야구선수였고 1986년 46세 丁酉대운 丙寅년 5월에 심장마비로 사망하였다. 이 구조는 별다른 특징이 보이지 않는다. 사축으로 삼합을 이루지 않았고 형충 파해도 전혀 없다. 丁酉대운에 이르면 巳酉丑 삼합이 동하여 살기가 강해지고 酉子丑 三字조합이 동하여 급작스러운 문제가 발생할 것임을 암시한다. 하지만 사주팔자에 木氣가 없으니 문제가 없지만 乙丑년이 지나 丙寅년에 이르면 巳酉丑 삼합과 寅巳 刑이 동하고 寅酉가 만나면 피의 흐름에 문제가 생긴다. 寅酉는 살기, 경찰, 암살과 같은 물상이고 火氣와 연결되면 뇌출혈, 심장마비 물상이다. 그 이유는 木氣 피의 흐름이 金氣에 차단되면서 심장과 뇌로 가는 피가 막히기 때문이다.

時	日	月	年	女
己丑	丙午	戊寅	庚戌	

71	61	51	41	31	21	11	1
庚午	辛未	壬申	癸酉	甲戌	乙亥	丙子	丁丑

1979년 70세 辛未대운 己未년 11월 30일 암으로 사망하였다. 영국인이고 유명 코미디언이었다. 寅午戌 삼합을 이루고 午丑이 가까이 만나서 폭발의 위험이 있다. 시지 丑土의 시기에 그런 문제가 발생할 것이다. 辛未대운은 丑戌未 三刑이 동하는 대운이고 己未년은 그 의미가 더욱 명확해진다.

時	日	月	年	男
庚辰	庚申	庚子	辛未	

77	67	57	47	37	27	17	7
壬辰	癸巳	甲午	乙未	丙申	丁酉	戊戌	己亥

군대에 입대하기 전에 시멘트 레미콘 운전사를 하다가 1953년 1월에 한국 전쟁에 참여하였고 戊戌대운 23세 癸巳년 3월에 한국전쟁에서 부상병들의 후송을 돕기 위해 적의 자동소총 진지를 혼자서 공격하다가 사망하였다.

이 구조는 기본적으로 생기가 부족하다. 申子辰 삼합 외에 未土가 子水의 흐름을 막는 정도로 큰 무리는 없다. 戊戌대운이 오면 상황이 달라진다. 申子辰 三合 辰戌 충이 동하고 戌未 刑과 辰戌未 삼자가 만나서 어지러워진다. 그 외에 년지 未土를 기준으로 庚과 辛이 겁살과 재살로 저승사자와 같은 작용을 하므로 전쟁터에서 단명하였다.

時	日	月	年	女
甲午	丙申	戊辰	甲辰	

74	64	54	44	34	24	14	4
庚申	辛酉	壬戌	癸亥	甲子	乙丑	丙寅	丁卯

34세 甲子대운에 일지를 포함하여 申子辰 삼합하고 子午 沖하면서 배우자 궁에 문제가 생길 것임을 암시한다. 庚辰년에 일지 申이 천간에 드러나 남편이 사라질 것임을 암시하고 辰辰으로 복음이 동하여 문제가 생기고 辛巳년에 고부갈등으로 이혼하고 말았다. 대운에서 일지와 삼합을 이루고 세운도 일지에 변화가 발생할 때 이혼하였다.

時	日	月	年	男
丁未	壬子	丙辰	戊申	

78	68	58	48	38	28	18	8
甲子	癸亥	壬戌	辛酉	庚申	己未	戊午	丁巳

巳午未대운을 지날 때 변호사를 하다가 庚申대운에 그만두었다. 辰月의 시공간에 필요한 水氣가 일주 壬子이기에 년과 월에서 일간의 쓰임이 좋은 구조다. 巳午未를 지날 때 많은 사람들이 水氣를 달라고 달려들지만 물을 공급하느라 피곤하다. 庚申대운에 이르면 년지 申金과 복음으로 근본적인 변화를 주어야만 하는 운에 이르렀다. 일지를 포함하여 申子辰 삼합하기에 배우자와의 문제가 발생할 수 있다. 다만, 申子辰 삼합을 하였지만 특별하게 刑沖破害가 없기에 직업을 그만두는 정도로 끝났다. 다만, 시지 未土의 시기에 이르면 子未로 조합이 나쁘니 문제가 생길 것이다.

時	日	月	年	男
乙	甲	癸	乙	
亥	子	未	巳	

71	61	51	41	31	21	11	1
乙	丙	丁	戊	己	庚	辛	壬
亥	子	丑	寅	卯	辰	巳	午

己卯대운 庚辰년 36세 庚辰 월에 기차에 치여 사망하였다. 이 구조는 특별한 문제가 보이지 않는다. 未月의 시공간에 필요로 하는 水氣가 癸水와 亥子로 크게 부족해 보이지도 않는다. 그렇다면 왜 기차에 치여 사망했을까? 己卯 대운은 亥卯未 삼합하는 과정에 子卯 刑하고 일지 子水가 찌그러질 가능성이 높다. 자수는 생명수이니 미토에 탁해지고 상하면 흉하다. 庚辰년도 특별하게 문제가 보이지는 않는다. 단지 亥水가 辰土에 담기고 庚이 甲을 沖 하는 정도다. 경진월도 마찬가지다.

하지만 한 가지 숨은 의미가 있다. 년지 巳火를 기준으로 巳酉丑 삼합운동을 벗어난 寅卯辰은 겁살, 재살, 천살에 해당하고 마치 저승사자들의 세상과 같다. 겁살, 재살, 천살의 의미들은 다양하지만, 그중 하나가 저승사자처럼 생명을 앗아가는 역할이다. 십신이나 생극 작용으로는 알지 못하는 독특한 12신살의 특징을 학습해야만 하는 이유다.

時	日	月	年	男
丙	庚	丁	丙	
戌	午	酉	寅	

71	61	51	41	31	21	11	1
乙	甲	癸	壬	辛	庚	己	戊
巳	辰	卯	寅	丑	子	亥	戌

46세까지는 장사하여 큰돈도 벌었지만 寅대운부터 다 날리고

객지에 나가 남의 땅에서 농사로 여생을 보냈다. 丁酉월이니 반드시 수기를 보아야 丁辛壬 삼자조합으로 남들보다 빠르게 돈을 벌어들일 것이다. 초년부터 亥子丑으로 흘러 酉金을 폭발 시켜 장사로 큰돈도 벌었다. 하지만 庚이 수많은 화기에 둘러싸여 흉한 것은 분명하다. 이런 구조는 강력한 화기를 품은 金氣들이 水氣를 보지 못하고 木氣를 직접 만나면 반드시 목기가 상하는 문제가 발생한다.

예로, 자학, 조폭, 학대, 도를 닦거나 사회에서 벗어나서 종교인으로 살아간다. 寅 대운에 寅酉로 상하면서 돈을 다 까먹었지만, 生氣를 유지하고자 농사로 여생을 보냈다. 이 구조도 寅午戌 삼합에 寅酉조합으로 寅木 생기가 상하면 火氣로 가는 피의 흐름에 문제가 생길 것이다. 이런 殺氣를 농사로 해결한 것은 매우 현명하다.

時	日	月	年	男
庚辰	庚申	己未	戊子	

71	61	51	41	31	21	11	1
丁卯	丙寅	乙丑	甲子	癸亥	壬戌	辛酉	庚申

45세 상황이다. 甲대운에 사업하다가 45세 壬申년에 크게 망하여 재기가 어려울 정도다. 申子辰 삼합에 子未 원진 구조다. 甲子대운 甲己 합으로 새로운 출발을 암시하고 갑을 활용하려는 욕망이 생긴다. 사업을 시작했지만 년지 子水와 申子辰 삼합하는 과정에 월지 未土에 의해서 子水가 상하는 것은 분명하다. 壬申년에 申子辰 삼합과 子未원진의 문제가 발현되면서 크게 망하고 말았다. 또 다른 구조적인 문제는 甲己 합하지만 두 개의 庚金이 甲庚 沖하여 상한다.

이렇게 원국에서 결정된 구조는 대운과 세운에서 반응하여 물형을 결정한다. 사주팔자 길흉을 판단하는 행위는 사주원국 구조를 분석하고 시공간 변화를 살피는 것이다.

時	日	月	年	女
甲	乙	壬	壬	
申	卯	子	辰	

79	69	59	49	39	29	19	9
甲	乙	丙	丁	戊	己	庚	辛
辰	巳	午	未	申	酉	戌	亥

19세 庚戌년에 유부남과 동거하였다. 申子辰 삼합으로 방탕, 방랑, 유랑의 속성을 가졌다. 특히 乙일간이 壬水를 만나면 허허바다에 겨자씨처럼 방랑하는 성정이다. 申子辰 삼합과정에 子卯 刑이 동하고 卯申 합이 동한다. 庚戌년에 이르면 申子辰 삼합이 沖 하여 출렁거리고 일지 卯木과 卯戌 합하면서 庚과 인연이 생긴다. 庚은 시지에 있는 申이 드러난 것인데 그 위에 甲이 있으니 유부남이 분명하다. 동일한 삼합에 沖, 刑, 破, 害와 宮位의 상이함으로 전혀 다른 물형으로 발현되는 것이다.

제4장   辰戌丑未 沖刑 조합의 이해

삼합운동의 마감점인 辰戌丑未는 刑沖破害를 이해하는 핵심이다. 삼합운동의 실질적인 결과물이 진술축미에 담기고 沖刑파해에 의해서 물형에 변화가 발생하기 때문이다. 자연에서는 沖과 刑의 작용으로 물형에 변화를 주는데 인간의 삶도 다를 바 없다. 위에서 살펴보았던 것처럼 刑沖破害 작용은 사주팔자 구조에 따라서 매우 상이하여 일정한 규칙을 찾기 힘들다. 우리가 아무리 그 작용을 규정하고자 해도 각 개인의 사주구조에 따라 반응하기 때문이다.

예로 申子辰 삼합이 沖하는 경우에 申을 沖하는지, 子를 沖하는지, 辰을 沖하는지에 따라 다르다. 또 충 작용이 동일해도 申을 沖하는 寅의 궁위가 연월일시 어디에서 온 것인지 혹은 대운이나 세운에서 온 것인지에 따라 달라져 버린다. 이렇게 삼합과 刑沖破害 작용의 경우 수가 너무도 많기에 일률적으로 물형을 결정하려고 공식을 만들어봐야 소용이 없으며 이런 모호함으로 지금까지도 刑沖破害의 근본원리를 설명하는 책이 존재할 수 없는 것이다.

궁위와 연령을 감안하면 寅午戌과 子午 沖하더라도 午火가 연월일시 어디에 있느냐에 따라 沖 하는 연령이 달라지고 구조에 따라 子午 沖이 심할 수도 심하지 않을 수도 있다. 이런 이치를 생각하면 刑沖破害를 수학 공식처럼 만드는 것은 불가능에 가깝다. 유일한 방법은 사주팔자에서 시간과 공간이 작용하는 방식을 이해하고 유연하게 변화를 살피는 것이다. 먼저 沖과 刑의 개념을 간단히 정리해보자. 沖이란 정반대의 에너지 방향을 가진 두 글자가 추진방향과 목적이 달라 충돌하는 것이다. 방향이 다르니 반발작용이 발생할 수밖에 없다.

예로 辰戌 沖의 경우, 辰土는 밖으로 나가서 乙의 성장을 촉진하고 戌土는 내부에 辛 씨종자를 저장하는 방향성이니 정반대 기운이 자신이 원하는 것을 관철하는 과정에 충돌이 발생한다. 예로 卯酉 沖은 卯木이 酉金을 만나 沖하거나 酉金이 卯木을 만나 沖 하는 것으로 卯의 좌우확산 작용과 酉의 부피를 최대한 줄여서 수렴하고 딱딱하게 만들려는 작용이 충돌한다. 丑未 충은 巳酉丑 삼합운동으로 물질을 완성하고 목기를 내놓으려고 준비하는 과정이요, 亥卯未는 성장을 완료하여 금기 씨종자를 만들려는 의도를 가진 삼합 토가 서로 충돌한다.

辰戌丑未 刑이란 沖처럼 직접적인 충돌은 아니고 원하는 방향이 달라서 상호조정할 필요가 있는 상황이다. 다만 이것은 이론에 불과하고 刑으로 발현되는 물형이 너무도 다양하여 예측하는 것은 매우 어렵다. 이렇게 양자 사이에 沖 하거나 刑 할 경우 발현되는 물상은 심각하지 않는데 두 개의 刑에 토가 추가되어 沖刑을 이루면 흉함이 가중된다.

예로 丑未 沖하는데 戌土가 丑戌未 三刑을 이루면 흉함이 가중되고 辰戌이 있는데 未土나 丑土가 와서 辰戌未 조합을 이루거나 辰戌丑 조합을 이루면 흉함이 가중된다. 천간과 지지 모두 두 개의 생과 극작용은 강한 물상을 만들지는 못한다. 반드시 세 개가 조합할 때 특징이 뚜렷해진다.

예로 酉丑辰, 辰戌未, 辰戌丑, 丑戌未, 癸甲戊, 壬癸丁 삼자조합으로 의도가 뚜렷해진다. 沖, 刑을 이루면 자세히 살펴야 할 점들이 있다.

1. 沖刑의 강약

沖, 刑하는 대상의 강약을 판단해야 한다. 寅午戌 삼합으로 강력한 화기를 가진 상태에서 무기력한 子水가 午火를 沖 할 수도 있고 반대의 경우도 있다. 강약의 차이에 따라서 발현되는 물상이 크게 달라진다.

時	日	月	年 男
癸	丙	丙	乙
巳	寅	戌	未

77	67	57	47	37	27	17	7
戊	己	庚	辛	壬	癸	甲	乙
寅	卯	辰	巳	午	未	申	酉

예로 이 구조는 火氣가 탱천하는데 시간 癸水가 미약하게 火氣를 자극하면 불길이 더욱 강력해진다. 壬午대운 寅午戌 삼합하고 戌未 刑 한다. 화기는 탱천해지고 壬癸가 화기를 자극한다. 戊寅년에 戊癸 合으로 화기는 탱천해지고 약한 水氣가 자극하니 화재로 사망하였다.

만약 癸水가 없었다면 화재는 없었을 것이고 寅午戌 삼합과 수기의 강도가 비슷했다면 화재가 발생하지 않았을 것이다. 즉, 화재는 반드시 火氣가 강하고 水氣가 미약한 구조일 때 발생한다. 이런 이치를 충과 형에 응용하여 물형을 파악한다.

時	日	月	年	女
甲午	辛酉	癸巳	辛亥	

80	70	60	50	40	30	20	10
辛丑	庚子	己亥	戊戌	丁酉	丙申	乙未	甲午

이 여인은 우울증으로 27세 1997년 丁丑년 4월 7일 아들을 업고 투신자살하였다. 이 구조를 삼합과 충, 형작용으로 살펴보자. 년과 월의 간지 조합은 어둡다. 辛酉, 辛癸亥로 씨종자가 풀어지는 과정에 문제가 생겨서 사고방식에 영향을 미치거나 정신에 이상이 올 수 있다. 특히 화려한 빛을 상징하는 巳火가 월지에 있지만 巳亥 沖과, 巳酉 合으로 合과 沖이 공존하기에 시공간 변화에 따라 언제라도 빛을 잃고 어두워진다. 또 巳酉합이 亥水에 沖 맞아 빛을 상실하는데 문제가 발생할 시기는 월지 巳火에 이르는 24~30세 사이이다.

팔자에 없으면 문제가 없지만 원국에서 이미 빛이 어둠속으로 사라질 가능성이 있는 구조들은 빛이 사라지는 시기에 주의해야만 한다. 24~30세는 丙申대운으로 변화를 살피면, 丙火의 시기를 지날 때는 빛이 환하지만, 申에 이르면 점점 어두워진다. 세운 乙亥, 丙子, 丁丑년을 지나는 과정에 丙子년은 26세로 정확하게 원국에서 정해진 시간에 이른다.

巳酉합이 巳亥 충으로 상하는 시기에 이르고 丙子년 하반기에 천간에서도 丙辛 合으로 빛이 어둠 속으로 사라진다. 빛을 잃으면 삶의 의욕을 상실하고 사고방식과 행동에 영향을 미친다. 사건은 절대로 그 순간에 발생할 수 없다. 사건이 발생한 당일의 대운, 세운, 월운, 일운을 生剋으로 판단하는 것은 옳지 않다.

자살하는 순간에 자살을 결정하지는 않기 때문이다. 따라서 과거의 시공간을 살피고 현재의 상황을 분석해야한다. 丙子년의 영향력은 丁丑년까지 이어지고 丁丑년의 기운까지 더해져 생각과 행동에 영향을 미친다. 丁丑년은 巳酉丑 삼합을 이루는데 일지를 포함할 경우에는 배우자가 있다면 이혼이나 사망이고, 배우자가 없다면 결혼하는 운이다.

정축년은 삼합으로 빛이 어둠 속으로 사라지고 말았다. 또 하나의 요인은 정축년 丁火가 辛酉를 자극하면 뜨거워진 辛酉는 癸水를 향하는 반발력이 생기고 충동적이 되면서 辛癸, 酉子 破의 추락물상으로 삶을 마감했다. 巳酉丑 삼합의 기세가 巳火의 빛을 어둠속으로 끌고 들어가 버렸다.

時	日	月	年	女
甲	壬	庚	戊	
辰	辰	申	子	

79	69	59	49	39	29	19	9
壬	癸	甲	乙	丙	丁	戊	己
子	丑	寅	卯	辰	巳	午	未

1992년 壬申년에 남편과 이혼하면서 25억 휴게소를 위자료로 받아 관리하였는데 1994년 甲戌년에 대학에 다니던 딸이 맨홀에 빠져 사망한 후에는 삶에 의욕도 없고, 휴게소도 관리하기 싫어서 丙子년 1996년에 타인에게 임대하려 한다. 申子辰 삼합으로 辰土가 일지에 있으니 흐름이 멈추고 물질이 완성된다.

일지의 시기 38~45세에 재물의 유입이 강해질 것이 정해져 있다. 이런 이유로 45세 壬申년에 25억이라는 큰 재물의 유입이 있었다. 다만 甲戌년에 申子辰 삼합과 戌土가 三合 沖하니 물탱크가 터져버리고 甲이 물탱크 위에 있다가 휩쓸려가고 말았다. 申子辰 삼합은 물의 낙하와 같아서 추락물상이요 辰土는 습한 땅인데 沖으로 열리니 맨홀로 추락한다. 이런 상황을 단편적으로 판단하는 것은 오류를 범하기 쉽다.

이 사주원국에서 자식이 단명한 이유는 월주 庚申이 시주 甲辰과 沖하여 甲 생기가 상하고 일시지가 辰辰 복음으로 수기의 흐름이 탁해지면서 열이 오르면 진토 속의 乙 생기에 문제가 생긴다. 이런 이유로 일시 조합이 辰辰, 戌戌은 자식과의 인연이 박하여 불임, 입양, 자식의 지체장애, 지능저하의 문제를 만들어 낸다. 또 辰戌 沖도 유사한 물상으로 발현된다. 이 구조는 申子辰 수기의 기세가 굉장히 강한데 戌土가 미약하게 자극하면서 딸에게 큰 문제가 생겼다. 예로 申子辰과 寅午戌이 대등한 구조라면 오히려 심각한 문제에 이르지 않는다.

時	日	月	年	男
丙寅	甲寅	戊戌	丙午	

76	66	56	46	36	26	16	6
丙午	乙巳	甲辰	癸卯	壬寅	辛丑	庚子	己亥

이 구조는 수기가 전혀 없고 강력한 화기에 寅午戌 삼합이 모두 있다. 농사를 짓던 홀어머니 밑에서 성장하다가 형편이 어려워 중학교를 중퇴하고 농사일을 하였다. 87년 귀가하는 고등학교 여학생을 강간하려다 반항하여 목을 졸라 살해했고 같은 해 귀가 중이던 처녀를 겁탈 후 범행이 발각될까 두려워 시체를 유기하였다. 22세 庚子운 丁卯년이었다. 寅午戌 삼합에 丙火가 강력하여 生氣가 없다. 庚子대운에 이르러 子水가 강력한 화기 午火를 沖으로 약하게 자극하면 찜질방처럼 갑자기 열기가 증폭되면서 화기들이 난동을 부린다. 甲일간은 강한 火氣에 휘둘려 함부

로 행동하거나 자학하거나 불법을 저지를 수 있는데 구조와 운을 살펴서 판단한다. 庚子대운의 庚이 오면 수많은 빈둥거리던 火氣들은 庚 열매를 수확하고자 달려들기에 火氣를 감당할 힘이 없는 庚은 상할 수밖에 없다. 달리 표현하면 庚金 法을 무시하고 함부로 불법을 저지르고 법의 심판을 받는다.

丁卯년은 甲, 丁卯로 몸을 함부로 놀려 육체를 탐하는 강간, 외도 물상이다. 정리해보면 甲, 丁卯에 운에서 庚이 올 경우, 바람을 피우다 발각되어 이혼 당한다. 또 甲戌庚 조합은 殺氣가 강해서 대부분 육체가 상하는 흉한 운이다. 丁卯년 卯木은 젊은 여인을 상징하며 卯戌 합으로 丁火가 卯木의 활동을 제약한 후 戌土 토끼 굴로 들어간다.

즉, 卯木 젊은 여인의 움직임은 제압당한 후 戌土 墓地로 들어가는 것이다. 庚子, 丁卯의 子卯 刑으로 색욕을 참지 못하고 강간, 살해한 후 戌土에 숨긴 것이다. 삼합 충, 형의 강약관점에서 살피면 극도로 강력한 寅午戌 삼합화기를 극히 미약한 子水가 沖 하면 오히려 엄청난 폭발력으로 난동을 부린다. 위 사주처럼 화재로 사망하거나 이 사주처럼 갑자기 성욕이 강해지고 살인을 저지른다. 子水가 미약하니 寅午戌 삼합과 沖 해봐야 아무런 작용도 못 한다는 관점으로는 전혀 이해하지 못하는 에너지의 움직임이다.

時	日	月	年	男
丁	戊	戊	己	
巳	午	辰	酉	

72	62	52	42	32	22	12	2
庚	辛	壬	癸	甲	乙	丙	丁
申	酉	戌	亥	子	丑	寅	卯

27세 乙丑대운 乙亥년 己丑월에 교통사고로 사망하였다. 화기가 강력하고 巳酉 두 글자가 언제라도 巳酉丑 삼합을 준비하고 있다. 년과 월에서 辰酉 합하여 丑土와 조합을 이루면 교통사고 물상이 발현될 것이다. 은행에 근무하며 과장으로 승진하였는데 아쉽게도 교통사고로 사망하였다.

乙丑 대운에 巳酉丑 삼합하고 酉丑辰 삼자조합으로 교통사고, 임플란트, 폭발적인 금전유입과 같은 물형이 동한다. 乙亥년에 酉亥辰 삼자조합으로 살기가 강해지고 巳亥 沖 하면서 교통사고로 사망했다. 이 구조에 드러나지 않은 문제점은 辰月에 水氣가 필요한데 건조한 상태에서 辰酉 합으로 진토 속의 乙이 상하여 문제가 생겼다.

2. 沖刑의 方向

丑戌未 삼형이라고 두루뭉술하게 설명하여 어느 것이 어느 것을 沖, 刑 하는지 설명하지 않아 혼란스럽다. 沖과 刑은 반드시 고유한 方向을 가지고 있다. 예로 未土가 戌土를 刑하는지 戌土가 未土를 刑하는지를 살펴야 한다. 기본적으로는 未土가 戌土를 刑 할 수 없고 戌土가 未土를 刑 한다.

그 이유는 지구가 회전하는 방향의 특징 때문에 그럴 수밖에 없다. 未土는 亥卯未로 성장을 완성하고 戌土는 寅午戌로 확장운동을 마감하기에 확장이 성장운동에 앞서서 이루어질 수는 없는 것이다. 또 사주원국에서 戌未 刑 할 때, 未土가 좋은 역할을 하는데 戌土가 未土를 형 해버리는 경우, 戌土가 좋은 역할을 하는데 未土가 刑할 경우에 의미는 전혀 다르다. 또, 刑이나 沖 하는 방향은 반드시 원국의 궁위와 시공간을 함께 살펴야 한다.

예를 들어보자.

시일월년
辰戌丑未

이런 구조가 있다면, 초년 15세까지는 년지 未土의 沖, 刑이 발생한다. 예로 未土가 丑土를 沖 하거나 戌土를 刑 하는 문제다. 30세까지는 월지 丑土가 未土와 沖 하거나 일지 戌土와 刑하고 45세까지는 일지 戌土가 월지 丑土를 刑하거나 시지 辰土를 충한다. 60세를 기준으로 辰土가 戌土를 沖 하거나 진토가 축토를 破한다.

이런 충, 형의 방향은 三刑이나 沖할 때 누가 누구를 향하는지 흔들리지 않는 기준을 잡아준다. 예로 辰戌 충은 중년 이후에 발생하고 丑未 충은 30세 이전에 발생할 것임을 사주원국에서 결정하는 것이다. 다만 대운, 세운에 따라 궁위의 시공간에 변화가 오지만 원국에 짜여있는 근본구조를 먼저 이해한 후 대, 세운 변화를 살펴서 물상을 읽어낸다.

時	日	月	年	男
庚辰	庚午	甲子	戊戌	

76	66	56	46	36	26	16	6
壬申	辛未	庚午	己巳	戊辰	丁卯	丙寅	乙丑

평생 백수에 사기꾼으로 말을 잘한다. 유산이 있었으나 거의 다 써버리고 이사를 자주 다니고, 월세 살면서 사기 치려고 한다. 癸未년 말에 사기로 수감되고 甲申년 酉月에 나왔다. 40세 넘어서 술, 노름으로 식구들을 괴롭힌다. 甲申년 여름 친구의 도

움으로 세탁 편의점을 차렸다. 이 구조는 복잡하다. 년지 戌土는 일지 午火와 午戌 합하는 과정에 子午 沖 한다. 월지 子水의 시기에 午火를 沖 하는 과정에 子辰 합한다. 일지 午火의 시기에는 子午 沖하면서 戌土를 향하여 간다. 시지 辰土의 시기에는 子水를 담는 과정에 午火를 충한다. 이런 흐름은 바뀌지 않는다. 다만 대운과 세운에서 시공간이 뒤죽박죽 변하기 시작한다.

예로 癸未년의 상황을 살펴보자. 45세 즈음이니 일지 午火를 지나고 있다. 午火는 子午 충하고, 午戌 합하는 기운이다. 대운은 戊辰으로 시지에 辰土가 있는데 월지 子水와 합하는 과정에 반드시 일지 午火를 沖 한다. 그 과정에 천간 글자들을 살피면 의도가 명확해진다. 庚庚으로 사회궁의 甲子를 취하는 과정에 午火를 沖으로 무력하게 만든다.

이런 작용으로 사기로 감방에 들어갔다. 甲申년 상황을 살펴보자. 월간 甲의 시간이 도래했다. 申은 월지와 시지와 申子辰 삼합하고 午火와 子午 沖하여 충동적으로 일을 저지르는데 천간은 庚庚甲으로 두 개의 庚이 甲木 하나를 얻고자 申子辰으로 午火의 자극을 받아서 충동적으로 세탁편의점을 개업하고 그 과정에 부인 午火가 상하거나 부인의 재물이 사라진다.

時	日	月	年	男
乙未	辛丑	庚戌	壬子	

80	70	60	50	40	30	20	10
戊午	丁巳	丙辰	乙卯	甲寅	癸丑	壬子	辛亥

이 구조도 참으로 복잡하다. 년지 子水는 丑土와 합하러 가는

과정에 戌土를 만난다. 戌土는 丑戌 刑하고, 丑未 沖 한다. 丑土는 戌土를 刑하고, 未土와 沖 한다. 未土는 丑土를 충하고 戌土를 형하며 子水를 말린다. 이런 다양한 구조는 해당 궁위를 지날 때마다 발생하고 대운과 세운에 따라 물형이 달라진다. 이렇게 丑戌未 삼형을 구성하였으니 가공, 조절, 교정, 부수고 새롭게 만드는 레고 블록, 장식, 부동산 신축, 부동산 재개발과 같은 물상에 어울린다.

인테리어 관련업을 하다 나중에 부동산업을 한다. 癸丑대운 庚辰년 이후로 乙卯대운에도 발전하여 수십억 부자다. 墓庫에서 다룰 내용이지만, 이 구조가 좋은 점은 월간 庚金을 잘 이용하여 일지 丑土에 담는다. 이 의미는 항상 경쟁에서 우위를 차지하고 남들보다 뛰어난 능력을 발휘한다. 비록 일지 丑土가 월지의 시공간을 상하게 해도 시지에 있는 未土가 丑土의 도둑심보를 해결하는 복잡한 沖, 刑작용을 장식업과 부동산업으로 활용하였다.

時	日	月	年	男
丙辰	戊戌	丙辰	癸未	

71	61	51	41	31	21	11	1
戊申	己酉	庚戌	辛亥	壬子	癸丑	甲寅	乙卯

매우 가난하지만 누나가 돈을 보내줘서 밥은 먹는다. 辰戌 沖, 戌未 刑, 辰戌 沖으로 터전이 매우 불안정하다. 땅이 흔들리는 것은 지진이 발생한 것처럼 결코 좋은 것이 아니다. 위 사주처럼 땅을 개발하는 직업으로 개운하지 않으면 변화가 많다. 이 구조는 두 개의 병화가 할 일이 없다. 丙火는 庚을 꽃으로 활짝 피게 만들고, 열매를 맺어야 하는데 없다. 따라서 할 일이 없는

것처럼 가난할 수밖에 없고 복잡한 충, 형의 문제로 기복이 심하다.

時	日	月	年	女
己丑	辛未	乙丑	癸卯	

74	64	54	44	34	24	14	4
癸酉	壬申	辛未	庚午	己巳	戊辰	丁卯	丙寅

차량판매업을 하는 여명으로 己巳대운 甲申년에 甲己합, 巳申합하니 교통사고로 식물인간이 되었다. 卯丑과 丑未가 조합하여 시공간에 따라 반응할 것이다. 20대 중반에는 卯木이 丑土에 상하는 문제가 발생하고 30대 중반 이후에는 卯木이 未土를 향하는 과정에 丑土와 沖 할 것이다.

己巳대운은 원국 辛未의 시기에 이르렀고 양쪽으로 丑土와 충하고 乙辛 沖한다. 己巳대운의 문제는 水氣가 마르면 辛金이 날카로워지고 乙木 생기를 자른다. 甲申년 乙卯가 火氣에 자극받은 辛과 申에 상한다. 巳申 합으로 교통사고 물상이 가중되었다.

3. 宮位와 墓庫의 방향

沖, 刑을 관찰하는 과정에 宮位는 매우 중요한 기준이다. 월지는 유일하게 시공간이 섞인 곳으로 물질이 존재하는 궁위다. 따라서 월지를 沖, 刑하면 물질, 직업, 부모형제, 성장, 발육에 변화가 생긴다. 일지와 시지는 육체성장을 완성하고 배우자를 만나고 자식을 낳는 궁위로 충, 형이 발생하면 배우자나 자식에 변화가 생긴다. 辰戌丑未가 각 궁위에 있을 경우 그 의미를 간단하게 살펴보자. 년과 월에 있다면 자신의 것이 아니고 조상이나 국가, 회사의 것이기에 자신의 창고가 아니고 사회, 국가, 직장을 위해 활용하며 일지나 시지에 辰戌丑未가 있다면 자신을 위해 활용하는 墓庫에 해당한다. 특히 일지는 자신 혹은 배우자를 상징하는 궁위이기에 일지가 밖을 향하는지 밖에 있는 글자가 일지를 향하여 들어오는지는 매우 중요하다. 일지가 밖을 향하면 내가 소유했던 것들이 멀어지기에 이혼이나 사별, 돈의 지출, 자신의 재능을 사회나 회사에 투자하는데 만약 년과 월의 글자가 일지를 향하여 들어오면 내가 일지에서 취하는 것이다.

時	日	月	年	男
己卯	庚辰	丁亥	乙卯	

77	67	57	47	37	27	17	7
己卯	庚辰	辛巳	壬午	癸未	甲申	乙酉	丙戌

35세까지 하는 일마다 실패하여 손해만 보았는데 36세부터 부인이 돈을 벌기 시작하여 식당을 4개나 운영한다. 본인은 놀면서 부인이 벌어준 돈으로 辛卯년에 부동산에 투자하여 壬辰년에 3억의 차액을 남기고 해외여행 다니며 부인 가게를 잠시 도와주면서 살아간다. 38~45세 사이에 일지 배우자 辰土가 월지 亥水를 담아서 저장하니 부인의 능력으로 편하게 살아간다. 이런 움직임이 바로 宮位와 墓庫의 방향성이 보이는 특징이다.

時	日	月	年	男
戊子	丙辰	己亥	辛酉	

79	69	59	49	39	29	19	9
辛卯	壬辰	癸巳	甲午	乙未	丙申	丁酉	戊戌

丙申대운 甲午년 부인이 인터넷 사업을 시작하여 7개월 만에 2억 원 정도의 매출을 올렸다. 일지의 시기 38~45세에 辰土가 亥水를 담아오니 부인의 능력이 좋다. 물상으로 비유하면 亥水는 바다요, 辰土는 수기를 머금은 땅이니 부드럽게 건조한 해산물을 판매하였다. 다만, 년주 辛酉가 亥水에 풀어지고 辰土에 담기면서 酉亥辰 삼자조합으로 진토 속의 乙 생기가 상하는 단점이 있다.

時	日	月	年	男
乙	丁	癸	戊	
巳	巳	亥	戌	

71	61	51	41	31	21	11	1
辛	庚	己	戊	丁	丙	乙	甲
未	午	巳	辰	卯	寅	丑	子

丙子년에 부인이 바람나서 가출하여 이혼하였다. 일지 巳火가 년지 戌土를 향하여 나간다. 그 시기는 38~45세 日支의 시기다. 丙子년은 대략 40세 즈음으로 日支 巳火가 드러나 밖을 향하여 나가버렸다. 이렇게 일지에 있던 것이 밖을 향해 나가면 내가 소유했던 것이 사라진다.

時	日	月	年	男
庚	癸	甲	己	
申	巳	戌	亥	

80	70	60	50	40	30	20	10
丙	丁	戊	己	庚	辛	壬	癸
寅	卯	辰	巳	午	未	申	酉

己卯년에 부인이 외도하여 이혼하였다. 이 구조도 일지 巳火가 戌土를 향하여 나간다. 그 시기는 38~45세 사이이다. 巳火가 戌土를 향하는 문제 외에도 巳申 합으로 巳火가 시지 申을 향하니 배우자는 항상 밖으로 나도는 것이다.

時	日	月	年	男
乙巳	壬戌	癸巳	辛巳	

73	63	53	43	33	23	13	3
乙酉	丙戌	丁亥	戊子	己丑	庚寅	辛卯	壬辰

일지에 戌土가 있고 다른 궁위에 있는 수많은 巳火들이 모두 일지를 향한다. 부인이 자매들만 있어서 부친의 유산을 거의 물려받아 부유하게 살고 있다. 수많은 巳火들이 일지를 향하기에 이 남자에게는 재물을 뜻한다. 그런 역할을 하는 것은 자신의 배우자가 분명하다.

時	日	月	年	男
丙辰	戊子	甲辰	壬辰	

78	68	58	48	38	28	18	8
壬子	辛亥	庚戌	己酉	戊申	丁未	丙午	乙巳

일지 子水가 많은 辰土와 합하니 子水는 수시로 辰土를 향하여 나간다. 부인이 丁丑년에 친구와 관계를 맺었다. 배우자를 상징하는 일지가 좌우와 합하면 인간관계가 복잡해지는 것이다.

時	日	月	年	男
癸巳	丙戌	己丑	乙巳	

77	67	57	47	37	27	17	7
辛巳	壬午	癸未	甲申	乙酉	丙戌	丁亥	戊子

윗사람의 인덕은 있으나 형제와는 불화하여 왕래를 끊었다. 일

지에 戌土가 있으니 년지 巳火가 일지를 향하는 과정에 巳丑으로 합하고 丑戌 刑 하니 자신이 담아야 할 물건 巳火를 중간에 있는 형제들이 가로채는 것과 같아서 형제들과 불화할 수밖에 없다.

時	日	月	年	男
己巳	甲戌	甲寅	戊寅	

78	68	58	48	38	28	18	8
壬戌	辛酉	庚申	己未	戊午	丁巳	丙辰	乙卯

乙亥년에 친구와 동업하다 실패하고 돈 문제로 소송까지 하였다. 巳火가 戌土에 들어오는 흐름이다. 乙亥년에 戌土에 들어간 巳火를 충 해버리니 巳火가 상할 수밖에 없고 해수 위에 있는 乙木과 소송이 발생했다.

時	日	月	年	男
庚申	戊戌	辛巳	乙未	

75	65	55	45	35	25	15	5
癸酉	甲戌	乙亥	丙子	丁丑	戊寅	己卯	庚辰

甲戌년 丙寅월에 동생이 교통사고로 사망하였다. 월지 巳火가 戌土에 들어오는데 양쪽에서 戌과 未가 刑하여 巳火를 상하게 한다. 甲戌년 巳火가 戌土에 들어오고 천간에서 목기가 상하고 지지에서 三刑으로 상하니 동생이 교통사고로 사망했다.

時	日	月	年	男
丁	庚	壬	甲	
亥	辰	申	子	

73	63	53	43	33	23	13	3
庚	己	戊	丁	丙	乙	甲	癸
辰	卯	寅	丑	子	亥	戌	酉

부자다. 사주원국에서 일지 辰土에 수많은 수기를 담는다. 대운도 수기로 흐르니 모두 진토에 담아온다.

時	日	月	年	男
庚	丁	己	乙	
戌	丑	卯	未	

74	64	54	44	34	24	14	4
辛	壬	癸	甲	乙	丙	丁	戊
未	申	酉	戌	亥	子	丑	寅

甲戌대운에 수백억을 벌었다. 卯月의 시공인데 대운이 亥子丑으로 흘러 좋고 일지 丑土에 庚을 담아서 재물을 축적한다.

4. 十神의 개념

宮位를 기준으로 물상을 읽은 후에는 十神을 참조할 필요가 없다. 沖과 刑의 물상이 다양하여 宮位 이외에 요소들도 참조할 필요가 있기 때문이다. 그렇다고 이것저것 마구 섞으면 혼란스러울 뿐이다. 가장 깔끔한 분석 방법은 먼저 宮位를 기준으로 沖, 刑의 물상을 읽고 난 후 十神을 참조하여 종합적으로 판단한다.

時	日	月	年	男
丁	辛	庚	乙	
酉	卯	辰	巳	

71	61	51	41	31	21	11	1
壬	癸	甲	乙	丙	丁	戊	己
申	酉	戌	亥	子	丑	寅	卯

卯酉 沖이 발생하는 시기는 日과 時로 40대 즈음이다. 원국에 卯酉 沖이 있고 40대 즈음에 卯酉 沖이 동하는 세운에 원국이 원하는 구조대로 반응한다. 辰月의 卯酉 沖이니 卯의 기세가 酉金보다 훨씬 강하지만 전체 구조를 보면 庚辛과 巳酉가 乙卯 생기를 상한다. 卯酉 沖의 방향을 살피면 40대에 일지 卯木이 동하여 시지 酉金을 沖하러 간다. 54세 이후에 沖이 발생하면 酉金이 卯木을 충하는 것이다.

卯酉 충을 십신으로 살펴보자. 卯木 편재와 酉金의 충돌이며 日時 沖이니 본인이 직접 관여한 물질이나 육체 혹은 배우자의 육체나 물질을 암시한다. 乙亥 대운 2011년도 辛卯년에 여자 손님과 싸움이 발생하여 목숨을 잃었다. 卯酉 沖이 격렬하게 동한 해였다. 즉, 궁위에 묘목을 십신으로 활용하여 여자 손님과의 문제를 읽어낸다.

5. 沖刑과 合의 공존

보통 두 개의 沖이나 刑이 대, 세운에서 刑沖破害가 가미되면 흉함이 가중된다. 이때 대, 세운에서 三合을 이루고 沖, 刑 하는 구조는 대부분 흉하다. 三合 沖刑, 六合 沖刑, 方合 沖刑도 모두 유사한 속성이다. 合하는 목적이 동일하여 양자, 삼자가 물질을 추구하는 과정에 상이한 요인에 의해서 合이 깨지면 물질을 만드는 과정에 타격을 받기 때문이다.

時	日	月	年	男
庚	丙	庚	丙	
寅	戌	子	子	

72	62	52	42	32	22	12	2
戊	丁	丙	乙	甲	癸	壬	辛
申	未	午	巳	辰	卯	寅	丑

어릴 때 부친이 사망하고 고생했지만 서울대를 졸업하고 교직에 있다가 결혼 후 부인의 도움으로 甲대운에 학원을 설립하여 乙巳, 丙대운까지 10억을 모았지만 午대운에 선배와 사업한다고 많은 재산을 날리고 다시 학원 선생으로 지낸다. 이 구조의 특징은 일지에 戌土가 있으니 子月에 丙火가 안방에 따뜻한 난로를 두었다.

따라서 부인복이 좋고 년간 丙火가 일지에 담기고 乙巳, 丙대운에 강한 화기를 일지에 담으니 10억 재산을 모았다. 다만 午대운은 원국에서 寅午戌 삼합하기에 혼자가 아니라 둘 혹은 단체를 이루어서 무언가를 추진하고 丙庚으로 丙火가 寅午戌 삼합으로 庚金 재물을 탐하다가 열매가 타죽는 이치와 같아서 사업하다 망하고 말았다. 삼합과정에 子水와 沖하기에 물질을 추구하던 인간관계에 문제가 발생한다. 이렇게 원국과 대, 세운에서 合과 沖, 合과 刑을 형성할 때는 자세히 살펴야 한다. 일반적으로 沖이나 刑을 따로 나누어서 설명하지만, 沖과 合이 공존하는 상황이면 흉함이 가중된다.

合과 沖 구조는 천간에서 합하는데 지지에서 沖 하거나 刑 하는 관계다. 합충이 공존하면 흉한 이유는, 합하는데 충, 형하면 위와 아래가 전혀 다른 추진방향 때문에 뒤틀리면서 정신, 육체, 육친, 물질이 왜곡되고 상황을 비정상적으로 만든다. 이렇게 合, 沖이 섞인 구조들은 그에 상응하는 물상을 활용하는 것이 좋다. 예로 합과 충이 공존하면 합으로 만들고 충으로 부수는 물형이다. 장난감을 조립하고 부수는 직업, 건설 현장에서 부수고 새롭게 세우는 행위, 또 수학처럼 문제를 풀고 내기를 반복하는 물상, 연구소에서 이론을 세우고 부수고를 반복하는 행위 등의 물상을 직업으로 삼으면 팔자원국에서 원하는 삶에 순응하는 것이다.

6. 천간 合과 沖

천간에서 合과 沖이 공존하는 사주들이 많은데 이 경우도 번거롭다. 자세한 내용은 夾字(협자)論에서 다루기로 하자.

時	日	月	年 男
壬子	癸未	甲午	丙寅

75	65	55	45	35	25	15	5
壬寅	辛丑	庚子	己亥	戊戌	丁酉	丙申	乙未

戊戌대운에 천간에서 戊癸 합하고 甲이 合을 깨니 34세 己亥年에 가출하여 행방불명 되었다.

7. 地支 合과 沖

地支의 合沖 문제는 천간보다 훨씬 복잡하다. 寅巳申亥, 子午卯酉, 辰戌丑未로 합, 충의 구조가 마구 뒤섞이기 때문이다. 예로 辰戌 沖하는데 卯酉 沖이 섞이거나 辰戌 충하는데 卯戌 합이 섞이는 구조들이다.

時	日	月	年	男
辛卯	丙戌	己酉	丁未	

74	64	54	44	34	24	14	4
辛丑	壬寅	癸卯	甲辰	乙巳	丙午	丁未	戊申

卯酉戌이 붙어서 卯戌 合과 卯酉 沖과 戌未 刑이 공존하니 合沖刑이 동시다발적으로 발생한다. 이 남자는 결혼도 못 했고 대인관계도 나쁘고 아버지는 암으로 어머니는 병으로 돌아가시고 형제는 암 투병 중으로 사는 것이 힘들다.

8. 水氣와 火氣

沖刑을 살필 때 水氣와 火氣의 작용은 매우 중요하다. 水氣가 부족하면 대부분 좋지 않은 영향을 미치는데 그 이유는 인간의 몸도 70프로 수분으로 구성된 것처럼 水氣가 부족한 사주는 다양한 사건, 사고가 발생할 가능성이 높다. 이런 이유로 동일한 沖刑이 발생해도 水氣와 火氣의 동태에 따라서 그 吉凶에 차이가 발생하며 수기가 부족한 사주의 경우는 좀 더 주의 깊게 살펴야 한다.

時	日	月	年	男
丙辰	癸巳	庚午	己丑	

78	68	58	48	38	28	18	8
壬戌	癸亥	甲子	乙丑	丙寅	丁卯	戊辰	己巳

戊辰대운 辛亥年 23세에 비관하여 자살하고 말았다. 원국에서 癸水가 午月에 태어나고 巳火와 丙火, 辰土까지 있어 癸水가

증발하는 상황이다. 그나마 庚이 화기에 자극받아서 癸水를 향하여 안정을 취하도록 돕는다. 戊辰대운이 오면 戊癸 합하여 癸水의 목을 조이면 水氣가 증발하면서 생기를 잃는다. 辛亥년에 이르면 癸水가 자신의 의도를 명확하게 드러내려는 욕망이 생기면서 과단성을 보인다. 이런 오행의 독특한 작용을 반드시 이해해야만 한다.

즉, 사주원국에 水氣가 없기에 계수는 항상 火氣들을 위해 자신을 희생하여 생명수를 공급하려는 태도를 보이지만 水氣가 강해지면 火氣와 전쟁을 치르려는 욕망이 발생한다. 즉, 반발할 수 없을 때는 순응하는 태도를 보이다가 반발할 힘이 생겼다고 판단되면 공격 성향을 갖는 이치와 동일하다. 평시에는 자살할 용기도 없었는데 辛亥로 水火가 충돌하면 과감하게 자살을 감행하는 것이다.

9. 沖刑의 속도

모든 沖과 刑이 작용하는 속도는 상이하다. 卯午가 만나면 卯木이 卯辰巳午 과정을 정상적으로 거치지 않고 辰巳를 생략하고 午火로 변형된다. 따라서 물형변화의 속도가 갑자기 빨라지거나 과정을 생략하여 문제가 발생하고 원래의 물형이 빠르게 변형되거나 변질된다.

時	日	月	年	男
甲申	庚子	丁酉	辛亥	

71	61	51	41	31	21	11	1
己丑	庚寅	辛卯	壬辰	癸巳	甲午	乙未	丙申

甲午대운 癸酉년(23세) 正月 17일 오토바이를 타고 가다 화물차와 충돌하여 광대뼈가 분쇄되는 골절상을 입고 거의 실명하였다. 응급조치를 거쳐 왼쪽 시력을 회복하고 오른쪽 눈은 아직 미약하다. 광대뼈와 콧대는 성형을 통해서 모습을 갖추었다. 사주에 酉金이 있는데 水氣도 많으니 탄성이 약하지만 甲午대운 午火가 酉金을 자극하면 유금의 속도가 빨라지고 결과적으로 교통사고가 발생했다. 이 사주도 년지 亥水를 기준으로 겁살, 재살이 많아서 저승사자들이 언제라도 사고를 일으킬 수 있는 구조다.

時	日	月	年	男
戊寅	乙卯	己酉	壬寅	

78	68	58	48	38	28	18	8
丁巳	丙辰	乙卯	甲寅	癸丑	壬子	辛亥	庚戌

壬子대운 乙亥년(34세)에 발전하기 시작하여 재산이 수백억이다. 이 구조는 부자사주인 이유를 찾기 어렵다. 하지만 酉金이 水氣에 풀어지는 壬子 대운부터 큰 재산을 모았다. 이것이 刑沖破害의 속도차이다. 즉, 酉金의 속성은 동일하지만 午火가 붙고, 子水가 붙으면 그 속도가 몇 배, 몇십 배 빨라진다. 이 의미는 매우 중요한데 예로 남들은 1년에 1억을 벌지만, 속도가 빠른 구조들은 10억, 100억을 단숨에 벌어들인다. 이것이 재물을 축적하는 속도가 다른 이유다.

時	日	月	年	女
丙戌	乙亥	癸酉	甲午	

73	63	53	43	33	23	13	3
乙丑	丙寅	丁卯	戊辰	己巳	庚午	辛未	壬申

외무고시에 합격하여 외교관이 되었다. 午酉파와 酉亥가 있다. 酉金이 亥水에 풀어지는 속도는 진행과정이 자연스럽기에 酉子 破에 비하여 느리지만 년지 午火가 酉金을 자극하면 亥水에 풀어지는 속도가 갑자기 빨라진다. 丁辛壬 삼자조합으로 매우 총명하거나 빠르게 재산을 축적한다. 대운이 화운으로 흐르면서 유금을 자극하고 속도가 빨라진 유금은 亥水와 癸水에 빠르게 풀어지면서 명예와 권위를 취한다.

10. 沖刑과 生死문제

종교, 명리, 철학에서 삶과 죽음을 구분하는 것은 매우 중요하다. 子丑寅, 卯辰巳는 생장과 성장을 주관하는 과정이고 午未申, 酉戌亥는 생기를 빼앗고 결실을 주관하는 시공간이다. 沖刑도 반드시 生과 死를 구분해야 한다. 예로, 戌未 刑의 경우는 未土에 이르러 삼합운동을 마감하여 좌우확산 운동이 답답해진 乙이 寅午戌 삼합운동을 마감하여 생기가 없는 戌土와 刑하여 생기에 심각한 손상을 입는다. 연령으로 비유하면, 辰未은 어린애와 청년의 만남이요, 未戌은 청년과 노년의 조합이고, 戌丑은 노년과 아직 탄생하기 전 만삭된 아이와의 조합이고, 丑辰은 만삭된 아이와 어린애가 만난 조합이다. 子卯 刑은 육체가 생기기 이전과 어린아이 조합이고, 卯午 파는 어린애와 성숙한 육체의 만남이요, 午酉 파는 성숙한 육체와 노인의 만남이요, 酉子 破는 생명이 없는 것이 생명을 얻는 과정이다.

時	日	月	年	男
庚辰	庚戌	辛未	己酉	

78	68	58	48	38	28	18	8
癸亥	甲子	乙丑	丙寅	丁卯	戊辰	己巳	庚午

선천적으로 우측다리에 장애가 있고 가정형편이 가난하여 지금까지 미혼이고 생활에 어려움이 많다. 월과 일에서 戌未 刑한다. 특히 辛未 월이니 미토 속 乙의 좌우확산 에너지가 답답하게 묶여있는데 戌土가 刑 하니 결과적으로 육체에 장애가 생겼다.

時	日	月	年	男
己	甲	甲	己	
巳	戌	戌	未	

78	68	58	48	38	28	18	8
丙	丁	戊	己	庚	辛	壬	癸
寅	卯	辰	巳	午	未	申	酉

22세 상황으로 사범대 재학 중이다. 乙丑년에 큰 수술을 받았다. 년과 월에서 戌未 刑 하니 어려서 큰 수술을 받았다. 특히 乙丑 년은 丑戌未 三刑이 동하였다.

時	日	月	年	男
庚	丁	乙	丁	
戌	未	巳	丑	

75	65	55	45	35	25	15	5
丁	戊	己	庚	辛	壬	癸	甲
酉	戌	亥	子	丑	寅	卯	辰

辛丑, 庚子대운에 사회, 가정적으로 가장 좋았고 己亥대운 58세 1994년 甲戌년에 위암수술을 받았으나 다른 부위로 암세포가 전이되어 회복되지 못하고 59세 1995년 乙亥년에 사망하였다. 일시에 戌未 형이 있다. 원국 戌土의 시기에 戌未 刑 하는 甲戌년에 위암 수술을 받았다.

時	日	月	年	男
丁酉	丙戌	己未	戊戌	

80	70	60	50	40	30	20	10
丁卯	丙寅	乙丑	甲子	癸亥	壬戌	辛酉	庚申

말이 없고 소심하고 성실하여 명문대학에 합격했으나 가정형편이 어려워 청주대학에서 장학금을 받고 다녔다. 庚辰년 명예퇴직 바람이 불어 대형건설회사 차장으로 있다가 중소 건설업체에 근무한다. 43세는 일지의 시기로 戌未 刑한다. 庚辰년에 辰戌未로 沖, 刑으로 복잡해지니 회사를 옮겼다.

제5장   辰戌丑未 沖刑 예문

위에서 진술축미 沖, 刑을 분석하는 기본적인 논리들을 살펴보았다. 지금부터는 다양한 구조의 辰戌丑未 沖刑 예문을 살펴보기로 하자.

時	日	月	年	男
乙	丁	乙	癸	
巳	酉	丑	未	

79	69	59	49	39	29	19	9
丁	戊	己	庚	辛	壬	癸	甲
巳	午	未	申	酉	戌	亥	子

癸亥대운 丁未년에 차 사고로 사망하였다. 원국에서 巳酉丑 삼합하고 癸亥대운에 巳亥 沖 한다. 丁未 년에는 丑未 沖까지 동하여 교통사고로 사망하였다. 원국에 있는 酉丑 合은 자동차 사고 물상이다. 삼합이 모두 있는데 대운에서 충하고, 세운에서 충하니 어지러워졌다.

時	日	月	年	男
丁	丁	辛	庚	
未	丑	巳	辰	

71	61	51	41	31	21	11	1
己	戊	丁	丙	乙	甲	癸	壬
丑	子	亥	戌	酉	申	未	午

乙酉대운을 시작하는 辛亥년 71년 말 오토바이를 타다가 사람

을 치고 뇌진탕을 당했다. 원국에서 丑辰 조합을 이루고 未土와 沖한다. 酉丑, 丑辰, 酉丑辰 삼자조합은 모두 자동차 사고를 암시한다. 乙酉 대운은 酉丑辰 조합에 丑未 沖이 발생하고 辛亥 년에는 巳亥 沖까지 동했다.

時	日	月	年	女
己	丁	乙	丁	
酉	未	巳	丑	

76	66	56	46	36	26	16	6
癸	壬	辛	庚	己	戊	丁	丙
丑	子	亥	戌	酉	申	未	午

己酉대운 1974년 甲寅년에 자궁수술을 받았고 1978년 戊午년에 자궁을 적출하였다. 원국 구조를 보면 巳酉丑 三合과정에 未土가 중간에 끼어서 丑未 沖 한다. 甲寅 년은 巳酉丑 삼합과 寅巳 刑이 동하고 甲寅이 未土에 담긴 후 丑未 沖 한다. 戊午년은 午未 합과 丑未 沖이 동시에 발생한다.

時	日	月	年	男
丙	甲	癸	庚	
寅	午	未	戌	

78	68	58	48	38	28	18	8
辛	庚	己	戊	丁	丙	乙	甲
卯	寅	丑	子	亥	戌	酉	申

만성 종합 질병자로 온갖 병을 가지고 있어 운전을 30분도 못하는 체력인데도 노름에 빠져 건강을 돌보지 않아 관절염, 기관지염 등 병세가 날로 심해지고 있다. 甲이 未月에 태어나고 寅午戌 삼합을 이루는 과정에서 戌未 刑 하여 화기를 증폭시키니 정신을 지배하는 월간 癸水가 증발되어 정신적으로 불안정하다. 水氣가 마르니 무기력증에 시달린다.

時	日	月	年	女
癸	庚	戊	乙	
未	戌	子	未	

77	67	57	47	37	27	17	7
丙	乙	甲	癸	壬	辛	庚	己
申	未	午	巳	辰	卯	寅	丑

53세에 홍등가와 주색 업에 종사하는 여명이다. 子月 좌우에서 戌未로 子水를 압박하니 인간의 뇌수를 상징하는 子水 정신에 문제가 생긴다. 잘못된 정신이 육체를 지배하면서 사고방식이 정상적이지 않다. 참고로 월지 亥子가 강한 토에 압박당하는 구조들은 정신적으로 문제가 생기거나 심하면 단명한다.

時	日	月	年	男
癸	戊	辛	丙	
丑	戌	丑	戌	

75	65	55	45	35	25	15	5
己	戊	丁	丙	乙	甲	癸	壬
酉	申	未	午	巳	辰	卯	寅

일지가 戌丑戌로 刑이 복잡하다. 일지를 기준으로 동일한 오행이 많으면 대부분 여성편력이 강하거나 정력이 매우 강하여 바람둥이가 될 가능성이 높다. 한 여자와 해로할 수 없는 팔자다. 이 남자의 부인은 남편의 특징을 이해하고 젊어서부터 남편이 외도하는 것을 허락하였다.

시골에서 땅이 많은 집안 아들로 태어났으나 형님이 사업한다고 망해버렸다. 자수성가하여 동생들을 교육시키고 결혼시켰으며 땅을 사고 건물을 사서 丙대운에 소일거리로 조금씩 일하면서 임대업으로 살아간다. 丁丑년에 부인이 백혈병으로 사망했다.

일지 戌토가 년간 丙火를 담으니 부자 팔자다. 월지 丑土가 년지 戌土를 刑하여 형님이 사업하다가 망했다. 일지에 이르면 丙火를 담아오고 대운이 乙巳, 丙午로 흐르니 재물 복이 좋다. 일지 戌土가 매우 중요한 역할이다. 일지를 기준으로 양쪽에서 刑당하니 부인은 단명했다. 丁丑년에 사망한 이유는 戌土가 동하여 丑戌 刑하기 때문이다. 시지 丑土가 일지를 刑하니 말년에 자식들이 재산을 탕진할 수 있다.

時	日	月	年	女
壬	癸	癸	壬	
戌	丑	丑	戌	

76	66	56	46	36	26	16	6
乙	丙	丁	戊	己	庚	辛	壬
巳	午	未	申	酉	戌	亥	子

선천적 시력장애를 가지고 태어났다. 丑月임에도 년과 월에서 水氣가 강하고 두 개의 축토가 戌土를 刑하여 화로 속의 온기가 사라진다. 또 천간은 壬癸로 암흑세계와 같다. 이런 이유로 시력장애를 가지고 태어났다.

時	日	月	年	男
甲	辛	丁	壬	
午	未	未	申	

79	69	59	49	39	29	19	9
乙	甲	癸	壬	辛	庚	己	戊
卯	寅	丑	子	亥	戌	酉	申

초년에 학업을 중단하고 24세 乙未년에 甲戌생 여자와 결혼했고 辛대운에 부인이 죽었다. 이 구조의 문제는 일지와 월지가 未未 복음이요 시지 午火까지 있어 午未로 두 번 합하니 한번 결혼으로 끝나지 않는다. 일지에 이르는 辛亥대운에 부인이 사망한 이유다.

辛未일주가 재혼이 많은 이유는 일지 未土에 묶인 乙이 水氣의 도움을 받지 못하니 生氣를 잃을 수밖에 없다.

時	日	月	年	男
戊	庚	丁	己	
寅	戌	丑	酉	

78	68	58	48	38	28	18	8
己	庚	辛	壬	癸	甲	乙	丙
巳	午	未	申	酉	戌	亥	子

2010년 癸酉대운 庚寅년에 부부불화를 비관해 미안하다는 유서를 남기고 저수지에서 자살했다. 癸酉대운이 오면 酉丑 합한 후 축술 刑 하는 구조다. 하지만 비관 자살한 이유는 연월일에 강한 금기로 구성되어 있는데 시지 寅과 寅戌로 만나는 시점에 하필 庚寅년을 만나니 寅木 생기를 버리고 싶은 충동을 느끼고 癸酉의 물상대로 정신에 문제가 생기면서 자살하였다.

時	日	月	年	男
壬	甲	壬	戊	
申	申	戌	子	

74	64	54	44	34	24	14	4
庚	己	戊	丁	丙	乙	甲	癸
午	巳	辰	卯	寅	丑	子	亥

乙丑대운 30세 丁巳년에 우물에 뛰어들어 자살하였다. 戌月의 시공간에 필요한 火氣가 없고 金水의 기세만 강하며 대운도 水氣로 흐르니 흉하다. 乙丑대운이 오면 丑土가 子丑 합하고 申이 丑土에 담기면서 申丑子로 조합하고 丑戌 刑하여 戌土 난로가 꺼져버린다. 戌土에 담긴 丁火는 한 겨울에 불씨와 같은 역할을 하므로 절대로 꺼지면 안 된다. 운에서 戌土 속에 담겨졌던 불씨 丁火가 드러나면 세심하게 살펴야 한다. 丁巳 년은 戌土 속의 丁火 불씨가 천간으로 드러나 꺼지고 말았다.

丁巳년은 년지 자수를 기준으로 신자진 삼합의 겁살, 재살에 해당하는 해였다.

時	日	月	年	男
丙戌	乙丑	乙卯	戊午	

75	65	55	45	35	25	15	5
癸亥	壬戌	辛酉	庚申	己未	戊午	丁巳	丙辰

19세에 자식이 사망하고 정식 결혼만 4회 했으며 아들을 얻고자 10회 이상 혼인하였다. 건축업으로 큰돈을 벌었으나 47세부터 알거지가 되었다. 이 사주의 특징은 乙일간이 乙卯월에 태어나 년의 戊土의 땅을 장식하고 卯戌 합하는데 丑戌 刑하니 무언가를 세우고 부수기를 반복한다. 특히 丑土는 땅의 터전과 같아서 건축업에 종사했고 대운이 화운으로 흘러 발전했다.

다만 乙卯월은 水氣를 필요로 하는데 유일하게 丑土 속에 있는 癸水가 부족한 水氣를 보충하지만 강력한 木火의 기세를 해소해주지는 못한다. 丑土에 숨은 癸水는 水氣를 공급하다가 지치면 질병으로 시달리거나 도망가거나 사망한다.

발전을 위해서 반드시 水氣가 필요한 이 남자는 배우자 丑土를 반드시 끌어와야 하기에 10회 이상 결혼하였다. 시주 丙戌은 일지 丑土를 刑하고 월지 卯木과 합하는 과정에 일지를 더욱 가격하여 배우자 궁위가 상한다. 일시에 生氣 없는 戌丑 刑으로 씨 밭이 좋지 못하니 아들을 얻고자 여러 번 결혼했다.

時	日	月	年	男
癸	癸	壬	戊	
丑	丑	戌	午	

77	67	57	47	37	27	17	7
庚午	己巳	戊辰	丁卯	丙寅	乙丑	甲子	癸亥

乙대운에 乙癸戊 삼자조합을 이루니 癸水가 乙에게 에너지를 방사하여 년간 戊土에 심는다. 년간은 국가, 해외를 상징하기에 이와 관련된 戊土 직업을 가질 수 있다. 한국 캐논 카메라에 입사하여 영업부 마케팅 분야에서 두각을 나타냈으나 丑대운 31세~32세경 카메라가 사양길에 들어서자 회사에서 지점을 낼 것을 권유하여 사업하면서 호화 빌라에 살면서 낭비하며 색을 탐하다가 36세 癸巳년 파산하였다.

戌月의 시공간인데 水氣가 강하고 대운도 丑土에 이르면 강한 수기와 丑土가 戌土 난로를 꺼버린다. 이 구조에서 丑戌 刑은 부도의 상이고 일지 丑土는 38~45세 사이인데 축 대운이 일찍 와서 조금 일찍 망했다.

時	日	月	年	女
乙	甲	壬	丁	
丑	戌	子	亥	

75	65	55	45	35	25	15	5
庚申	己未	戊午	丁巳	丙辰	乙卯	甲寅	癸丑

丙辰대운 辰대운 39세 乙丑년에 두 번째 남편을 잃었다. 子月에 丙火가 필요한데 년과 월에서 水氣가 가득하고 丁壬 합하여 쓰임이 나쁜데 다행하게 일지에 戌土가 온기를 유지한다. 그러나 戌土는 子와 丑 사이에 끼어 子丑 합하는 과정에 상하기에

배우자가 상할 수 있으며 그 시기는 38~45세 사이이다. 丙辰 대운에 亥水를 담은 辰土가 일지 戌土를 충하고 乙丑 년에 辰 戌丑 조합으로 흉하니 두 번째 남편을 잃었다.

時	日	月	年	男
辛丑	壬戌	丙寅	甲子	

77	67	57	47	37	27	17	7
甲戌	癸酉	壬申	辛未	庚午	己巳	戊辰	丁卯

辛未대운에 모든 자식을 잃고 말년에 외롭게 살았다. 辛未대운에 자식을 잃은 이유는 원국에서 子丑 합하는데 일지 戌土가 丑戌 刑하여 子丑 合을 깬다. 寅月에 수기가 필요한데, 子水가 寅木에 수기를 공급하고 丑土와 합하는 과정에 戌土가 방해하니 좋지 않은데 辛未대운이 오면 時柱 辛丑과 辛未가 천간은 동일하고 지지는 沖 하기에 하늘의 뜻이 땅과 달라서 이런 구조들은 대부분 해당 궁위가 좋지 않다. 또 일시를 포함하여 丑戌未 삼형이 동하여 상한다. 자식을 모두 잃거나 모든 재산을 탕진하는 상황이다.

時	日	月	年	男
壬戌	癸丑	癸丑	壬寅	

78	68	58	48	38	28	18	8
辛酉	庚申	己未	戊午	丁巳	丙辰	乙卯	甲寅

甲寅, 乙卯 대운에 환자로 누워 지내고 丙辰대운에 병이 심해져 반신불수가 되었다. 丁巳대운 巳대운에 사망하였다. 축월 癸水의 시공간을 맞추려면 丙火가 필요한데 없고 천간에 어둠뿐이다. 년지 寅속의 丙火에 의지하는데 두 개의 丑土가 丙火와 암

합하여 빛이 사라진다. 또 寅戌로 합하고자 해도 두 번의 丑戌 刑이 동하여 丙火가 상한다. 丁巳대운에 戌土에 들어간 巳火를 丑戌 刑 하여 상하고 寅木이 寅巳 형으로 상한다. 또 천간에서 는 丁壬癸 3字조합을 이루어 육체가 상하는 운이다. 또 년지를 기준으로 寅午戌 삼합하는데 亥子丑 겁살, 재살, 천살이 사주팔 자에 가득하여 단명하였다. 참고로 겁살, 재살, 천살은 마치 저 승사자와 같은 역할인데 그 흉함을 예문으로 살펴보자.

時	日	月	年	男
癸	丁	己	丙	
卯	亥	亥	午	

75	65	55	45	35	25	15	5
丁	丙	乙	甲	癸	壬	辛	庚
未	午	巳	辰	卯	寅	丑	子

중산층 가정에서 태어나 공부가 싫어서 고2때 중퇴하고 25세 庚午년 가정집에 침입하여 강도, 강간을 하다 살인미수로 체포 되어 26세 辛未年에 15년형을 언도받았다. 반항하는 주부를 칼 로 찔렀으나 죽지는 않았다. 출처:[장기수형자의 사주명리학적 연구], 공주대학교 대학원, 민육기(閔六基), 2006.

이 사주구조에서 무엇이 보이는가? 아무것도 보이지 않는다. 格 局으로 正官 格에 인성도 있고 비겁도 좋고 己土가 비겁의 생 을 받아 관살혼잡도 해결한다. 재성도 없으니 재생살의 문제도 없다. 그런데 왜 庚午년에 저런 행위를 저질렀는가? 왕쇠, 강약 으로 보아도 특별한 무리가 없다. **"저승사자"**이론을 대입하면 상황이 달라진다. 년지 午火를 기준으로 寅午戌 삼합운동을 벗 어난 亥子丑은 저승사자와 같고 월지 亥水는 24~30세 사이의 저승사자다. 辛丑과 壬寅 대운이 교차하는 庚午년이 오면 亥水 는 午火의 중력에너지를 빼앗으려는 욕망이 강해진다.

午亥 암합으로 午火를 탐하는 것이다. 이것이 멀쩡하게 살다가도 이런 운이 오면 저승사자로 돌변하고 강간하고 칼로 수차례 찌르는 행위를 과감하게 실행한다. 이 모든 논리는 時空學에만 있는 自然循環圖를 근거로 한다.

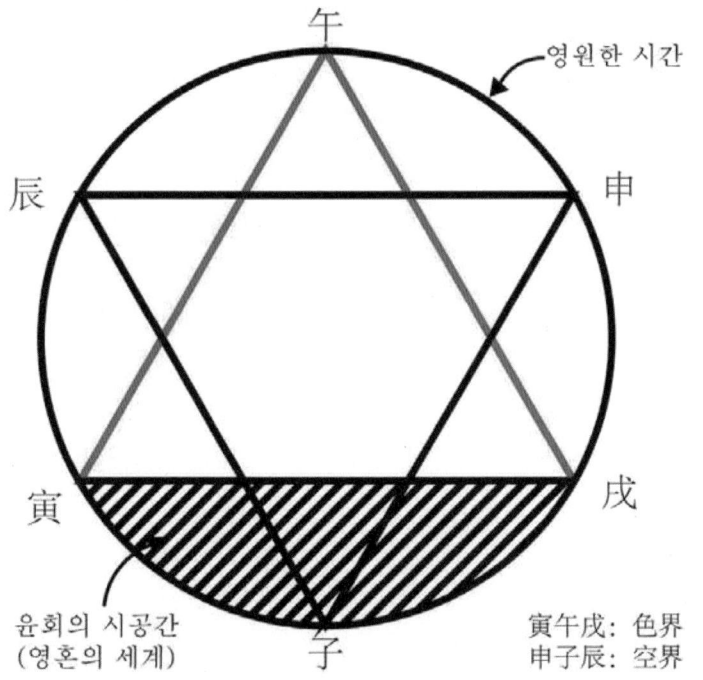

저승사자 이론의 이해

윤회론에서 다시 다루기로 하고 여기에서는 저승사자의 개념에 대해 간단하게 정리하고 넘어가자. 어디에서 저승사자가 왔는지 이해하려면 우주가 생겨난 시기로 돌아가야만 한다. 바로 빅뱅 이전으로 돌아가야 한다. 138억 년 즈음 우주가 폭발하여 팽창하였다. 무한응축의 壬水가 癸水로 폭발하면서 시공간이 열렸다. 폭발과정에 어마어마한 열기도 함께 생겨나고 지구, 그리고 인간의 심장에도 열기를 선사했다. 인체는 열을 잃으면 죽는다.

흥미로운 점은 癸水 폭발과정에 물질이 생겨나는 것이다. 물질은 중력의 산물이며 움직이는 과정에 반드시 열기가 개입된다. 따라서 癸에는 丁火 열기가 숨어있고 중력에너지를 활용하여 물질과 육체를 만들 수 있으니 바로 丁壬癸 삼자조합의 원리이며 沖과 슴으로 움직임과 변화를 이끌어내는 원동력이다. 따라서 우주 어디에도 움직임을 멈출 수 있는 공간은 없으며 癸水가 丁火를 품고서 끊임없는 沖 작용으로 물질을 만들어내는 것이다.

우주는 沖, 슴의 회오리 작용을 따른다. 우주에 회전하지 않은 것은 없다. 100억 년 회오리 작용으로 지구가 생겨났다. 지구에서도 壬이 癸로 폭발하기를 반복하고 丁火와 충돌하면서 戊土 지구가 생성되었다. 지구의 가장 깊은 곳에는 壬水 응축에너지와 정화 열기가 숨겨져 있다. 그리고 癸水와 沖슴하면서 회전한다. 이런 작용으로 생명체가 탄생하고 인간이 지구에서 살아가기 시작하였다. 45억 년 윤회과정으로 인간은 지구에서 살아가는 것이다.

즉, 윤회하려면 반드시 生氣를 얻어야 한다. 生氣는 丁火 중력에너지도 癸水 척력에너지도 아니고 반드시 중력과 척력이 한 쌍으로 충돌하면서 파동으로 존재한다. 이것이 생명체가 生氣를 유지하는 방식이다. 뇌와 심장이 沖을 통해서 살아있음을 증명한다. 심장만 있어도 죽고, 뇌만 있어도 죽는다.

여기까지가 지구에 생명체가 등장하는 과정이다. 生氣는 움직임으로 그 존재를 증명한다. 그리고 그 방식은 회전운동이다. 지구의 회전은 時間이라는 허상을 만들어냈다. 時間의 존재를 증명하려면 공간에서 물형변화가 발생해야만 한다. 물형변화가 없으면 時間이 존재한다는 것을 증명하지 못한다. 물형변화는 열의 움직임으로 발현된다. 그 이유는 沖, 合으로 열기가 발생하기 때문이고 이것이 바로 시간에 熱이 개입되는 이유다.

자연의 이치를 이해하려면 항상 丁癸 沖의 원리를 기억해야 한다. 지구의 모든 것은 丁癸 沖회오리 작용으로 이루어진다. 회오리 운동으로 四季가 생겨나고 물형이 끝없이 변화한다. 회오리치는 영원한 시간으로 지구의 물질계는 삼각형 모양의 생장쇠멸 과정을 반복한다. 물질, 육체는 寅午戌 삼합운동으로 살아간다.

寅午戌을 제외하고, 亥卯未, 巳酉丑, 申子辰 삼합운동에는 모두 亥子丑이 끼어있다. 유일하게 寅午戌 삼합운동만 色界의 기준점이다. 물질, 육체를 벗어난 시공간이 亥子丑이다. 色界를 벗어난 시공간으로 인간이 죽어야만 갈 수 있다. 亥子丑으로 떠나기 위해서 申부터 저승길을 준비한다. 하늘은 申에서 육체와 물질을 빼앗으려고 수작을 부리고 인간은 빼앗기지 않으려고 반항한다. 神은 인간의 탐욕을 이용해서 申에서 새롭게 투자하게 만들고 酉에서 빼앗아버리고 戌土 묘지에 들어가게 만든다.

戌土는 육체와 물질을 만들어내는 丁火를 담은 후 戌亥 천문과정에 丁壬 합으로 사라지게 만든다. 戌土에서 亥水로 물질과 육체의 탐욕을 빼앗아 버리는데 그 역할을 저승사자가 하는 것이다. 十宮圖를 보면 壬癸가 마지막에 붙어있다. 壬水는 저승사자

- 341 -

요 癸水는 우주의 어미다. 辛에서 씨종자 완성, 壬에서 저승사자가 씨종자, 육체를 빼앗고 癸에서 새로운 영혼을 주어서 甲으로 탄생하는 것이다. 이것이 自然循環圖에서 보여주는 순환원리다. 다만, 戌土와 亥水 사이에는 엄청난 긴장감이 존재한다. 그 이유는 寅午戌 삼합을 벗어나지 않으려는 에너지와 그것을 빼앗으려는 저승사자 사이에 엄청난 전쟁이 발생하기 때문이다. 色界는 丁火에너지를 따르는데 색계에서 공계로 넘어가는 과정에 시공간이 이어져 있으면서도 생명체를 죽이는 과정이 결코 간단하지 않다. 아수라 세상이 펼쳐지는 것이다. 이렇게 저승사자는 우리가 생각하는 것만큼 간단한 문제가 아니다.

삶과 죽음의 과정이 생각하는 것보다 훨씬 강력하다. 단순하게 육체를 잃으면 죽고, 탄생하면 사는 개념이 아니라 저승사자와 생기 사이에 굉장히 강한 에너지들이 이어져 윤회하려면 저승사자는 반드시 생기를 빼앗아야만 하고 죽음을 두려워하는 생기들은 육체를 빼앗기지 않기 위해서 필사적으로 몸부림치는 것이다. 이렇게 치열한 전투가 발생하는 시공간이 바로 亥子丑 아수라장이다. 살아있는 사람을 죽여서 육체를 빼앗고 새로운 영혼을 얻어 재탄생하려는 것이다. 이런 과정은 지장간이 자세히 증명한다. 시공간이 이어져 있음을 명확하게 증명할 수 있기 때문이다. 저승사자의 세계를 증명하는 방법 중 하나는 酉子丑 삼자조합의 퍽치기에서 알 수 있다. 酉金 씨종자들 빼앗고자 子水 속에 있는 壬癸가 酉金을 갑자기 破시켜서 丑土에서 새로운 영혼과 육체를 만들어주는 것이다.

이런 이유로 辛丑년에는 뒤통수 맞을 일이 많이 발생한다. 우리는 酉金 씨종자를 빼앗으려는 亥子丑 저승사자들의 움직임을 이해하지 못한다. 강력한 힘으로 生氣를 빼앗아간다. 결론적으로 퍽치기는 酉 씨종자를 뺏고 빼앗기는 게임이다. 酉金을 빼앗으려고 하는 자는 子水 속에 있는 壬癸요 12신살로 겁살과 재살에 해당한다. 子水는 어둠과 같아서 어떤 일들이 발생하는지 자세히 알 수는 없지만 수많은 사주예문에서 보듯 심각한 문제가 발생하는 것은 분명하다. 이 책의 주제를 벗어난 내용이기에 지금까지 저승사자 이론에 대해서 간략하게 살펴보았다.

時	日	月	年	女
甲	己	丙	己	
戌	丑	寅	巳	

76	66	56	46	36	26	16	6
甲	癸	壬	辛	庚	己	戊	丁
辰	酉	申	未	午	巳	辰	卯

23세 辛卯년에 결혼했고 남편의 무능으로 이혼하고 힘들게 자식을 키웠는데 63세 辛未년에 막내아들이 자살했으며 65세 癸酉년에 죽을 고비를 넘기는 대수술을 하였다. 이 사주에서 일지의 역할이 매우 중요한 이유는 丙寅월의 己土이니 반드시 水氣가 필요하기 때문이다. 문제는 시주 甲戌이 甲己 合 丑戌 刑으로 구조가 나쁘다. 또 戌土가 일지를 刑 하니 사주팔자에서 가장 필요로 하는 丑土가 상하고 있다.

대운을 보자. 寅월에 필요한 水氣는 오지 않는다. 이렇게 땅이 마르고 화기만 탱천하면 생명수는 고갈되고 生氣가 상하면서 주위에 있는 사람들이 떠나간다. 이런 이유로 남편과 이혼하고 자식을 키웠지만, 殺氣가 강해지는 壬申대운 辛未년에 자식도 사망했다. 寅巳申으로 丑戌未로 三刑이 난동을 부리는 해였다. 이 구조는 업보대로 자식을 낳으면 결혼이 불미해진다. 壬申대운은 원국에 없는 水氣가 천간에 드러나 좋을 듯해도 그렇지 않다. 마른 사막에 약간의 물이 들어오면 시들었던 모든 생명체들이 반응하여 에너지를 적극적으로 활용하면서 오히려 壬水가 심하게 고갈된다. 마치 가뭄이 들었는데 비가 오니까 서로 물 대느라 다툼이 발생하는 이치다. 癸酉년의 수술은 巳酉丑 삼합과정에 중간에 끼어있는 寅을 찌르기 때문에 죽을 고비를 넘기는 수술을 하였다. 이런 조합을 夾字라고 칭하는데 夾字論에서 다룰 것이다.

時	日	月	年	男
甲	甲	癸	丁	
戌	戌	丑	巳	

72	62	52	42	32	22	12	2
乙	丙	丁	戊	己	庚	辛	壬
巳	午	未	申	酉	戌	亥	子

庚戌대운 24세 辛巳년 2001년 2월에 결혼하고 5월에 피살되었다. 월주와 일주가 戌丑으로 구조가 나쁘다. 일지를 기준으로 쌍복음 구조로 결혼이 불미하다. 년지 巳火가 戌土에 담기는 과정에 丑戌 刑이 동한다. 庚戌대운이 오면 술술술로 戌土가 辛巳년의 巳火를 일지에 끌어오기에 결혼하는데 그 과정에 丑土를 刑하니 甲의 터전이 불안정해지고 戌戌戌로 개들이 난동을 부리고 丑戌 刑하고 천간에서 강력한 살기들이 甲을 찌른다.

時	日	月	年	女
甲	己	辛	辛	
戌	酉	卯	丑	

76	66	56	46	36	26	16	6
己	戊	丁	丙	乙	甲	癸	壬
亥	戌	酉	申	未	午	巳	辰

1997년 10월 11일 丁丑년 庚戌월 丙戌일 전복사고로 차량이 완파되었다. 봉합이 필요한 외상, 요추를 다쳤지만, 반년 후 회복되어 정상 생활하였다. 이 구조는 일지 酉金이 언제라도 卯木

을 찌를 것이다. 그 시기는 38~45세 사이가 분명하다. 乙未대운에 그 의미가 더욱 뚜렷해진다. 천간에서 乙辛 冲으로 생기가 상할 것임을 암시하고 丁丑년에 卯丑 조합으로 묘목이 상하고 酉丑 합하는 과정에 중간에 끼인 卯木이 상한 것이다.

時	日	月	年	男
甲辰	丁未	丙午	壬辰	

72	62	52	42	32	22	12	2
甲寅	癸丑	壬子	辛亥	庚戌	己酉	戊申	丁未

1984년 甲子년 봄에 33세로 요절하였다. 공부는 않고 불량하게 살았으며 섬유회사를 운영하던 중에 급사하였다. 丙午월이니 시공간을 맞추기 위해서는 壬水가 필요한데 년에 壬水가 있다. 하지만 전체적으로 조열한 맛은 있다. 丁火가 좋아하는 甲이 있으니 나름의 권위를 잃지 않기에 섬유회사를 운영하였다. 庚戌대운이 오면 지지에서 辰戌未로 조합을 이룬다. 戌土가 丙午를 담고 戌未 刑 한다. 甲子년 子午 冲해서 午火를 건든다. 하지만 훨씬 구체적인 사망원인은 저승사자 이론이다.

년지 辰土를 기준으로 申子辰 삼합운동을 벗어난 巳午未 겁살, 재살, 천살들이 월주와 년주에 가득하다. 또 다른 이유는 庚戌대운에 이르면 빈둥거리던 수많은 화기들이 庚金에 열기를 가한다. 火氣를 품은 庚은 때를 기다려 甲을 冲할 것이다. 甲子년 庚은 甲을 향한다. 子水는 午火를 冲하여 자극한다. 甲이 상하고 午火가 상하면서 심장마비나 뇌출혈처럼 피가 정상적으로 흐르지 않는다.

時	日	月	年	男
乙卯	戊辰	辛未	甲午	

79	69	59	49	39	29	19	9
己卯	戊寅	丁丑	丙子	乙亥	甲戌	癸酉	壬申

고등학교를 중퇴하고, 건자재 장사하는 매부 밑에서 일하는데 주사가 심하며 乙丑년 1985년 12월 사람을 때려 9개월 옥살이를 하였다. 사주팔자 전체가 메마르고, 건조하여 자꾸만 술을 찾고 술이 들어가면 정신을 못 차린다. 조열하니 성정이 급하고 고집스럽고 상황에 따라 화기에 자극받은 辛金은 시주 乙卯 생기를 잘라버린다. 辰土에 약간의 수기가 저장되어 있는데 甲戌 대운에 辰戌未 삼자조합을 이루고 乙丑 년에 진술축미가 모두 동하며 乙辛이 冲하니 옥살이를 하였다. 천간에 乙戊辛 삼자조합이 동하는 해였고 午丑으로 성정이 난폭해지는 해였다.

時	日	月	年	女
甲申	庚申	甲戌	甲辰	

80	70	60	50	40	30	20	10
丙寅	丁卯	戊辰	己巳	庚午	辛未	壬申	癸酉

미군부대 군무원으로 근무하였고 예산분석가로 11년 근무하였다. 미 국방성의 초청을 받고 庚辰년 2000년 8월 5일 21시경 미국 워싱턴 공항에서 시내로 들어가던 도로에서 달리는 차에서 문을 열고 떨어져 사망하였는데 자살로 판정이 났다. 가족들은 타살로 의문을 제기하였다. 37세 辛未대운 庚辰년에 발생한 일이다. 辛未대운에 戌未 刑은 물론 辰戌未 삼자조합을 이루고 庚辰년에 원국과 대, 세운에서 辰戌未로 조합하니 흉하다. 원국의

辰戌 沖은 흉함이 강하지 않는데 대운과 세운에서 辰戌未로 겹치니 흉했다. 37세는 일주 庚申의 시기로 甲庚 沖이 동하면서 생기가 상한다.

時	日	月	年	男
己未	戊辰	庚辰	乙酉	

78	68	58	48	38	28	18	8
壬申	癸酉	甲戌	乙亥	丙子	丁丑	戊寅	己卯

乙亥대운 甲戌年 50세 甲戌月에 교통사고로 중상을 입고 오랫동안 입원하게 되었다. 원국 조합은 酉金이 辰土와 합하고 일시에서 辰未가 조합한다. 乙亥대운이 오면 辰土가 亥水를 담는 과정에 酉亥辰 삼자조합을 이루니 대부분 흉하다. 그 이유는 辰土 속의 乙이 좌우확산을 적절하게 하지 못하면서 생기에 문제가 생기기 때문이다. 甲戌년에 辰戌未 삼자가 조합한다. 辰酉, 酉丑, 酉丑辰, 丑辰 조합은 교통사고 물상과 관련 있는데 원국에서는 酉辰으로 두 글자만 있기에 사망하지는 않았다.

時	日	月	年	男
壬戌	癸亥	壬戌	癸未	

78	68	58	48	38	28	18	8
甲寅	乙卯	丙辰	丁巳	戊午	己未	庚申	辛酉

99년 己卯년에 주식투자로 많이 벌었지만, 결과적으로 망하여 시골로 쫓겨 갔다. 丁巳대운의 巳대운에 월지 戌土가 巳火를 담아오니 난로가 뜨거워진다. 己卯년에 戌未 刑으로 난로가 뜨거워지고 卯木이 亥卯未 삼합하면서 戌未 刑하여 화기를 만든다. 하지만 庚辰년이 오면 辰戌未가 조합하고 亥水를 담은 辰土가

戌土를 沖 하여 난로가 불안정해진다. 천간에서 壬癸가 혼잡하니 경쟁. 시기, 질투, 도박, 투기를 즐기는 구조다. 운이 좋으면 크게 벌고 운이 나쁘면 크게 망한다.

時	日	月	年	女
壬申	己丑	丙戌	乙丑	

72	62	52	42	32	22	12	2
甲午	癸巳	壬辰	辛卯	庚寅	己丑	戊子	丁亥

1985년 61세, 壬辰대운 乙丑년 6월 25일 남편이 사망하고 1988년 64세, 癸巳대운 戊辰년 5월 10일 운전하던 차가 뒤집어져 머리와 온몸에 중상을 입고 생존 가능성이 희박하였으나 7월에 간신히 회복하였다. 丙戌월이니 년과 월의 시공간이 좋다. 다만 년지와 일지에 있는 丑土가 戌土를 刑 하니 불안정하다. 시주는 壬申으로 말년에 丙火를 沖하여 빛을 잃을 것이다.

壬辰대운 丙壬 沖과 辰戌 충으로 월주가 상한다. 또 辰戌丑 삼자가 조합하여 흉한데 乙丑년이 오면 년주 복음이요 일지 복음이니 남편이 사망한다. 癸巳대운 戊土가 巳火를 담고 戊辰년에 辰戌丑으로 戌土 월주가 상하면서 교통사고를 당했다. 위에서 언급한 것처럼 丑辰, 酉丑辰은 교통사고와 관계가 깊은 조합들이다.

時	日	月	年	男
己酉	丁未	壬戌	戊午	

78	68	58	48	38	28	18	8
庚午	己巳	戊辰	丁卯	丙寅	乙丑	甲子	癸亥

乙丑대운 32세 己丑년, 2009년 8월 회계 담당으로 동료를 대신하여 숙직하던 중에 회사에 도둑이 들어 손실이 발생하고 억울하게 누명 쓰고 권고사직을 받고 있다. 乙丑 대운에 丑戌未를 만나는데 문제는 戌土가 午火를 담아서 마치 창고와 같은 역할인데 乙丑대운에 丑土가 酉丑 合하고 戌土를 刑 한다.

己丑년은 丑戌 刑이 반응하는데 戌土 재물창고를 丑土 도둑이 훔치는 이치다. 이런 이유로 억울한 일이 발생하였다. 辰未戌丑 중에서 씨종자를 품은 창고는 유일하게 戌土 뿐이고 씨종자 酉金이 亥子丑 水氣에 풀어지기에 씨종자를 훔쳐가려는 도둑 심보를 가진 공간이 丑土다. 이런 이유로 戌土가 丑土에 상하는 해에 누명을 쓰고 말았다.

時	日	月	年 女
庚午	己未	乙丑	戊寅

75	65	55	45	35	25	15	5
丁巳	戊午	己未	庚申	辛酉	壬戌	癸亥	甲子

壬戌대운 31세 己酉년에 남편이 죽었다. 원국은 丑月에 丙火로 寅丑 암합하는 과정에 丑未 沖이 발생한다. 일지는 未土로 동일한 토가 4개 이상이니 결혼이 불미한데 년지 寅 정관이 있으니 그 의미가 더욱 확실하다. 년주에 관성이 있는 구조들은 첫 남자나 남편과의 인연이 길지 못하다. 특히 戊寅년이니 戊土가 寅木을 차지하는 구조로 이혼, 사별은 피하기 어렵다. 壬戌 대운에 丑戌未 삼형도 동하지만 寅戌로 살기가 강해지고 己酉년 寅酉로 寅木이 상하여 남편이 사망했다. 壬戌 대운의 또 다른 문제는 원국에 없는 글자가 드러나 흉한 운이다. 31세 戊土에 이르면 寅午戌 삼합하는 과정에 丑戌未, 丑未 沖이 동시다발적으

로 발생하여 흉하다.

時	日	月	年	男
辛未	己未	丁丑	己丑	

76	66	56	46	36	26	16	6
己巳	庚午	辛未	壬申	癸酉	甲戌	乙亥	丙子

집안도 넉넉지 못했고, 노력이 부족하여 대학교는 못 가고 식당 업을 하면서 재물도 모으고 탄탄하게 식당을 늘여 가더니, 30세 이후 가정 파탄으로 실망하여 미국으로 이민 갔다. 戌대운에 丑 戌未 삼형이 동하여 견디지 못하고 떠난 것이다. 원국에서 未未 丑丑으로 여러 번 결혼하는 구조가 분명하다.

己未, 己丑처럼 未土와 丑土를 가진 토들은 亥卯未와 巳酉丑 삼합의 성장과 결실을 완성하여 고향을 떠나는 것이 좋기에 미국으로 이민 갔다. 삼합으로 쓰임을 상실하였기에 계속 있어봐야 발전하기 힘들다. 이런 이유로 월지가 未土나 丑土인 사람들은 해외와 인연이 깊다.

時	日	月	年	男
癸丑	癸丑	癸未	庚戌	

72	62	52	42	32	22	12	2
辛卯	庚寅	己丑	戊子	丁亥	丙戌	乙酉	甲申

丁亥대운 38세 2007년 丁亥년 상황이다. 병원에서 과장직을 맡고 있는 의사인데 개원할까 아니면 의과대학 교수직으로 이동할까 고려중이다. 丁亥대운은 亥未 합하고, 丁亥 년은 戌未 刑 하니 직업변동이다. 38세는 일지 丑土의 시기로 반드시 변화가 필

요하다. 丑未 沖과 戌丑 刑으로 변동을 줄 수밖에 없기 때문이다. 년, 월의 庚, 癸未 조합으로 시공간이 좋고 癸丑으로 未土의 땅을 적신다. 삼형을 의사로 활용한 구조다.

時	日	月	年	女
丙辰	戊辰	辛丑	辛未	

79	69	59	49	39	29	19	9
己酉	戊申	丁未	丙午	乙巳	甲辰	癸卯	壬寅

세 번 결혼하여 아들 삼 형제를 두었으나 아들을 낳는 해마다 남편이 모두 급사(急死)하였다. 十神으로 살피면 辰未 中에 있는 乙 正官이 辛 상관 자식이 태어나면 극 당하여 자식을 낳기만 하면 남편이 죽는다고 판단할 수 있다. 장자는 壬辰년, 二子는 戊戌년, 三子는 癸卯년 생이다. 다른 관점에서 남편이 급사한 이유를 살펴보자. 일지를 기준으로 동일한 토가 5개다. 따라서 5번 결혼해도 이상할 것이 없다. 둘째, 일지와 시지가 辰辰으로 生氣가 상한다. 辰丑未 삼자가 조합하고 미토와 두 개의 진토에 담긴 乙의 활동이 매우 답답하다. 癸卯, 甲辰 대운을 지나는 동안 木氣들이 金氣에 상한다. 十神으로 상관견관만 살피면 다른 요인들을 분석하려는 노력을 하지 않는다. 반드시 다양한 각도에서 문제의 원인을 분석하려는 노력을 해야 한다.

時	日	月	年	男
庚申	戊辰	甲辰	丁未	

79	69	59	49	39	29	19	9
丙申	丁酉	戊戌	己亥	庚子	辛丑	壬寅	癸卯

청와대 출입 기자를 하다가 사업한다고 고생하다 乙酉년 39세

에 상품권 사업을 시작하여 우후죽순처럼 확장했다. 丙戌년 40세에 압수수색이 시작되고 丁亥년 10월 연행되었고 구속영장이 발부되었다. 특정범죄 가중처벌과 사기 죄목이었다. 辰未로 조합하여 가치를 부풀리려는 성향이 강하다. 예로 부동산 떴다방이나 성인오락실, 상품권 유통과 같은 물상이다.

辛丑대운 말 乙酉년을 만나면 酉丑辰 삼자조합을 이룬다. 큰돈을 한순간 벌어들일 수 있는 운이지만 불법을 저지르면 한순간 모두 빼앗기고 감방에 갈 수도 있다. 丑대운에 이르면 申이 丑土로 들어간다. 乙酉년이 오면 酉金은 辰酉 합하고 대운과 합하여 酉丑辰 조합을 만든다. 재물을 뻥튀기하는 운이다. 辰未로 확장하는 성향과 사행심 그리고 酉丑辰의 대발이 합해진 운이다. 丙戌년이 오면 辰戌未로 조합하여 국가관련 문제가 생길 것임을 암시한다. 이 구조도 사주팔자 원국에서 辰辰으로 살기가 강하기에 일지 38~45세 사이를 넘기지 못하고 구속되었다.

時	日	月	年	男
乙丑	甲戌	乙未	丙辰	

75	65	55	45	35	25	15	5
癸卯	壬寅	辛丑	庚子	己亥	戊戌	丁酉	丙申

34세, 戊戌대운 2009년 丁卯월 戊申일에 자살하였다. 진술축미가 모두 있다. 戊戌대운에 辰戌 沖한다. 그 과정에 未土를 刑하는데 과정에 그 위에 있는 乙이 상할 것이다. 乙은 생기로 2009년 己丑년에 丑未 沖 하니 辰戌과 丑未가 동하면서 상한다. 戌土는 未土의 공간을 빼앗고, 丑土는 戌土의 공간을 파괴하며, 辰土는 丑土에 숨겨진 씨종자를 훔치고, 未土는 辰土 속의 乙을 刑한다. 진술축미 三刑의 원리다. 따라서 戊戌대운에

월지 未土를 刑 하면 地藏干에 숨겨진 乙 生氣에 문제가 생겨 자살했다.

時	日	月	年	男
辛	丙	癸	丁	
卯	戌	丑	酉	

71	61	51	41	31	21	11	1
乙	丙	丁	戊	己	庚	辛	壬
巳	午	未	申	酉	戌	亥	子

戊申대운 庚辰년 부인이 교통사고로 사망했다. 庚辰년에 년주와 월주에서 酉丑辰이 조합하고 일지 戌土와 辰戌 沖하고 丑戌 刑한다. 辰戌 沖으로 일지가 동하여 부인이 교통사고로 사망하였지만, 근본 이유는 戊申대운에 일지 배우자 궁위에 있는 戌土 속의 무토가 천간에 드러나 戊癸 합하여 부인이 사라진다. 十神으로 살피면 庚辰년에 편재 庚이 酉丑辰 삼자조합으로 문제가 생겼다.

時	日	月	年	女
庚	壬	丙	己	
戌	辰	寅	卯	

73	63	53	43	33	23	13	3
甲	癸	壬	辛	庚	己	戊	丁
戌	酉	申	未	午	巳	辰	卯

己巳대운에 딸 둘을 낳고도 아들을 얻고자 유산을 많이 했고 庚午대운 丁巳년 庚戌월 己亥일 乙亥시에 제왕절개 수술하다 사망하였다. 자식의 동태는 일지와 시지를 집중적으로 살핀다. 日時에 辰戌이 沖하여 자궁 편위로 자식 낳기 힘들거나 자식을 낳으면 문제가 생길 수 있다. 년과 월의 寅卯가 일지에 모이고 辰戌 沖하니 생기가 상한다.

사주원국에서 자식이 상할 가능성이 높다. 庚午대운이 오면 寅午戌 삼합과정에 일지 辰土 공간을 심하게 찌그러트린다. 丁巳년이 오면 巳火는 戌土를 향한다. 庚戌 월에 寅午戌 삼합하고 卯戌 합하는 과정에 辰戌 沖으로 토가 상징하는 물상인 복부를 절개하였다. 己亥일 亥水는 辰土를 향하는 과정에 亥卯로 합하는데 乙亥시에 乙卯가 동하니 자식이 배에서 나오고 자신은 사망했다. 寅午戌과 申子辰의 묘지 辰戌이일시에서 沖 하면 자식을 낳는데 애로가 많다.

時	日	月	年	女	73	63	53	43	33	23	13	3
乙酉	乙丑	戊戌	辛酉		丙午	乙巳	甲辰	癸卯	壬寅	辛丑	庚子	己亥

癸卯대운 47세 丁未년에 남편이 사망했다. 남편은 무오년생으로 어물상이었고 5명의자식들을 두었다. 일지를 기준으로 酉金이 丑土에 담긴다. 癸卯 대운이 오면 천간에서 乙癸戊, 辛戊乙 삼자조합을 이루고 乙辛 沖하여 상한다. 지지에서 卯丑, 卯戌로 卯木 생기가 상할 것이다. 乙卯 生氣가 상할 것임을 암시한 후 일지 丑土 속에 있던 癸水가 드러나 월간 戊土와 합하여 사라진다. 丁未 년에 일지와 월지 세 글자가 만나서 丑戌未 삼형을 이룬다.

時	日	月	年	男	71	61	51	41	31	21	11	1
癸酉	甲戌	丁卯	己未		己未	庚申	辛酉	壬戌	癸亥	甲子	乙丑	丙寅

정력가로 성 기능이 뛰어나 여자가 잘 붙고 돈도 잘 버는데 초혼 처는 결혼 후 6개월도 되기 전에 이별하고 甲午년에 壬戌생 딸이 있는 유부녀가 남편과 이혼하겠다며 같이 살자고 한다. 이벤트 외식사업을 하는데 癸대운에 어려움이 따랐고 부인과도 이혼하였다. 정력이 좋은 이유는 甲, 丁卯로 조합하기 때문이며 卯木은 기본적으로 생기가 넘치며 활동적이다.

癸亥대운이 오면 亥卯未 삼합과 戌土가 戌未 刑한다. 三合, 刑이 동하여 일지에 변화가 생겼다. 또 다른 문제는 甲의 부인은 일지 戌土로 갑이 안정적으로 뿌리내리기 힘들다. 따라서 甲은 년주에 있는 己未와 합하는 것을 원하는데 그 땅이 말라서 뿌리내리지 못하고 안정을 취하기 어렵다. 더구나 일지와 戌未 형하고 미토가 묘목과 합하기에 첫 부인과의 인연은 길지 못하다.

時	日	月	年 男
己	己	乙	戊
巳	丑	卯	戌

77	67	57	47	37	27	17	7
癸	壬	辛	庚	己	戊	丁	丙
亥	戌	酉	申	未	午	巳	辰

친형이 庚申대운 己丑년에 간암으로 사망하였다. 구조를 살펴보자. 卯戌 합하고 丑戌 刑하고, 卯丑으로 卯木이 상하고 巳丑으로 합하고 卯巳戌 삼자조합이 있다. 이런 구조들은 시공간 변화에 따라 반응할 것이다. 친형이 간암으로 사망한 이유를 찾아보자. 형제의 동태를 살피는 방법은 먼저 월지궁위를 형제로 간주한다. 그 이유는 나를 낳아준 모친이 월지이기 때문이다.

좀 더 자세히 분석하고 싶다면 동일한 오행을 감안한다. 분명한 것은 궁위가 기준이고 十神은 참조한다. 월지는 卯木으로 卯戌

합하고, 卯丑으로 상한다. 또 丑戌 刑 사이에 끼어 상할 가능성이 높다. 庚申 대운에 이르면 卯申으로 卯木 생기가 상하고 己丑년에 丑戌 刑사이에 끼어서 간암으로 사망했다.

時	日	月	年	女
庚戌	丁亥	癸丑	丁未	

75	65	55	45	35	25	15	5
辛酉	庚申	己未	戊午	丁巳	丙辰	乙卯	甲寅

병술年과 丁亥년 사이 2007년 40세 1월에 남편이 갑자기 쓰러져 병원에 입원하였다. 상기와 동일한 논리로 이 사주를 분석해보자. 남편은 일지로 亥水인데 丑戌 刑 사이에 끼어 상한다. 그 시기는 38~45세 사이이다. 十神을 살피면 일지 정관이니 따로 찾을 필요는 없지만, 월간에 癸水가 있어 조금은 불안정하다. 亥水는 亥卯未 삼합하는 과정에 未土를 향하여 나간다. 남편에게 문제가 생긴 丙戌, 丁亥년을 분석해보자. 丁巳대운은 丁亥와 丁巳가 沖 한다. 천간은 동일하고 지지는 沖 하는 궁위는 기본적으로 좋지 않다. 또 丙戌년 戌土가 월지 丑土와 형하고 미토와 刑하는 과정에 일지 해수가 찌그러진다. 이런 문제로 남편이 갑자기 쓰러지고 말았다.

時	日	月	年	男
모름	戊子	乙未	丙戌	

78	68	58	48	38	28	18	8
癸卯	壬寅	辛丑	庚子	己亥	戊戌	丁酉	丙申

壬辰년에 전립선암 판정을 받았고 투병 중이다. 辛丑대운 월주 乙未와 천간과 지지가 沖한다. 乙木 생기가 상하면 육체에 문제

가 생길 가능성이 높다. 이 구조는 乙未월이기에 水氣가 간절히 필요한데 일지 子水가 未土에 수기를 공급하기 바쁘다. 이런 이유로 신장이 상하기 쉬운 구조다. 辛丑 대운은 월지를 기준으로 丑戌未 삼형까지 동하고 子丑 합하고 沖, 刑 하니 어지럽다. 탁해진 子水가 壬辰년에 천간으로 드러나면서 문제가 발생하였다.

時	日	月	年 女
己	丙	甲	己
丑	戌	戌	丑

75	65	55	45	35	25	15	5
壬	辛	庚	己	戊	丁	丙	乙
午	巳	辰	卯	寅	丑	子	亥

丙子대운에 남편과 사별하고 재혼하여 자식을 낳았지만 亥子丑 대운에 고생했고 寅卯辰 대운에 재가해서 살만했는데 庚辰대운 壬辰년에 위암으로 사망했다. 丙子대운에 남편이 사망한 이유를 살펴보자. 일지가 戌土로 戌戌이니 복음이요 동일한 오행이 6개나 있으니 여러 번 결혼할 팔자다. 십신으로 년지 丑土 속의 癸水 남편이 멀리 있으며 일지와 刑하기에 첫 남편과 인연이 좋을 리 없다. 이런 이유로 丙子대운 子丑 합하고 丑戌 刑 하여 사별하였다. 庚辰대운 甲庚 沖으로 생기가 상하고 壬辰년에 토에 해당하는 위암으로 사망했다.

時	日	月	年 男
戊	辛	己	癸
戌	巳	未	卯

80	70	60	50	40	30	20	10
辛	壬	癸	甲	乙	丙	丁	戊
亥	子	丑	寅	卯	辰	巳	午

乙卯대운 壬辰년에 방광에 문제가 생겨 투병 중이다. 日支 巳火를 사이에 두고 戌未 형하고 있다. 巳火가 戌土에 들어가고 未

土와 刑 하니 火氣가 폭발한다. 乙卯대운 천간에서 乙癸戊 삼자가 동하고 乙戊申 삼자조합도 함께 동한다. 이 과정에 戊土와 癸水를 향하던 乙이 辛에 잘린다. 壬辰년에 辛이 水氣를 만나 뜨거움을 해소하고자 탄성이 생겨 튕겨나가는 과정에 乙卯를 찌른다. 생기가 상하고 사주팔자에서 가장 무력한 水氣 방광에 문제가 생겼다.

時	日	月	年	女
壬	乙	甲	丁	
午	丑	辰	丑	

79	69	59	49	39	29	19	9
壬	辛	庚	己	戊	丁	丙	乙
子	亥	戌	酉	申	未	午	巳

庚戌대운에 남편과 사별하고 뇌졸중이 생겼고 辛亥대운 壬辰년 丑月에 사망하였다. 원국에 丑辰 破가 두 번 파동을 일으킨다. 일지를 기준으로 축토가 년지와 복음이니 결혼이 불안정하다. 남편이 외도하거나 두세 번 결혼할 가능성이 있다. 진월의 시공간에서 필요로 하는 수기를 일지 축토가 丑辰 파로 공급하니 경제적인 측면에서 배우자의 도움도 받는다.

庚戌대운이 오면 원국에서 드러나지 않고 丑土에 숨어있던 辛과 동일한 오행 庚이 천간으로 드러나 남편에게 문제가 있을 것임을 암시한다. 특히 일지와 丑戌 刑하니 그 의미가 가중된다. 庚戌대운의 뇌졸중 증상은 庚이 甲을 沖하면 丁火로 가는 피의 흐름에 문제가 생기기 때문이다. 또 시지 午火의 시기에 午丑으로 피의 흐름이 불안정해질 때 문제가 생겼다.

時	日	月	年 男
戊	辛	丁	庚
戌	丑	亥	子

79	69	59	49	39	29	19	9
乙	甲	癸	壬	辛	庚	己	戊
未	午	巳	辰	卯	寅	丑	子

41세 辛卯대운 辛巳年 사업실패 후 바다낚시 간 후 실종되었다. 원국에 丑戌 刑이 있다. 亥子丑과 戌土가 刑하니 난로를 지켜야 할 戌土 입장에서 매우 불편하다. 辛卯대운에 이르면 卯丑으로 卯木 생기가 상한다. 특히 卯木은 戌土를 향하여 卯戌 합하고 丑戌 刑하니 생기가 상할 수밖에 없다.

庚辰년에 일지를 기준으로 沖, 刑이 동하여 일지와 시지가 어지럽다. 辛巳년은 해외의 뜻이 강한데 辛과 巳火가 비록 동일한 열매와 씨앗을 상징해도 辛金은 오래된 씨종자, 巳火는 활짝 핀 꽃과 같기에 물형이 전혀 다르다. 따라서 오래된 씨종자가 庚金에 씨종자를 공급하는 행위와 같아서 해외나 타향으로 떠나 새로운 삶을 시작한다. 이 구조는 41세 즈음에 丑戌 刑으로 辛金의 안정적인 터전 戊戌이 불안정해지고 卯木이 심하게 상하던 시기에 실종되어 해외(저승)로 떠났다.

時	日	月	年 女
戊	辛	甲	癸
戌	丑	寅	未

78	68	58	48	38	28	18	8
壬	辛	庚	己	戊	丁	丙	乙
戌	酉	申	未	午	巳	辰	卯

16세부터 집을 떠나 혼자 살았다. 48세경부터 여자 친구와 동업으로 양로원 건립을 시작하였다. 투자자 유치나 자금조달은 친

구가 하고, 자신은 재산만 투자하여 충남 불모지에 규모가 큰 양로원을 건립하였다. 55세경 공사를 감독하다 2층에서 떨어져 뇌를 다쳤던 원인으로 丙戌년 치매가 생겼다. 사망 몇 개월 전 빚이 많은 상태라 동업자가 모든 권한을 위촉하는 도장을 찍게 하였고 양녀에게 보내져 몇 달간 돌보다 64세 丙戌년 12월 21일 사망하였다.

辛일간이 만들어내야 할 생명체 甲寅이 월주에 있다. 己未대운에 甲己 合으로 새로운 건설을 시작하면서 변화가 생긴다. 甲寅이 己未와 甲己合, 寅未로 인목이 미토에 들어가니 년지 국가관련 일이고 甲寅 생기를 살려내는 양로원 물상을 활용하였다. 인간은 신기하게도 자신의 운에 따라 부족한 에너지들을 상쇄하려는 움직임을 보인다. 55세 즈음에 건축과정에 떨어져 뇌를 다친 이유는 일시에 있는 丑戌 刑 때문이다. 丁丑년 즈음으로 원국에서 丑戌 刑하는 시기에 이르렀고 세운에서 형이 동했고 정화가 신금을 자극하여 甲을 상하게 하였기 때문이다. 庚申대운이 오면 월주 甲寅생기가 충으로 상한다. 丙戌년에 丑戌로 사망했다.

時	日	月	年	男	79	69	59	49	39	29	19	9
癸未	庚寅	庚午	甲辰		戊寅	丁丑	丙子	乙亥	甲戌	癸酉	壬申	辛未

1999년 己卯년 대우의 워크아웃으로 기반이 흔들리던 시절에 과장과 독립하여 중국 청도에 텐트제조 및 유통으로 2005년 생산직원 600명이었다. 36세 즈음 庚辰, 辛巳년 사업을 시작하자마자 번창하여 매출이 계속 증가하고 있다. 甲대운에 들어선 癸未년, 甲申년, 乙酉년 경쟁이 심해져 마진이 현저히 감소하였

다. 이 구조는 천간에서 甲을 두고 庚庚이 다툰다. 운에 따라서 서로 협력하기도 하고 甲이 상하기도 한다. 즉 비겁이 모여 있다고 무조건 재물을 탕진하는 것이 아니고 무조건 재물을 취하는 것도 아니다. 위 여인은 庚申대운에 친구에게 모든 자산을 넘겨야 했고 이 사주도 甲戌대운에 마진이 현저히 감소하였다.

하지만 모시던 과장과 동업한 것은 庚庚의 구조 때문이고 그 덕분으로 년간 甲 재물을 빠르게 득했다. 甲이 국가자리에 있으니 해외, 국가관련 직업을 함께 하기에 중국으로 건너가 발전했다. 庚辰년에 사업을 시작하였기에 庚庚庚으로 군겁쟁재라 하면서 재물의 손실을 예상하였지만 실제로 크게 발전하였다. 甲戌대운이 오면 상황이 많이 다르다. 먼저 일지를 포함하여 寅午戌 삼합하고 辰戌 沖하고 戌未 刑한다.

특히 癸未年은 三合, 刑으로 삼합이 묶이고 답답해진 상태에서 刑이 동하여 마진이 줄어들었다. 즉, 동일한 삼합, 刑이라도 상하는 부분이 약하기에 마진이 감소하는 정도의 물상으로 발현되었다. 이 구조는 庚이 辰未의 지장간에 있는 乙과 乙庚 합하고 午月의 丙火가 乙丙庚 삼자조합으로 열매를 확장하기에 사업에 어울린다.

時	日	月	年	女
癸卯	丁未	甲戌	甲申	

71	61	51	41	31	21	11	1
丙寅	丁卯	戊辰	己巳	庚午	辛未	壬申	癸酉

서울 명문여대를 졸업하고 중등학교 국어교사로 재직하다 30대 이후 그만두고 사업하였다. 예의 바르며 부지런하고 근면하고

언변이 있다. 辛未대운 결혼하고 己巳, 庚午대운 어려움이 많았고 己巳대운에 건강이 나빠졌으며, 친구와 송사 문제도 있었다. 戊辰대운 丁丑년에 귀금속으로 돈을 벌었으나 남편이 많이 아프다. 일간 丁火는 중력, 열기와 같아서 자신의 체성을 활용하는 것을 좋아한다. 초년에 교직에 종사한 이유는 甲丁 조합으로 丁火가 가장 좋아하는 甲을 보았고 甲戌로 새로운 꿈을 심는 것과 같기 때문이다.

하지만 일주 丁未의 시기에 이르면 戌未 刑하여 불안정해지고 丁未의 중력을 활용하기 위해 사업을 시작한다. 庚午, 己巳대운 甲의 움직임에 문제가 생기니 어려움이 많았고 戊辰대운 丁丑년에는 丑辰 破작용으로 일시적으로 큰돈을 벌지만 일지를 기준으로 辰戌未가 모두 동하여 남편이 많이 아프다. 十神으로 분석하고 싶다면 戊辰대운에 시간 癸水 편관이 戊癸 합으로 묶이고 癸甲戊 삼자조합 때문이라고 분석할 수도 있지만, 배우자의 문제는 먼저 궁위를 기준으로 살피고 十神을 참조하므로 남편의 건강이 나쁜 이유는 일지 未土 때문이다.

時	日	月	年	女	78	68	58	48	38	28	18	8
辛未	甲辰	辛卯	辛丑		己亥	戊戌	丁酉	丙申	乙未	甲午	癸巳	壬辰

43세 상황이다. 미인이고 멋쟁이고 미대를 나왔다. 결혼은 30살 즈음에 하였다. 쫒아 다니는 남자가 너무 많았지만, 현재는 관심 없고 살림만 한다. 현재의 문제는 남편이 노는데 바쁘다. 경제적으로 어려움이 없지만, 남편이 바람을 피우는지 밖으로만 나돈다. 아들, 딸은 모두 머리 좋고 인물 좋다.

卯月에 水氣가 필요한데 유일하게 년지와 일지에 丑土가 있어 辰丑 破하여 수기를 보충하는 정도다. 천간의 辛들은 칼날과 같아서 인간관계를 단칼에 정리하려는 성향이 강하기에 남자들을 만나도 싫증을 자주 느꼈다. 43세에 남편의 외도를 걱정하는 이유는 일지 辰土를 기준으로 丑辰未가 동하기 때문이고 특히 일지 辰土 속에 있었던 乙이 乙未 대운에 천간으로 드러나 밖으로 나갔기 때문이다. 이런 이유로 남편은 자신도 모르고 자꾸 밖으로 돌아다니는 것이다.

時	日	月	年	男
甲	壬	甲	辛	
辰	戌	午	丑	

72	62	52	42	32	22	12	2
丙	丁	戊	己	庚	辛	壬	癸
戌	亥	子	丑	寅	卯	辰	巳

1944년 44세, 己丑대운 甲申년 8월 1일 독일나치에 습격 받아 피살당했다. 프랑스인이며 작가로 2차 대전 때 레지스탕스 영웅이었다. 이 구조는 丑戌 刑과 辰戌 沖이 있고 辰丑 破와 午戌 合이 보인다. 가장 먼저 발생하는 沖, 刑은 일지의 시기 38~45세 사이에 동하는데 丑戌 刑하고 辰戌 沖 하므로 화기를 담은 戌土가 불안정해진다.

己丑대운은 丑戌 刑이 동하는 시기에 이르렀다. 甲申년은 년과 월에서 甲辛이 조합하는데 구조가 나쁠 경우에는 스탠트 수술처럼 심장에 문제가 생기거나 경찰, 암살, 킬러와 같은 물상이다. 그 이유는 천간 甲辛을 지지로 내려서 살피면 寅酉로 소위 원진관계이며 殺氣를 가져 寅木이 상하면 午火 심장이나 뇌로 흐르는 피의 흐름에 문제가 생긴다. 특히 己丑대운에 사주팔자 꼴대로 午丑의 급작스러운 사건, 사고를 암시하고 있다가 甲申년에 암살물상이 발현되어 습격으로 사망했다.

時	日	月	年	男
己未	癸丑	庚寅	丙戌	

73	63	53	43	33	23	13	3
戊戌	丁酉	丙申	乙未	甲午	癸巳	壬辰	辛卯

1927년 42세, 甲午대운 丁卯년 9월 14일 위암으로 사망했다. 독일인 작가요 시인이다. 원국 일지에 丑土가 있고 년지 戌土와 丑戌 형하고 시지 未土와 丑未 沖 한다. 가장 먼저 발생하는 沖, 刑은 일지 丑土의 시기 38~45세 사이로 甲午대운 마지막을 지나는 시기였다. 甲午대운에 년과 월에서 寅午戌 삼합하고 沖, 刑이 복잡하게 동한다. 또 午丑으로 급작스러운 일이 발생한다. 丁卯년은 일지와 卯丑으로 생기가 상할 것임을 암시한다. 사주팔자 원국에서 일지의 시기에 충, 형이 발생한다고 암시하고 대운에서 삼합하고 충, 형이 어지러워질 때 사망했다.

時	日	月	年	女
壬辰	丙辰	戊戌	丙辰	

78	68	58	48	38	28	18	8
庚寅	辛卯	壬辰	癸巳	甲午	乙未	丙申	丁酉

시골 농사짓는 가난한 집에서 출생하여 넉넉지 못한 여건에서 자랐다. 乙未, 甲午대운에 조금씩 나아지고 甲申년에 남편의 일이 잘 풀리지 못하여 여러 직장을 전전했고 가장 오래 일하던 곳은 다단계 업체 쪽이었다. 29세 당시는 월주 戊戌의 시기로 양쪽에서 진술 沖 하는 시기다. 이런 이유로 여러 직장을 전전

했고 다단계 업계에서 가장 오래 일했던 이유는 辰辰의 부풀리는 행위 때문이었다. 일시가 辰辰으로 생기가 상하기에 남편이 잘 풀리지 않으며 자신도 마찬가지다.

時	日	月	年	男
丁	己	乙	戊	
卯	未	丑	辰	

77	67	57	47	37	27	17	7
癸	壬	辛	庚	己	戊	丁	丙
酉	申	未	午	巳	辰	卯	寅

辛未대운 庚午년 癸未월 장자가 교통사고로 사망하였고 사주당사자는 辛未대운 甲戌년 甲戌월에 목매어 자살하였다. 년과 월에서 丑辰 破, 丑未 沖, 卯未 合하고 丑未 沖 한다. 辛未대운이 오면 丑未 沖이 발생할 것이다. 또 시지에서 卯未로 합한 후 丑未 沖하여 상할 수 있다. 천간에서 辛이 월간 乙을 沖하면서 辛戌乙 삼자조합으로 생기가 상한다.

乙이 상하면 乙에서 丁으로 가는 피의 흐름에 문제가 생긴다. 庚午년 乙이 더욱 상하면서 자식을 상징하는 時柱 丁火를 향하는 乙의 흐름에 심각한 문제가 발생한다. 사주원국에 辰丑으로 교통사고를 암시하는 조합이 있는데 辛未대운 辛金이 丑土에서 천간으로 드러나 교통사고가 발생하였다. 十神으로 분석하면 丑土 위의 乙은 偏官으로 자식을 상징한다. 甲戌년에 辰戌丑未가 모두 모이니 흉하다. 하지만 辛未대운의 가장 큰 문제는 辛이 乙생기를 자르는 것이다.

時	日	月	年	男
庚戌	丁丑	壬戌	癸亥	

72	62	52	42	32	22	12	2
甲寅	乙卯	丙辰	丁巳	戊午	己未	庚申	辛酉

프랑스 사진기자, 2012년 30세 己未대운 壬辰년 2월 22일 시리아 Homs에서 반정부 시위 취재 중 미국인 여기자와 함께 총탄에 사망하였다. 월지가 戌土인데 년과 월에 水氣가 강하고 丑土가 戌土를 刑으로 건든다. 己未대운이 오면 丑戌未 三刑이 동하고 壬辰년 亥水를 담은 진토가 戌土를 가격하니 戌土가 꺼진다. 壬辰년에 천간에서 壬癸가 丁火 불꽃을 상하게 하였다. 월지 戌土는 난로와 같아서 열기를 잃으면 흉한 일이 발생한다.

時	日	月	年	男
庚戌	丁未	丙戌	庚午	

74	64	54	44	34	24	14	4
甲午	癸巳	壬辰	辛卯	庚寅	己丑	戊子	丁亥

미국인 팝스타이자 작곡가다. 1959년 29세 己丑대운 戊戌년 2월 3일 비행기 사고로 사망하였다. 버스를 타고 가려다 고장 나서 소형 비행기를 타고 가다 사망하였다. 음악을 하는 이유는 강력한 火氣들이 金에 공명작용을 일으키고 대운에서 水氣에 풀어지기 때문이다. 己丑대운이 오면 戌土를 刑 하는데 문제가 심각한 이유는 戌土 난로에 火氣를 가득 담은 상태에서 刑 해 버리기 때문이다. 무술년에는 丑戌未가 가중되어 더욱 흉해졌다.

時	日	月	年 女
甲申	庚午	壬戌	癸未

79	69	59	49	39	29	19	9
庚午	己巳	戊辰	丁卯	丙寅	乙丑	甲子	癸亥

17세 己亥년부터 남자관계가 복잡하더니, 18세 庚子년에 임신하여 미혼모가 되었다. 몇 명의 남자를 바꿔가며 동거하였다. 乙巳년 23세에 착실한 남자와 결혼했지만, 남편이 丙午년에 교통사고로 죽었다. 17세에서 24세 사이에 아버지가 다른 자식 넷을 낳았고 그 후 물장사를 시작하였는데 55세 丁丑년 1997년까지 파란만장한 삶이다. 이 여인의 삶을 살펴보자. 월지 시공을 기준으로 戌月에 필요한 火氣를 년지와 일지에서 午未 合으로 공급하지만 戌未 刑으로 불안정하다.

대운도 초년에 亥子丑으로 흘러 월지 戌土에 좋지 못하다. 이 여인의 사주에서 보이는 독특한 특징을 정리해보자.

1. 17세 己亥년부터 남자관계가 복잡해져 매년 다른 남자의 자식을 넷이나 낳았다.

사주팔자 원국에서 17세는 월간 壬水의 궁위로 16세에서 23세까지다. 대운은 癸亥로 壬水의 속성이 더욱 강해진다. 왜 이 시기에 남자관계가 그토록 복잡했고 자식을 4명이나 낳았을까?

甲	庚	壬	癸
申	午	戌	未

1)壬水의 속성

먼저 4명의 아이를 낳았던 시기 壬과 癸亥의 속성을 살펴보자. 壬水는 申子辰 삼합운동을, 丙火는 寅午戌 삼합운동을 주관하여 亥卯未와 巳酉丑 삼합운동을 유도한다. 그 과정에 壬水는 씨종자 金氣를 亥子丑에 풀어 새로운 木氣를 만들고 亥卯未 성장운동을 촉진한다. 金氣를 亥子丑으로 풀어낸다는 의미는 매우 중요하다.

물성으로 살피면, 金氣는 그 속성이 매우 딱딱하며 움직임이 무겁기에 殺氣가 강해진다. 딱딱해지는 이유는 무엇일까? 그것은 丙, 丁 火氣를 품기 때문이며 특히 丁火는 중력에너지로 만물을 딱딱하게 만들어버린다. 움직임이 둔화된 육체는 노화될 수밖에 없거나 질병에 시달리거나 사고로 육체를 상하거나 심하면 사망한다.

이런 火氣를 내부에 축적해야만 물형을 완성하는 金氣는 필연적으로 강한 열을 내부에 저장한다. "秋收"(추수)라는 단어는 가을에 곡물을 수확하는 것이다. 秋는 禾(벼)+ 火(熱)을 합한 것이다. 즉, 벼가 열을 품어서 가을이 된 것이고 火氣에 의해서 딱딱해져 물형을 갖추었기에 수확할 수 있다. 씨종자를 얻지만 반대로 生氣를 잃기에 숙살지기라 부른다.

이렇게 딱딱해진 庚辛 내부에 강한 열을 축적하고 때를 기다려 壬水와 申子辰에 의해서 씨종자를 풀어내고 金의 물형을 木으로 바꾼다. 이것이 가을에서 겨울, 그리고 봄을 지나는 과정에 발생하는 자연의 순환과정이다.

그렇다면 水氣에 풀어낸다는 뜻은 무엇인가? 또 명리에 어떤 작용으로 쓰이는지를 이해해야 한다. 열기를 품어 딱딱해서 움직임이 둔한 庚辛은 水氣를 만나면 축적된 열기를 밖으로 풀어내려고 한다. 이런 이유로 원래의 물형이 부드러워지는 대신 변질되어 버린다.

따라서 물형과 틀을 유지했던 庚辛은 壬癸, 申子辰, 亥子丑에서 체성이 변질되어 부드러운 木氣로 바뀌기 시작한다. 이런 의미를 인간의 성정에 비유해보자. 자유, 독립, 방탕, 방랑, 유랑, 틀을 깨다, 물형이 변질되다, 함부로 행하다, 구속을 싫어한다, 등의 심리상태를 갖는다.

2)庚金이 壬水를 만났을 때

이제 庚이 壬水를 만났을 때의 상황을 살펴보자. 명리에서 설명하는 모든 논리는 가변적이며 사주구조에 따라서 그 의미가 전혀 다르게 발현될 수도 있다. 이것이 명리를 공부하는 과정에 만나는 가장 큰 어려움이다. 사주구조를 이해하는 것은 통변술의 가장 높은 단계이다. 아무리 훌륭한 이론을 가졌어도 구조를 배제한 이론은 엉터리가 될 수밖에 없다. 세상이 가변적인데 어떻게 불변한단 말인가? 우주 어디에도 단 한번이라도 동일한 시공간은 존재하지 않는다. 이론을 배우고 이론을 버리고 구조를 살피는 안목을 길러야만 명리 고수의 길에 오른다.

甲	庚	壬	癸
申	午	戌	未

이 구조의 庚은 午未, 戌未로 강한 열기를 내면에 품었기에 水

氣를 보면 水氣를 향하며 빠르게 튀어 나가서 답답한 열기를 해소할 것이고 木氣를 보면 자르려 들 것이다. 또 다른 문제는 방탕을 주도하는 壬水와 癸水가 戌土와 未土에서 戌未 刑으로 끓는 냄비에 물이 점점 줄어드는 상황이다. 이런 속성은 그 성정이 다혈질, 즉흥적, 감성적, 폭발적이다.

언제라도 뜨거움을 해소하고자 즉흥적으로 壬水를 향하여 튀어 나간다. 이런 움직임의 특징을 성적욕구에 활용하면 감칠맛과 같다. 물이 끓듯 살짝만 자극하면 끓어오르기에 性的으로 만족을 모르고 끊임없이 갈구한다. 예로 壬水가 열기를 해소하는 역할이 아니었거나 구조가 끓는 냄비처럼 자극적이지 않았다면 감칠맛을 느끼지 못한다.

이 두 가지 이유로 이 여인은 내면에 강한 열정을 품었고 감칠맛으로 즉흥적인 행위를 서슴없이 자행한다. 월주 壬戌은 丁壬 합으로 戌土 속의 丁火와 辛金 씨종자가 壬水에 풀어져 생명체 木氣를 만들어내는 과정이다. 이런 구조적인 특징 때문에 16~23세 사이에 여러 남자와 동거하고 부친이 다른 네 명의 자식을 낳았다.

2. 丙午년 남편이 사망했다.

甲	庚	壬	癸
申	午	戌	未

배우자의 동태를 살펴보자. 일지 午火가 있으니 배우자가 정당한 궁위에 좌하였다. 다만 午火와 동일한 오행이 未土와 戌土 속에 있고 午火는 년지 미토와 합한다. 그 과정에 戌土와 刑 하니 불안정해지고 변화가 생긴다. 甲子대운은 일주 庚午와 天干

沖, 지지 충이다. 丙午년에는 일지에서 丙火가 천간으로 드러나면서 丙壬 沖, 子午 沖으로 남편이 사망했다. 다만, 근본 원인은 일지를 포함하여 午未 合하고 戌未 刑 하는 문제가 있고 丙午 년에 丙火가 드러나 壬水와 沖하여 상했기 때문이다.

3. 물장사를 하면서 힘들게 살아간다.

甲	庚	壬	癸
申	午	戌	未

궁위론 책에서 밝힌 것처럼, 時間에 있는 글자는 개인적으로 추구하는 강한 욕망이다. 따라서 庚은 시간에 있는 甲을 추구하려는 욕망이 강하다. 문제는 강한 화기들에 자극받은 庚이 언제라도 甲을 沖 하므로 돈을 추구하면서도 즉흥적으로 낭비하고 모으지 못한다. 이런 이유로 물장사를 하면서 파란만장하게 살았다. 또 년지 未土를 기준으로 亥卯未 삼합을 벗어난 庚申은 겁살로 한탕을 노리는 속성이기에 봉급생활에 만족하지 못한다.

時	日	月	年 男	71	61	51	41	31	21	11	1
辛亥	丁丑	戊戌	丙申	丙午	乙巳	甲辰	癸卯	壬寅	辛丑	庚子	己亥

26세 辛酉년에 결혼하고 5년을 지나 乙丑년 31세에 부인이 1남 1녀 자식을 두고 가출하였다. 42세 丁丑년에 악처를 만났고 경제적으로 큰 손해를 입히고 송사가 벌어졌다. 이 구조는 墓庫에서 다룰 예정이지만 년지 申이 일지 丑土 墓地를 향하는 과정에 戌土를 지나고 戌土는 일지와 刑 한다. 흥미로운 점은 申 위에 丙火가 있으니 윗사람이나 경쟁자가 소유한 물건을 내가 丑

土로 담아오는 과정에 문제가 생길 것이다. 월지 時空을 살펴보면, 戌土 난로와 같아서 열기를 보호해야 하는데 년과 월에 丙戌로 나쁘지 않다. 다만 문제는 대운이 계속 水氣로 흘렀고 일지 丑土가 亥水와 大運의 水氣와 합하여 戌土 난로를 꺼드릴 것이다. 乙丑년 일지가 복음이던 해에 戌土와 刑 하여 부인이 떠났고 丁丑년에 일주와 복음이던 해에 刑으로 동하여 악처를 만나 고통 당했다. 사주팔자 원국에 정해진 丙申과 丁丑 구조 때문에 송사가 발생했다.

時	日	月	年	男
庚	壬	癸	壬	
戌	戌	丑	子	

72	62	52	42	32	22	12	2
辛	庚	己	戊	丁	丙	乙	甲
酉	申	未	午	巳	辰	卯	寅

29세 庚辰년 2000년 6월 상황이다. 부인이 남편의 상황을 알렸는데, 결혼 5년 차로 습관적 외도와 주벽, 폭력으로 이혼을 고려하고 있다. 부인은 우울증과 약간의 치매 현상까지 보인다. 원국에서 戌土 안에 담아야 할 火氣가 전혀 없다. 그리고 수많은 수기와 丑土가 일지 戌土와 刑 한다.

丙辰대운 庚辰년 상황으로 辰戌丑 조합이 이루어지고 辰土가 수많은 水氣를 담아서 일지와 충, 형 하는 시기다. 일간 입장에서 丑月에 火氣가 있는 곳은 戌土 뿐인데 沖刑으로 흔들리니 불안정하다. 이 남자가 외도, 주벽, 폭력적인 이유는 축술 형 이외에도 축토와 해자축의 음습한 어둠 때문이다.

時	日	月	年	女
庚	壬	乙	丙	
戌	午	未	辰	

77	67	57	47	37	27	17	7
丁	戊	己	庚	辛	壬	癸	甲
亥	子	丑	寅	卯	辰	巳	午

壬辰대운 34세 2009년 己丑년 상황이다. 67년생 남편이 음주운전으로 교도소에 있다. 계속 불행한 일만 생겨서 견디기 힘들다. 未月에 水氣가 필요한데 일간이 壬水로 이곳, 저곳에 생명수를 공급하느라 바쁘다.

地支는 午未와 午戌, 戌未 刑으로 화기가 증폭되면 壬水는 생명수를 공급하느라 증발되면서 힘들어진다. 따라서 근본적인 문제를 만들어내는 궁위는 월일시다. 壬辰대운은 일주의 시기 壬午를 지나면서 戌未 刑 사이에 끼인 午火가 운에 따라 반응할 것이다. 辰戌 沖하고 己丑 년에 午丑으로 급작스러운 문제가 발생하고 午未와 丑土과 沖하면서 어지러워진다. 이런 이유로 남편이 음주운전으로 교도소에 들어갔다.

時	日	月	年	女
己	癸	丁	壬	
未	丑	未	戌	

77	67	57	47	37	27	17	7
己	庚	辛	壬	癸	甲	乙	丙
亥	子	丑	寅	卯	辰	巳	午

丙子년 15세에 트럭 운전사에게 잡혀가서 자식 둘을 낳고 살다가 21세 때 가출하여 술집을 전전하다가 무속인이 되었다. 이 구조는 지지에서 沖과 刑이 복잡하게 얽혀있다. 일지에 남편 丑土가 있으니 癸水가 乙의 성장을 촉진하는 것을 방해한다. 두

번째 문제는 일지와 동일한 토들이 사주팔자에 5개나 있으니 결혼생활이 불안정하다. 十神으로 살피면 년지 戌土가 첫 남편인데 그 위에 壬水가 있으니 유부남이거나 나이 차이가 많고 자신이 사는 곳으로부터 먼 곳에 살던 남자다. 丙子년에 트럭 운전사에 잡혀간 이유는 저승사자 이론으로 이해하면 쉽다. 년지 戌土를 기준으로 寅午戌 三合을 벗어난 亥子와 천간의 壬癸 그리고 丑土까지 모두 있으며 丙子년도 재살에 해당하여 납치, 감금과 같은 물상이 발생했다. 가출하고 술집을 전전한 이유도 모두 현실세계에서 살아가기 어려운 저승사자와 같은 특징이 강하기 때문이다.

時	日	月	年	男
辛	戊	乙	丙	
酉	寅	未	午	

76	66	56	46	36	26	16	6
癸	壬	辛	庚	己	戊	丁	丙
卯	寅	丑	子	亥	戌	酉	申

시골에서 공직자로 일하다가 97년 丁丑年 32세에 공금유용으로 4년 형을 받았다. 이 구조는 특별하게 刑沖破害가 없어 보인다. 하지만 午未 합과 寅未, 寅酉로 일지 인목이 상하고 시주 辛酉가 언제라도 월간 乙을 沖하여 상하게 할 것이다. 천간 조합은 辛戊乙 3字조합으로 갑작스러운 육체손상이나 문제가 생길 것임을 암시한다. 戊戌대운은 월지 未土를 刑 하면서 변화, 변동이 불가피한데 어떤 이유인가를 따져야 한다.

戊土가 오면 乙은 戊土를 향하여 움직이고 乙木의 움직임을 포착한 辛酉는 乙木을 沖한다. 을목은 월간 사회 궁에 있으니 이에 상응하는 사건이 발생할 것이다. 地支에서 戌土가 寅午戌 삼합과정에 戌未 刑한다. 丁丑년에 오미와 축토가 반응하면서 갑작스런 사건이나 질병이 발생할 것임을 암시한다. 丑戌未 삼형이 동한다. 축토의 물상대로 도둑심보가 발생하고 이에 상응하는 처벌을 받았다. 만약 丁丑년이 아니라 戊寅년에 문제가 생겼다면 辛戊乙 삼자조합으로 乙생기가 상하면서 심한 질병에 걸렸을 것이다.

時	日	月	年 男
丙戌	庚戌	庚戌	丁未

71	61	51	41	31	21	11	1
壬寅	癸卯	甲辰	乙巳	丙午	丁未	戊申	己酉

1994년 甲戌년에 대구호텔 화재 사고 때 죽었다. 성미가 급하고 한 자리에 오래 있지도 못하더니 학업 도중에 친구들과 가출하여 대구호텔 나이트클럽에서 웨이터로 일을 하다가 사고를 당했다. 이 구조의 특징은 수기가 전혀 없다. 수기는 성정이 어둡고 반응이 느리다. 반대로 화기는 성정이 급하고 빠르다. 수기가 없으니 엉덩이가 뜨거워 한곳에 머물지 못한다.

보통 화재는 사주팔자에 火氣가 탱천한데 약간의 水氣가 화기를 자극할 경우에 발생한다. 이 사주는 약간의 水氣도 없다. 다만, 戌未 刑으로 살기가 강하고 未土 속의 乙이 상한다. 丁未대운이 오면 戌未 刑이 동하면서 화기가 탱천하고 甲戌년이 오면 강력한 火氣에 자극받던 庚은 甲을 보는 순간 甲 生氣를 공격한다. 지지에서는 戌未 刑이 동한다. 사주팔자 원국에 없던 木氣가 드러나 날카로운 살기에 죽었다.

時	日	月	年	男
戊辰	己丑	丁亥	乙未	

75	65	55	45	35	25	15	5
己卯	庚辰	辛巳	壬午	癸未	甲申	乙酉	丙戌

癸未大運, 己卯年 45세에 감전사하였다. 癸未대운에는 년지 未土가 일지 丑土와 沖 할 것이다. 그 과정에 월지 亥水가 丑未 沖 사이에 끼어 문제가 생긴다. 또 일지는 시지 辰土와 축진 破한다. 己卯년에 이르면 亥卯未가 합하고 축미 충하며 卯丑으로 움직임에 문제가 생긴다. 감전사, 벼락으로 사망하는 구조들은 壬子, 癸丑, 丁未와 같은 간지들이 조합한다.

時	日	月	年	女
戊戌	辛未	戊寅	庚寅	

80	70	60	50	40	30	20	10
己巳	庚午	辛未	壬申	癸酉	甲戌	乙亥	丙子

아들을 못 낳고 딸만 2명 두었다. 큰딸은 壬申대운 56세 2005년 乙酉년에 목매어 자살했고 사위는 아파트에서 투신자살하였다. 둘째 딸은 丙戌년 2006년 5월 15일 아파트에서 투신자살하였다. 참으로 불행한 여인이다. 殺氣가 강한 이유를 살펴보자. 년월 寅寅은 未土에 담기고 戌土와 刑한다. 戌土가 未土를 刑하는 과정에 未土 속의 乙木이 상하면서 좌우로 펼치는 움직임에 문제가 발생한다. 戌未 刑이 발생하는 시기는 일지와 시지인데 戌土가 未土를 刑 하는 54~60세 사이는 흉이 더욱 강해진다.

이 사주도 수기가 전혀 없으니 辛은 火氣를 내부에 축적할 뿐 반응하지 않다가 水氣를 보거나 木氣를 만나면 날카롭게 반응한다. 壬申 대운 56세는 시지 戌土에 이른 시기다. 辛은 壬水를 만나면 빠르게 튀어 나간다. 이런 움직임은 방탕, 방랑, 틀을 깨는 행위를 만들어낸다.

乙酉년에 未土 속 乙이 천간에 드러나 辛에 잘린다. 지지에서 寅酉로 살기가 강해지고 寅申 충으로 더욱 상한다. 천간에서 辛戌乙 삼자조합을 이루고 살기가 강해지는 해에 큰딸과 사위가 죽었고 丙戌년에는 작은딸이 죽었다. 이 모든 것은 水氣가 부족하고 열기를 축적한 辛이 살기가 강해진 상태에서 水氣를 보면 난동을 부리고 木氣를 잘라버리기 때문에 殺氣가 강해지는 운에 주위 사람들이 죽어 나간 것이다.

時	日	月	年 男	74	64	54	44	34	24	14	4
丁丑	乙丑	癸亥	癸丑	辛未	庚午	己巳	戊辰	丁卯	丙寅	乙丑	甲子

큰딸 사주로 굉장히 어둡다. 乙은 生氣가 없다. 乙酉년에 살기가 강해지면서 자살했다.

時	日	月	年 女	72	62	52	42	32	22	12	2
丙辰	戊戌	己巳	己未	丁丑	丙子	乙亥	甲戌	癸酉	壬申	辛未	庚午

둘째 딸은 水氣가 없다. 큰딸은 너무 어둡고, 작은딸은 너무 건

조하다. 사막처럼 말라서 乙木 생명체가 살기 힘들다.

時	日	月	年	男
丙午	丁未	丁丑	甲戌	

76	66	56	46	36	26	16	6
乙酉	甲申	癸未	壬午	辛巳	庚辰	己卯	戊寅

戊寅대운, 癸未년 9세에 익사하였다. 丑戌未 삼형을 모두 가지고 있다. 戊寅대운 癸未년에 사망한 이유를 살펴보자. 먼저 저승사자 이론에 따라 亥子丑은 겁살, 재살, 천살로 삼합운동을 벗어나 육체를 버리고 윤회과정이기에 인간이 갈 수 없는 시공간이다. 천살의 다음 단계가 지살로 육체를 얻고 재탄생하는 공간이다.

따라서 천살이 沖, 刑에 상하면 탄생과정에 문제가 발생한다. 년지 戌土를 기준으로 亥子丑은 겁살, 재살, 천살로 丑戌 刑, 丑未 沖, 戌未 형으로 복잡하다. 더 큰 문제는 戌未 刑 사이에 끼어있는 丑土가 심하게 상한다. 戊寅대운 癸未년은 천간에서 癸甲戊 삼자조합으로 戊土 육체가 상하고 癸未년에 축토 속의 癸水가 천간에 드러나 사라지고 丑戌未 삼형이 동하여 흉한 해였다.

時	日	月	年	男
戊午	癸未	戊子	庚戌	

72	62	52	42	32	22	12	2
丙申	乙未	甲午	癸巳	壬辰	辛卯	庚寅	己丑

壬辰대운 34세 癸未년 2003년에 사망했다. 사망 원인에 대한

자료는 없지만, 저승사자 이론에 입각하여 三刑의 문제를 살펴보자. 월지 子水는 戌未 刑사이에 끼어서 찌그러지고, 子午 沖으로 상한다. 子水는 년지 戌土를 기준으로 재살에 해당하며 壬辰대운, 癸未년도 壬水와 癸水가 겁살과 재살이다. (壬癸를 밑으로 내리면 亥子이고 겁살, 재살이다.) 가장 심각한 문제는 未土가 子水를 상하는 것으로 생명수에 문제가 생긴다.

時	日	月	年	女
甲子	甲戌	丁卯	甲寅	

79	69	59	49	39	29	19	9
己未	庚申	辛酉	壬戌	癸亥	甲子	乙丑	丙寅

乙丑대운 乙亥년 1995년 22세 丙戌월 교통사고로 죽었다. 특별한 문제가 없다. 삼형도 없고 충도 없으며 卯戌 합만 있다. 저승사자 이론으로 살펴보자. 乙丑 대운이 오면 卯丑으로 卯木의 활동에 문제가 생기고 卯戌 합을 丑戌 刑 하여 卯木이 상한다. 년지 寅午戌 삼합을 기준으로 亥子丑은 겁살, 재살, 천살이며 시지에 子水가 있고, 대운 丑土 천살, 세운 亥水 겁살로 겁살, 재살, 천살이 모두 모이는 해였다.

時	日	月	年	男
壬戌	戊戌	癸丑	壬申	

75	65	55	45	35	25	15	5
辛酉	庚申	己未	戊午	丁巳	丙辰	乙卯	甲寅

8세 庚辰년에 차 사고로 사망하다. 戊土가 丑月에 태어나 전체적으로 습하고 어두우니 인생도 어두워진다. 丑月의 단점을 일지 戌土가 刑 해주니 좋지만 戌土가 키워야 할 생기가 전혀 없

다. 庚辰년에 년과 월에서 酉丑辰과 유사한 申丑辰 조합을 이루어 교통사고로 사망했다.

時	日	月	年	男
甲	甲	甲	丁	
戌	辰	辰	未	

71	61	51	41	31	21	11	1
丙	丁	戊	己	庚	辛	壬	癸
申	酉	戌	亥	子	丑	寅	卯

辛丑대운 丁丑년 1997년 31세에 부인이 사망했다. 辰辰 살기가 있다. 또 辰戌 충하고 戌未 형하며 일지를 기준으로 4개의 토가 있으니 여러 번 결혼하는 팔자가 분명하다. 辛丑대운, 丁丑년은 戌土 천살을 집중적으로 沖, 刑 하는 해였다.

時	日	月	年	男
己	丁	庚	丁	
酉	丑	戌	丑	

72	62	52	42	32	22	12	2
壬	癸	甲	乙	丙	丁	戊	己
寅	卯	辰	巳	午	未	申	酉

부시장을 지냈지만 1997년 丁丑년 61세 당시에 아들이 수감되었다. 戌月의 시공간에 필요한 火氣가 평생 흐르니 좋다. 丑土 속의 癸水가 戌土 난로를 자극해준다. 단점이라면 丑戌이 양쪽에서 刑한다. 자식은 己酉로 酉丑 합하고 丑戌 刑 한다. 61세는 甲辰 대운 끝자락이고 자식 궁위 己酉를 기준으로 甲己 합하고 辰酉 합한다. 이렇게 천간과 지지가 모두 합하여 묶이면 활동이 답답해진다. 특히 辰土가 酉丑辰 삼자조합을 이루면 상응하는 물상이 발현된다. 酉丑辰은 교통사고, 임플란트, 갑작스러운 재물유입, 감방과 같은 물상이다.

時	日	月	年	男
癸	戊	己	戊	
丑	戌	未	申	

73	63	53	43	33	23	13	3
丁	丙	乙	甲	癸	壬	辛	庚
卯	寅	丑	子	亥	戌	酉	申

94년 27세 甲戌년 병이 생기고, 95년 28세 乙亥년 소매치기로 수감되어 10년을 살다. 未土는 천살이고 戌未 刑하니 육체가 상할 것이다. 27세 甲戌년에 甲己 合하고 戌未 刑 하여 미토 속 乙 생기에 문제가 발생한다. 이런 이유로 甲戌년에 병이 생겼고 乙亥 년에는 미토 속 乙이 천간에 드러나 흉이 발현되면서 수감되었다. 즉, 戌未 刑 물상은 육체가 상하는 것이니 질병이나 수술, 교통사고와 같지만, 감방도 육체를 자유롭게 활용하지 못하기에 未土 속 乙 생기가 상하는 이치와 동일하다. 사주팔자에 戌未, 丑戌未, 未土가 천살이기에 24~30세 사이에 문제가 발생할 것임을 사주원국에서 암시하고 있다가 27세와 28세에 질병과 수감으로 발현되었다.

時	日	月	年	男
甲	己	辛	己	
戌	丑	未	未	

74	64	54	44	34	24	14	4
癸	甲	乙	丙	丁	戊	己	庚
亥	子	丑	寅	卯	辰	巳	午

己巳대운, 己卯년 21세에 물건을 훔치고 수감되었다. 己土가 甲을 만나면 십신으로 正官이기에 공직팔자 운운하지만, 실상은 그렇지 않다. 己丑과 甲戌이 天干 合, 地支 刑 하므로 겉으로 보이는 성향과 속마음이 다르다. 더 큰 문제는 丑未 沖까지 하므로 그 성정이 어지럽고 불안정하며 년주 己未와 己丑으로 여

러 번 결혼할 팔자다. 己巳대운 21세 己卯년은 월주 辛未를 지나는 시기다. 년지를 기준으로 亥卯未 삼합운동 하기에 辛은 삼합운동을 벗어난 재살에 해당하고 亥卯未 삼합의 중심부 卯木을 공격한다. 도둑 성향이 강한 이유는 己丑의 강력한 이기심과 丑土의 도둑심보 때문이지만 월간 辛金의 남의 것을 탐하는 재살의 속성 때문에 감방에 들어갔다.

時	日	月	年	女
모름	乙丑	戊子	庚戌	

71	61	51	41	31	21	11	1
庚辰	辛巳	壬午	癸未	甲申	乙酉	丙戌	丁亥

甲申대운 병이 들고 癸未대운 壬辰년 未월 43세 젊은 나이에 사망했다. 첫 남편은 딸 낳고 이혼했으며 둘째 남편은 총각이었다. 사망 원인을 살펴보자. 乙이 子月에 태어나 시절을 잃었지만 戊土와 乙癸戊 삼자조합을 이루니 구조가 좋다. 문제는 子月의 시공간에 필요한 丙火가 없고 더욱 나쁜 점은 戊土와 丑土 사이에 끼인 子水가 丑戌 刑에 상한다. 子水는 생명수와 같아서 문제가 발생하면 정신에 이상이 오거나 질병에 시달린다.

또 저승사자 이론으로 살피면 寅午戌 삼합을 기준으로 亥子丑은 겁살, 재살, 천살에 해당하며 乙의 성장을 방해하는 에너지들이기에 달가워할 리 없다. 甲申대운은 일주 乙丑의 시기로 乙木의 활동이 丑土에서 위축되는 운이다. 申은 일지 丑土에 담겨 乙의 움직임을 더욱 방해한다. 癸未대운에 丑土 속 癸水가 튀어나가 월간 戊土와 합하여 사라지니 남편이 사라지거나 자신이 소유했던 것이 사라지는 운이다. 壬辰년에 월지 子水가 심하게 상하고 진술축미가 어지러워지면서 사망했다.

時	日	月	年	男
壬辰	辛巳	戊戌	辛丑	

72	62	52	42	32	22	12	2
庚寅	辛卯	壬辰	癸巳	甲午	乙未	丙申	丁酉

乙未대운 23세 1983년 癸亥년 심각한 교통사고가 발생하여 수술하였으나 불행히 식물인간이 되었다. 과속으로 운전하다 우측 교차로에서 차가 갑자기 나오면서 추돌사고가 발생하였다. 이 구조는 복잡해 보이지 않지만 몇 가지 특이한 사항이 있다.

첫째 살기가 강하다. 戊月에 辛丑 辛巳로 甲乙 생기가 살기 어려운 시공간이다. 殺氣가 강하다는 의미는 질병에 시달리거나 생각지도 못하는 사건, 사고가 계속 발생하거나 친인척, 친구들이 문제가 생기거나 질병에 시달리거나 나를 멀리한다. 둘째 월지 戊土를 기준으로 화기가 필요한데 丑戌 刑, 辰戌 沖하니 시공간에 따라 반응할 것이다. 乙未대운은 월주 戊戌을 지나는 시기로 癸亥년이 오면 월간에서 乙癸戊 삼자조합을 이루면서 월간에서 움직임이 빨라진다. 년간과 일간 辛은 甲乙의 움직임이 없을 때는 정적인 상태로 있지만, 甲乙이 움직이기 시작하면 그 움직임을 포착하고 찔러대기 시작한다. 이것이 辛戊乙 삼자조합이 흉한 이유다.

時	日	月	年	女
丙申	丙午	己未	癸丑	

79	69	59	49	39	29	19	9
丁卯	丙寅	乙丑	甲子	癸亥	壬戌	辛酉	庚申

戌대운 癸未년에 남편이 사고로 식물인간이 되었다. 재봉사다. 남편의 상황을 읽어보자. 일지 午火가 남편으로 午未 합하고 丑未 충하고 午丑으로 탕화작용도 한다. 十神으로 살피면 癸水가 夫官으로 일지에 들어오면 증발되기에 안방으로 들어오지 못한다. 따라서 첫 남편 癸와의 인연은 오래가지 못하며 이혼, 사별할 것이다. 戌대운이 오면 월지 未土와 戌未 刑한다. 위에서 살펴본 것처럼 戌未 刑은 未土 속의 乙 생기가 심하게 상하는 것이 문제다. 대부분 질병에 시달리거나 육체가 상하는 문제가 발생한다. 癸未년에 천간에서 癸水 남편이 戌未 刑으로 문제가 생겼다.

時	日	月	年	男
庚辰	乙未	乙丑	戊戌	

77	67	57	47	37	27	17	7
癸酉	壬申	辛未	庚午	己巳	戊辰	丁卯	丙寅

어려서 부모를 잃고 고아로 성장하였다. 부인은 교통사고로 사별하였다. 시청 재정공무원 사무관으로 재직하였다. 부모를 잃고 고아로 성장한 이유를 살펴보자. 부모 궁위는 월주 乙丑으로 일간 乙과 복음이니 부친과 함께 살기 힘들고 월지 丑土는 戌未 형, 丑未 沖 丑戌 刑에 끼어 상한다.

이런 이유로 부모와의 인연이 박하다. 부인은 일지 未土인데 주위에 5개의 土가 있으니 문제가 심각하다. 十神으로 살피면 년에 戊土가 첫 부인인데 멀리 있으니 인연은 오래가지 못한다. 戊土 아래의 戌土 또한 丑土와 未土, 辰土와의 沖, 刑으로 불안정하며 丑辰 破사이에 끼인 未土는 丑辰의 물상에 휘말려 교통사고로 사망했다.

時	日	月	年	男
戊	丙	己	甲	
戌	辰	巳	辰	

80	70	60	50	40	30	20	10
丁	丙	乙	甲	癸	壬	辛	庚
丑	子	亥	戌	酉	申	未	午

중국남자로 1991년 辛未년 癸巳월 말다툼 끝에 처자를 살해하고 자해했으나 죽지 않았다. 당년 戊戌월에 사형당했다. 이 구조는 여러 가지 문제가 있다. 사주를 분석할 때 심각하게 살피지 않는 것이 生氣와 殺氣 문제다. 그 이유는 격국, 왕쇠, 용신에서는 생기, 살기를 다룰 방법이 없기 때문이다. 또 하나는 水氣와 火氣가 지나친 구조들의 문제다. 수기가 너무 강하면 生氣가 움츠러들고, 火氣가 강하면 다혈질에 폭발적이고 한곳에 정착하지 못하고 불안정한 행보를 보인다. 이 구조는 水氣가 없으니 조급하고 다혈질이다.

또 다른 문제는 辰巳지망으로 申子辰 삼합운동을 끝내고 巳酉丑 色界로 나가는 과정에 辰巳가 만나면 전생에서 이생으로 넘어오는 것처럼 큰 변화가 발생하는데 이 과정에 큰 문제가 생기거나 사망할 수 있다. 辰辰, 辰巳가 잘못되면 무서운 이유가 바로 이것이다. 또, 甲辰은 반드시 水氣를 필요로 하는데 己巳가 甲己 合하여 巳火 속의 庚에게 甲 생기를 전달한 후 生氣를 잃는다. 질병에 시달리거나, 관재구설이 발생한다. 문제가 생겼던 辛未대운 辛未년 상황을 살펴보자. 기본적으로 辛未는 살기를 가진 간지다. 未土 속의 乙의 활동이 亥卯未 성장운동이 완성되어 답답하게 잡혀있는데 天干에 辛이 乙을 상하게 만들기 때문이다. 1991년 辛未년은 사주원국 己巳의 시기로 甲己 합의 문제와 辰巳지망의 문제가 발현되는 시공간이다.

또 대운과 세운이 모두 辛未로 殺氣가 가중되었다. 일지를 기준으로 배우자 동태를 살펴보자. 辰土가 두 개이고 戌土까지 있으니 세 번은 결혼할 구조가 분명하고 辰戌 沖하니 불안정하다. 十神으로 살피면 戌土 속의 辛이 부인이고 일지와 충하고 申子辰 삼합운동의 묘지 辰土를 만났으니 辛 부인이 안방으로 들어오기 어렵다. 또 辰戌未 3字가 조합하면서 살기가 강해지는 해에 사형 당했다.

時	日	月	年	女
戊	丙	庚	乙	
戌	辰	辰	酉	

76	66	56	46	36	26	16	6
戊	丁	丙	乙	甲	癸	壬	辛
子	亥	戌	酉	申	未	午	巳

癸未대운 未대운에 교통사고로 자식을 잃었다. 辰辰이 있고 辰酉 합하니 辰土 속의 乙木 生氣가 상하기 쉽다. 酉丑辰, 酉丑, 丑辰, 酉辰 조합은 모두 교통사고 물상이다. 자식을 잃은 이유를 살펴보자. 일시에 辰戌 충은 자궁편위로 자식 낳기 힘든 조합이다. 진토 속의 乙이 辰戌 충으로 상하기 때문이다. 만약 자식을 낳으면 자식이 질병에 시달리거나 문제가 생길 수 있다. 달리 표현하면 자식과의 인연이 박하니 자식이 생기면 따로 사는 것도 개운하는 방법이다. 未대운에 辰戌未 3字가 조합하면서 자식에 문제가 생겼다.

時	日	月	年	男
丁	甲	庚	丁	
卯	戌	戌	未	

79	69	59	49	39	29	19	9
壬	癸	甲	乙	丙	丁	戊	己
寅	卯	辰	巳	午	未	申	酉

중국인으로 丁未대운 98년 戊寅년 甲子월 폭죽사고로 본인과 아내와 아이가 사망하였다. 이 구조의 뚜렷한 특징은 戌未 刑으로 육체가 상할 가능성이 높은 조합이다. 일지 배우자를 중심으로 살펴보면 戌戌未로 쌍복음에 戌未 刑하니 결혼이 불안정하다. 다른 구조를 살펴보자. 水氣가 전혀 없으니 매우 건조한 상태인데 화기에 자극받은 월간 庚은 언제라도 甲을 冲 하여 生氣를 상하게 할 것이다.

시주 丁卯는 자식으로 일지와 卯戌 合하니 언제라도 戌土의 문제와 연결되어 있다. 丁未대운은 정확하게 戌未 刑하는 운이다. 戊寅년의 가장 큰 문제는 말라가는 甲이 戌土를 보면 水氣를 달라고 戌土를 뚫는다. 戌土는 육체를 상징하며 甲에 의해 상하면 질병에 시달리거나 재물을 탕진하거나 심하면 사망한다.

寅木은 寅戌로 살기가 강해진다. 甲子월 子水가 약간의 水氣로 火氣를 자극하면 폭발하는데 대부분 가스폭발, 화재와 같은 물상이다. 이 사주는 폭죽으로 사망했는데 가스폭발, 화재와 다를 바 없다. 甲子월의 甲은 庚에 의해 충당하여 생기를 잃으니 본인도 함께 사망하였다.

時	日	月	年	女	73	63	53	43	33	23	13	3
己亥	丙午	壬戌	癸卯		庚午	己巳	戊辰	丁卯	丙寅	乙丑	甲子	癸亥

乙丑대운 1994년 甲戌년 壬申월 壬辰일 투신자살하였다. 월지 戌土이니 화기를 원하는데 년과 월에 壬癸가 있지만, 다행하게 강하지 않다. 하지만 時支에 亥水가 있고 초년 대운이 계속 水

氣로 흘러간다. 원국 구조를 살펴보자. 卯戌 합하고 卯午 破하니 卯木 생기가 상한다. 乙丑대운에 乙이 더욱 상할 것임을 암시한다. 특히 丑土는 卯丑으로 卯木의 움직임을 극도로 방해하고 丑戌 刑으로 戌土가 상한다. 甲戌년은 丑戌 刑이 정확하게 반응하는 해이다. 壬申월 壬申일은 丙火가 어둠 속으로 들어가 빛을 잃는다. 어둠이 빛을 압도하여 어둠 속으로 사라지고 말았다.

時	日	月	年	女
己	丙	壬	癸	
亥	午	戌	丑	

80	70	60	50	40	30	20	10
庚	己	戊	丁	丙	乙	甲	癸
午	巳	辰	卯	寅	丑	子	亥

대만인이다. 96丙子년 丁酉월 여아를 출산하였으나 戊戌월에 위암으로 사망하였다. 상기 구조와 비교하면 년지 丑土가 戌土를 刑 하기에 더 흉한 구조다.

時	日	月	年	男
庚	庚	丁	辛	
辰	戌	酉	丑	

72	62	52	42	32	22	12	2
己	庚	辛	壬	癸	甲	乙	丙
丑	寅	卯	辰	巳	午	未	申

32세 甲午대운 말 癸巳대운 교체기 壬申년에 아들이 고층 아파트에서 떨어져 죽었다. 일시에 辰戌 沖이 보인다. 자식에게 문제가 있음을 암시하고 있다. 또 다른 특징은 酉金이 辰土를 향하는 과정에 일지 戌土와 반응하고 합한 후 辰戌 沖하는 과정에 辰土 속의 乙이 심하게 상한다.

또 사주원국에 殺氣가 강하여 생기가 상하기 쉬운 구조가 분명하다. 甲午대운에 이르면 丁火, 戌土 午火에 자극받은 庚은 甲 생기를 沖할 것이다. 그렇다면 왜 壬申년일까? 火氣가 문제라면 壬水가 와서 丁火를 합하니 오히려 좋아야 하는 것 아닌가? 이런 해석은 에너지의 움직임을 이해하지 못하기 때문이다. 이 구조에는 水氣가 전혀 없기에 庚이 壬水를 만나서 방탕하고 기존의 틀을 깨는 행위를 하지 못하고 지키려는 성향이 강하다.

하지만 壬申년이 오면 상황이 달라진다. 庚金이 壬水를 보는 순간 방탕하려는 욕망이 생겨난다. 축적했던 火氣를 풀어내려는 강한 욕망이 생기면서 水氣를 향하여 튀어 나가는 과정에 甲을 보면 沖하여 甲이 상해버린다. 癸巳대운 壬申년으로 보아도 어지럽기는 마찬가지다. 巳酉丑 삼합과 沖하고 辰戌 沖 하면서 생기가 상하는 이치는 다를 바 없다. 왜 하필 자식일까? 자식을 상징하는 궁위는 시주로 庚이 일간과 복음으로 동일하고 지지는 辰戌 沖으로 자식이 상할 것임을 암시한다.

時	日	月	年 女
丁未	丁丑	戊戌	丙子

75	65	55	45	35	25	15	5
庚寅	辛卯	壬辰	癸巳	甲午	乙未	丙申	丁酉

이 여인은 세 명의 자식이 모두 장애인이다. 첫 아이는 정신에 문제가 있고 둘째는 다리를 절고 셋째는 침대에만 누워있고 활동조차 못 한다. 이 구조는 丑戌未 삼형이 있고 월지 戌土가 축戌 刑하고 丑未 沖 하니 자식의 문제는 일지에서 시작된 것이다. 즉, 배우자의 기운이 자식을 상하게 하였다.

특히 연월일에는 甲乙 생기가 살기 어려운 구조인데 시지 未土에 있는 乙木은 戌未 刑으로 丑未 沖으로 심하게 상한다. 년지 子水를 기준으로 시지 未土는 천살에 해당하기에 자식이 태어나는 과정에 문제가 발생할 수 있다. 천살은 저승에서 이승으로 건너오는 과정이기에 극도의 안정을 요구하는데 충, 형 당하면 윤회과정에 문제가 발생하기 때문이다.

時	日	月	年	女
己	丙	辛	乙	
亥	戌	巳	巳	

71	61	51	41	31	21	11	1
己	戊	丁	丙	乙	甲	癸	壬
丑	子	亥	戌	酉	申	未	午

乙酉대운 2003년 38세 즈음 癸未년 남편에게 교통사고가 발생하고 상대가 사망하였다. 년과 월에 乙辛이 있는데 辛이 많은 火氣에 자극받아 乙을 沖하면 생기가 상한다. 다행한 점은 水氣가 드러나지 않아서 辛이 火氣에 통제받으니 안정적이다. 하지만 운에서 水氣를 만나면 辛은 총알처럼 튀어 나가 乙을 沖하기에 문제가 발생할 것이다.

남편은 일지 戌土로 수많은 巳火를 일지에 담지만 시지 亥水가 巳火를 沖하면 중간에 끼어있는 戌土에도 문제가 생긴다. 乙酉대운이 오면 원국 팔자에 정해진 것처럼 乙辛 沖한다. 酉金도 乙을 수확할 것이다. 癸未년이 오면 가장 뚜렷한 특징은 일지 戌土와 戌未 刑한다. 또 未土가 亥水를 막으면 辛은 火氣에 더욱 날카로워 질 것이다.

하지만 천간에서는 전혀 다른 움직임이 시작된다. 癸水는 乙을 키우려고 움직이고 乙도 활발하게 움직이기에 辛金은 총알처럼 튀어 나가 乙을 沖한다. 종합해보면 남편이 교통사고로 상대가 사망했다는 것을 추론할 수 있다. 물론, 그 정도까지 정확하게 보는 것은 어려운 일이지만 분석훈련을 통하여 적중률을 높여야 한다.

時	日	月	年	女
甲午	丙戌	癸未	乙卯	

71	61	51	41	31	21	11	1
辛卯	庚寅	己丑	戊子	丁亥	丙戌	乙酉	甲申

丙戌대운 남편과 사별하였다. 일지에 戌土가 있고 午未합 사이에 끼어서 戌未 刑한다. 戌土는 년地를 기준으로 천살에 해당하기에 안정을 요하는데도 불구하고 刑하고 있다. 丙戌 대운이 오면 일주와 복음이니 이혼, 사별, 별거, 외도 가능성이 높아진다. 十神으로 살피면 월간 癸水가 남편인데 일지 戌土에 들어오는 것을 반가워할 리가 없다. 未月에 癸水가 힘든 상태인데 일지에 들어오면 午未, 戌로 증발하기 때문이다. 이런 이유로 병술대운에 사별하였다.

時	日	月	年	女
庚戌	丁丑	戊戌	辛亥	

76	66	56	46	36	26	16	6
丙午	乙巳	甲辰	癸卯	壬寅	辛丑	庚子	己亥

화장품 가게를 운영하고 아들, 딸을 두었는데 남편의 의처증 문제로 癸未년에 상담하였다. 화장품 가게를 열어 남편보다 수입이 좋아지자 불화가 시작되었다. 庚子대운 癸未년은 34세 즈음으로 일주 丁丑을 지나고 있다. 丑土는 子丑 합하고 丑戌 刑하

기에 불안정하다. 이런 불안정한 상태는 심리에도 영향을 미쳐 불안정하게 만들기에 본인이나 남편이 영향을 받는다. 일지를 기준으로 수많은 토들은 여러 번 결혼하거나 본인이나 배우자가 외도한다. 十神으로 살피면 년지 亥水가 첫 남편인데 일지 丑土까지 오는 과정에 戌土를 넘어야 하므로 안방에 들어오기 불편하다. 癸未년은 丑土 속의 癸水가 드러나 월간 戊土와 합하여 사라지니 별거, 이혼, 외도, 사별 운이다. 이런 구조적인 문제 때문에 의처증으로 상담을 받았다.

時	日	月	年	女
甲申	乙未	甲午	辛丑	

72	62	52	42	32	22	12	2
壬寅	辛丑	庚子	己亥	戊戌	丁酉	丙申	乙未

평생 남자 때문에 고민하다 33세 戊戌대운 丁丑년에 죽었다. 일지를 기준으로 午未 합하고 丑未 沖하며 午丑으로 탕화까지 있으니 갑작스러운 사건, 사고가 발생할 수 있다. 十神으로 남편을 살피면 년간 辛이 남편인데 월간 甲을 좋아하고 일간 乙을 충 한다. 따라서 辛은 乙에게 오려면 반드시 甲을 넘어와야 하므로 유부남, 이혼남이 분명하다.

辛은 甲을 좋아하고 乙을 沖 하니 辛金이 아무리 乙에게 온다고 해도 그 태도나 사랑은 沖처럼 아프다. 또 일지 未土가 午未로 합하니 辛 남자는 이 여인의 안방에 들어오지 않는다. 또 시간에 甲이 있고 그 아래에 申 남자가 일지 未土와 乙庚 합하니 이 또한 유부남과의 인연을 암시한다. 戊戌대운에 천간에서 辛戊乙 삼자조합이 이루어진다. 乙이 戊土를 향하여 움직이기 시작하면 辛은 乙의 움직임을 포착하고 沖한다. 丁丑년 辛金은 날카로워지고 午未와 丑이 충하고 탕화작용이 발생하면서 사망했다.

時	日	月	年 男
甲戌	甲戌	癸丑	丁巳

72	62	52	42	32	22	12	2
乙巳	丙午	丁未	戊申	己酉	庚戌	辛亥	壬子

庚戌대운 2001년 辛巳년 24세 2월에 결혼하고 5월에 피살되었다. 巳火가 戌土에 담기고 丑戌 刑한다. 庚戌대운은 원국 월주 癸丑에 이른 시기로 丑戌 刑하고 丁癸 沖할 것이다. 또 많은 화기들에 자극받은 庚은 甲을 沖 할 것이다. 庚戌대운은 일지와 동일한 글자가 오니 결혼하고 또 동일한 글자이기에 사망했다. 辛巳년은 년지 巳火가 일지 戌土를 향하는 과정에 丑土와 刑한다. 癸丑은 어둠, 도둑, 강도, 도박, 투기와 같은 물상인데 庚戌대운과 辛巳년에 일간 甲이 심하게 상하면서 피살되었다.

時	日	月	年 女
癸未	乙卯	庚戌	丁未

76	66	56	46	36	26	16	6
戊午	丁巳	丙辰	乙卯	甲寅	癸丑	壬子	辛亥

癸丑대운 丁丑년 남편이 무능하여 이혼하고 甲寅대운 癸未년 동업으로 식당을 개업하려고 준비 중이다. 일지를 기준으로 卯戌 合, 卯未 合, 戌未 刑으로 일지 卯木이 불안정하다. 癸丑대운이 오면 卯丑이 조합하면서 卯木 생기가 상한다. 월지 戌土와 丑戌 刑하면서 卯戌 합에 변화가 생긴다. 丁丑년이 오면 일지 卯木이 재차 상하고 丑戌未 삼형이 발현되면서 이혼하였다. 十

神으로 살피면 월간 庚이 남편인데 일지 卯木에 들어오기 힘드니 첫 남편과의 인연이 짧다.

時	日	月	年	男
癸亥	戊辰	丙辰	戊申	

72	62	52	42	32	22	12	2
甲子	癸亥	壬戌	辛酉	庚申	己未	戊午	丁巳

22세 己巳년에 절도죄로 구속되었다. 26세 癸酉년에 출옥하였다. 27세 甲戌년에 말쯤에 교통사고로 사망하였다. 지금까지 살펴본 문제들을 복습해보자. 먼저 辰辰으로 살기가 강하다. 년지 申金과 월지 辰土가 乙庚 합하고 월간 丙火가 乙丙庚 삼자조합을 이루어 재물에 흥미가 많다. 따라서 월간 丙火의 시기를 지날 때는 재물을 탐하는 욕망이 강해질 것이다.

22세 己巳년은 戊午와 己未대운 교체기로 무무무, 무무기로 경쟁적으로 癸水를 탐하는 시기다. 여기에 己巳년이 오면 더욱 건조해지면서 癸亥를 간절히 바라고 강력한 탐욕이 생겨난다. 이런 이유로 己巳년에 절도하여 문제가 생겼다. 巳火는 년지를 기준으로 申子辰 삼합의 巳火이니 겁살에 해당하고 남의 것을 훔치려는 욕망이다. 己未대운 甲戌년은 甲己 합하고, 戌未 刑하고 辰戌未 삼자조합을 이루어 甲 생기가 상하니 교통사고로 사망하였다.

時	日	月	年	男
戊寅	乙丑	庚戌	壬戌	

75	65	55	45	35	25	15	5
戊午	丁巳	丙辰	乙卯	甲寅	癸丑	壬子	辛亥

癸丑대운 28세 庚寅년에 폭탄이 터져 죽었다. 반줄의 정보를 활용하여 사건을 추적하고 분석한다. 흥미롭게도 진술축미가 沖刑破害와 연결되면 극도로 불안정해지고 우리의 삶에 지대한 영향을 미친다. 이 구조는 戌戌丑으로 어지럽다. 戌月의 시공간이니 火氣가 필요한데 년간이 壬水요 일지도 丑土요 대운도 亥子丑으로 흘러 월지 戌土가 상한다. 癸丑대운에 丑戌 刑이 동한다. 庚寅년에 乙庚 合으로 乙 생기가 답답하게 묶이고 寅木이 寅戌로 살기가 강해지면서 戌土 난로가 흔들려 폭탄이 터져 죽었다. 화재, 가스폭발, 폭탄, 총탄은 모두 유사한 물상이다.

時	日	月	年	女
戊戌	丙戌	丙寅	己丑	

72	62	52	42	32	22	12	2
甲戌	癸酉	壬申	辛未	庚午	己巳	戊辰	丁卯

庚午대운 丙寅년 38세에 남편이 사망하였다. 일지가 戌土 인데 戌戌로 복음이요 丑土가 刑하니 남편이 여럿이다. 庚午대운에 寅戌이 寅午戌 삼합하고 丑戌 刑 하는데 그 시기는 일지 38~45세 사이이다. 丙寅년이 오면 寅午戌 삼합하고 寅戌로 寅木 생기가 상하는 과정에 丑戌 刑하여 남편이 사망했다. 十神으로 살피면 년지 丑土에 癸水가 있는데 己丑에 잡혀 답답한 癸水는 밖으로 나오면 증발되어 사라질 것이다. 여러 번 결

혼하는 팔자가 분명하다.

時	日	月	年	男
乙酉	乙未	戊戌	辛丑	

77	67	57	47	37	27	17	7
庚寅	辛卯	壬辰	癸巳	甲午	乙未	丙申	丁酉

경기도 안양에 거주하였는데 甲申년 壬申월 대관령에 남자를 살해하여 암매장하고 10년 징역형을 받고 형무소에 수감되었다. 천간의 특징은 정확하게 辛戊乙 삼자조합을 이루어 殺氣가 강하다. 辛은 언제라도 戊土를 향하여 움직이는 乙을 沖으로 찌를 것이다. 지지에서는 丑戌未 三刑으로 불안정하다.

甲午대운에 년지 丑土를 기준으로 巳酉丑 삼합운동을 벗어난 甲乙이 등장하였다. 겁살, 재살 저승사자와 같은 속성들이 동하고 午丑 탕화작용과 午未 합으로 丑戌未 삼형의 구조가 더욱 복잡해진다. 甲午대운의 甲은 乙의 동료나 선배에 해당하고 일간을 도와주는 인물이니 乙은 甲午를 활용할 것이다.

문제는 午未합으로 화기가 증폭되면 辛이 날카로워지고 언제라도 갑과 을을 찌를 것이다. 甲申년이 오면 천간에서 甲이 드러났으니 辛은 甲을 찌른다. 특히 壬申월에 화기에 자극받은 辛은 甲乙을 향하는데 대운과 세운에서 甲이 먼저 드러났으니 일간 乙이 아니라 甲이 상하여 암매장 당했다. 만약 乙酉년이었다면 사주 당사자가 사망했을지도 모른다.

時	日	月	年	女
癸	辛	丙	乙	
巳	未	戌	酉	

73	63	53	43	33	23	13	3
甲	癸	壬	辛	庚	己	戊	丁
午	巳	辰	卯	寅	丑	子	亥

아들 2명을 두었고 壬辰대운 己卯년 55세에 남편이 사망하였다. 壬辰대운은 이해하지만 己卯년에 왜 남편이 사망했는지 이해가 어렵다고 하는 사주다. 구조를 살펴보자. 월간 丙火와 일간 辛金이 합하였다. 戌月의 시공간에 필요한 목화 기세가 강하니 좋고 시간 癸水가 난로에 자극을 주면서 찜질방 효과를 내고 있다. 따라서 월지 시공은 좋은 구조다. 壬辰대운 전까지는 丙辛 합을 깨지 않으니 辛이 난동을 부리지 않는다. 하지만 壬辰대운이 오면 상황이 달라진다. 얌전했던 辛金은 壬水를 만나 방탕하여 튕겨 나갈 것이다. 특히 문제는 월주 丙戌과 壬辰이 모두 沖 하므로 흉하다.

또 일지를 기준으로 辰戌未가 조합하니 불안정해졌다. 戊寅년에 무토를 본 乙은 癸水와 함께 乙癸戊 삼자조합을 이루고 활발하게 움직이는 과정에 辛은 乙을 찌를 것이다. 壬水로 丙火를 충하고, 辛으로 乙木을 찌르면 乙이 丙火를 향하는 움직임에 문제가 생긴다. 이런 구조는 주로 심장마비, 뇌출혈, 갑작스러운 질병에 시달린다. 戊寅년에 이런 문제를 만났고 己卯년에 죽었다.

時	日	月	年	女
己	甲	丙	乙	
巳	辰	戌	巳	

77	67	57	47	37	27	17	7
甲	癸	壬	辛	庚	己	戊	丁
午	巳	辰	卯	寅	丑	子	亥

1999년 己卯년 甲戌월 庚辰일 未時에 버스에서 하차할 때 사람들에 밀려서 오른쪽 다리 두 곳이 골절되어 반년을 누워 지냈다. 2001년 辛巳년에 이혼하였다. 己丑대운에 丑戌 刑하고 丑辰 破가 동한다. 이 구조는 巳火 차량이 戌土에 들어가고 辰戌 沖한다. 己卯년에 卯戌 合하고 卯丑으로 卯木 생기가 상하는 과정에 甲戌월 庚辰일 미시에 진술축미 토가 어지러울 때 문제가 생겼다.

時	日	月	年	男
癸	辛	庚	庚	
巳	丑	辰	辰	

72	62	52	42	32	22	12	2
戊	丁	丙	乙	甲	癸	壬	辛
子	亥	戌	酉	申	未	午	巳

사법고시에 2번 떨어지고 행정고시로 돌려서 30세 己酉년 1969년에 행정고시에 합격하였다. 평탄 대로를 달리다가 도지사를 역임하였다. 丑辰 破하고, 辰辰의 살기와 庚辛의 숙살지기를 사법고시에 활용하였으나 辰月 庚에 밀리니 30세 己酉년에 庚보다 경쟁 우위를 차지할 때에서야 비로소 합격하였다. 이 구조는 庚辰이 乙庚 合하고 시지 사화가 乙丙庚 삼자조합을 이루어 열매를 수확하는 흐름이다.

三合과 刑沖破害
~ 끝 ~

三合과 刑沖破害

저자 : 紫雲 김 광용
http://cafe.daum.net/sajuforbetterlife
http://blog.naver.com/fluorsparr
youtube : 시공명리학
Tel : 010 8234 7519

펴낸이 ■時空명리학
펴낸곳 ■時空명리학 출판사
표   지 ■時空學

초판 발행 ■ 2021. 04. 09.
출판등록 제 406~2020~00006호

경기도 파주시 탄현로 144~63, 102호
Tel   ■ (010) 8234~7519
ISBN 979-11-969596-3-0 (93180)

정   가 ■ 49000원

잘못 만들어진 책은 구입하신 서점에서 교환해 드립니다.
저자의 동의하에 인지는 붙이지 않았습니다.

본서의 무단전제 또는 복제행위는 저작권법 제98조에 의거 민·형사상의 처벌을 받을 수 있습니다.